平安王朝の子どもたち

―王権と家・童―

服藤早苗

吉川弘文館

目次

II　殿上の童たち　童殿上と童舞

序論　平安朝子ども史研究と課題

一　子ども史研究の軌跡と課題

現在の少年法の少年とは、満二十歳未満であるが、十八歳以上の少年が重大な犯罪を行った時は成人と変わらない処置がとられるので、実質的な少年は十八歳未満である。さらに、少年犯罪の増加や、犯罪の若年化や凶悪化が指摘され、二〇〇一年四月、改正少年法が施行され、刑事罰対象年齢が十六歳以上から十四歳以上に引き下げられた。しかし、「少年犯罪を人々が互いに働きかけあい、相互に行為しあうなかで作りだされるもの」として当時の解釈や認識を歴史的に究明すると、少年犯罪に対する人々の認識や意識が相違している側面が強く、必ずしも現在の少年犯罪が凶悪化や増加傾向にあるとは言えない、という。(1)実際にも統計で見る限り、戦後の少年殺人犯検挙数では、一九五一年(昭和二十六)が、最も多く四百四十八人であり、十万人あたりの比率は二・五五人であるのに対し、二〇〇〇年(平成十二)は、百五人で比率は〇・七四人である。件数そのものは四分の一に減少している。(2)すなわち、社会や人々の少年に対する眼差しの変化が、少年犯罪に対する認識を変えているのである。子どもや少年の年齢規定も含め、歴史的に変容する子ども観とその要因を解明することは、今の子どもを相対化するためにも必要不可欠であろう。

古代・平安の子ども史研究も、研究当時の子どもに対する人々の認識や研究者の子ども観・歴史認識が極めて色濃く反映していることがうかがえる。ここでは、古代・平安子ども史研究の大まかな足跡を検討しておきたい。子ども史と銘打った専論に絞ると、一九七〇年代に社会史が歴史学の研究分野になるまでは、もっぱら教育史や民俗学、風俗史分野が主であり、歴史学からのアプローチは殆どなかったといっても過言ではない。そのことをきわめて象徴的に示すのは、三年間の準備期間を経て刊行された『日本子どもの歴史①夜明けの子ども』(3)の執筆者の顔ぶれである。編者久木幸男氏は、「民族学・考古学・教育文化史・平安政治史などの第一線研究者たちとの協力の賜物である」と「あとがき」に記されている。平安政治史研究者とされたのは所功氏であるが、周知のように所氏は儀式書や儀式関係を主たる研究分野に業績を積み上げている研究者であり、必ずしも子ども史研究者ではない(4)。

もっとも、子ども史としての古代・平安時代に関して言えば、『日本子どもの歴史①』は、原始・古代から平安時代末まで一巻になっており、画期的な通史である。それ以前に、古代・平安時代を対象に研究した子ども史は、桜井庄太郎『日本児童生活史』(5)や金田茂郎『子どもの文化史』(6)、石川謙『わが国における児童観の発達』(7)等があるが、前者二編は子ども史を社会の諸条件との関連の中からとらえようとし、庶民層の子どもにも眼差しを向けるものの、古代・平安の部分は短く網羅的で分析的考察にはなっておらず、後者は児童観の変遷を綿密に分析するものの、古代・平安には殆ど触れていないのが実情であった(8)。古代・平安時代の子ども史研究はどの分野においてもさほど蓄積がなかったということができよう。

日本教育史でも古代・平安時代に限れば、学校制度やその教科内容を検討するための大学寮研究が主流であった(9)。近代における学校や教育制度構築を射程においた研究といえるであろう。学校のみならず家族や社会での子どもへの教育を全般的に扱った教育史では、概説的に叙述されることも多かった(10)。しかし、古代・平安時代の専論は少ない。その中でも子どもの就学年齢や内容をめぐって、尾形裕康氏の一連の研究が、子どもの教育的側面からの年齢段階の歴史的考察を行っている(11)。国家元首たる天皇の知育を涵養する「読書始」は、天皇統治力の隆替を表裏するにほかならず、その教育理念は国家政治に影響を及ぼす、と位置づけ、子どもの教育や年齢段階研究が国家や政治と切り結ぶ視座を明記するが、天皇からはじまった読書始が武士庶民に浸透する視点を強調する点から見て、論文執筆の時代背景をみてとれるように思われる。

風俗史研究では、子どもの生育儀礼や年齢に応じた髪型や衣裳の変化を考察した研究が蓄積されてきた。桜井秀氏は、平安時代の着裳や髪上げを年齢等の変化も含めて考察し、江馬務氏は、風俗史研究の中で子どもと大人の衣裳や髪型の変化を追究する。[12] 世界中の歴史学者、なかんずく子ども史研究者に驚愕を与え、旋風を巻き起こし、新しい視点を提示した『〈子供〉の誕生』で、P・H・アリエスは、ヨーロッパでは近代以前の子どもは大人の服装をしていたとするが、[13] 日本では平安時代から子どもと大人の服装は厳然と区別されていたことを早くから史料に即し明らかにしていたことを示す。今後は、子ども装束と大人装束の差異の具体相や意義を解明していく必要があろう。[14]

なお、子どもと大人の境界については、通過儀礼、生育儀礼の研究がなされてきている。考古学関係では、埋葬方法や副葬品などから子どものライフヒストリーモデルが提示され、[15] また抜歯が注目され成人儀礼の一つとして仮説が提示されている。[16] 国文学では、記紀の神話分析や名前の考察から成人儀礼研究もなされている。[17] 民族学からも、著名なA・ファン・ヘネップ『通過儀礼』[18] を受けて、大林太良氏等の貴重な蓄積が多い。[19] また、年齢階梯に関しては村落論など多くの研究があるが、[20] 年齢集団とは別に「年齢集団は男女ともに各年齢階層にみられるが、年齢階梯制は一般にもっぱら男子だけで、青年（未婚）＝軍事、中年（既婚）＝政治、老年（長老）＝祭儀といった重要な社会的役割を集団的に順次、分担する階梯システム」[21] と概念化される年齢階梯制の存在を日本古代社会に想定するには概念や史料の再検討が必要であり、さらに女子には稀であるとほぼ研究者の見解が一致しており、安易に導入する説は検討を要しよう。[22] なお、平安時代に限ると、先述の尾形氏の論考[23] や中村義雄氏以後さほど検討されていない。[24][25]

子ども史研究に一番大きな影響を与えているのは、民俗学である。民俗学の子ども研究は、当然柳田国男の子ども論からはじまる。『柳田国男全集』全三十二巻には、子どもを扱った論考が多いが、中でも『こども風土記』[26]と『村と学童』[27]は、子どもを題名に持ち、子どもの遊戯や集団行事・神事内の行為・大人による躾等が叙述されている。また、『産育習俗語彙』[28]も出されている。柳田の子ども研究は、子育てや産育儀礼等については、大藤ゆき氏[29]に継承されているが、子ども組や神事等については、竹内利美氏[30]や関敬吾氏[31]が追究発展させていった、とされている。[32]現存する民俗事例、とりわけ子どもの遊戯や神事活動などの中に大人の過去の行為が投影されていると解釈し、ともすれば何の史料提示も根拠もなく古代まで遡り大人の行為に言及する柳田国男の子ども認識は、古代・平安子ども史研究にも大きな影響を与えてきた。ここでは、民俗学の厖大な子ども論研究を検討するのではなく、柳田国男の子ども論へ民俗学の研究者からの批判的総括を見ておきたい。[33]

柳田国男の子ども研究に対して、福田アジオ氏は、次のような特質を押さえた上で、批判を行っている。まず、柳田国男の子ども理解は、一つは子どもの行事や遊戯の中に遠い大人の過去の信仰を発見する手法であり、子どもは手段でしかなく、その結果、子どもを「神に代わりて来る」ように例外なく信仰や霊魂観と結びつけて解釈する点、二つ目は、近代公教育を批判する「群の教育」を提唱した点、の二つの特徴をあげる。その上で、前者は、さほど資料蒐集や分析もないまま提唱された「七歳までは神の内」が一人歩きし、七歳以前の幼児のステレオタイプ的理解が定着したことを鋭く批判し、七歳の年齢はむしろ近代の学制による学齢を基準にした区切りの可能性もあること等を推察され、今後の子ども研究の課題として「柳田の子供理解の呪縛から自由になることである。それは即ち、「神に代わりて来る」という子供を霊的な存在と見る考えを放棄することであり」、「子供を大人の支配・管理から解放して、子供自体として理解することであり、子供自らの保持する民俗を通してそれを把握することである」と指摘している。[34]

子ども研究の課題に関しては、岩本通弥氏も「大人と連続する「発達的な子ども」観から、大人の認識する世界とは全く異質の自律的体系をもつ存在と考える「異文化としての子ども」観への転換である」と同様な指摘を行っている。[35]子どもを聖なる存在とみる子ども観や、七歳を年齢階梯の区切りとする年齢観など、柳田国男の子ども論が、希薄な根拠を隠蔽するかのように引用されることが多いのではなかろうか。

柳田国男の「七歳までは神の子」については、塩野雅代氏がより詳細な検討を加え、注目すべき見解を述べている。[36]柳田が、さほど広く収集されても検証されてもいない「七歳までは神の子」を唱えたのは、敗戦濃厚な連夜の空襲警報の中で書いた『先祖の話』であった。イエ崩壊に危機感を抱いた柳田は先祖崇拝を強調し、大量に戦死した「若者たちの魂」を七つ前の子どもに重ね合わせた。「七つ前の子どもは神」は、柳田の願望だった。さすがに民俗学では論拠の少ない神とは結びつけないものの、七歳を成長の区切りとして取り扱っている、という。さらに塩野氏は、「柳田国男の教えをそのまま踏襲している大藤ゆき氏[37]はもちろん、一九八〇年代の、民俗学関係にみた子ども論の最も新鮮なはずである飯島吉晴氏[38]や宮田登氏[39]の子ども論にこの「七歳までは神」があたかも民俗学が獲得してきた、日本人の子供観の一つの成果であるかのように相変わらず取り入れられて」おり、「本田和子[40]のロマンチックな日本人の子どもの死観の把握の仕方」にも反映している、と指摘されている。「七歳までは神」「神にかわりて来る」は、民俗学でも検証されていないこと、にもかかわらず教育史や国文学・歴史学等広い分野に取り入れられていることを確認しておきたい。

日本史研究で、本格的に子ども史研究が始まるのは、前述のように、一九七〇年以降の社会史研究の隆盛からである。中でも子ども史は、『〈子供〉の誕生』が翻訳されたこともあり、日本における子どもの〈発見〉をもくろんだ研究等が矢継ぎ早に出されている。その日本子ども史を牽引したのは、中世社会史研究であった。網野善彦氏の一連の研究[41]、絵巻を史料として活用した黒田日出男氏の研究[42]、物語等を分析した保立道久氏の研究[43]等が矢継ぎ早に出された[44]。古代史では、子どもの年齢区分や子ども観の研究が出されているが、専論としての子ども史研究は少ない[45]。その中で注目すべき研究としては、民俗学の子どもの聖性論を援用した小林茂文氏の研究である[46]。社会史研究以降の子ども論にも、柳田国男の「七歳までは神の子」論が、日本的子どもの特徴として反映されているように思われる。たとえば、小林茂文氏は「子どもの神聖性を前提とした論議では、子どもが境界領域での神事に火と水の呪術をもって参加するという特徴は説明できないだろう。古代史料に子どもの聖性がどのようにあらわれるのか、その特徴が神事参加をどのように規定するのかが、具体的に検証されねばならない」とする。ここでは、「古代史料に子どもの聖性がどのようにあらわれているか」と、「子どもの聖性」自体には疑問を呈しておらず、柳田を批判的に継承しているようには見えない。また、子どもの役割は境界祭祀だけに限定されているわけではない。黒田日出男氏は、中世には、神が示現する際、翁や女・子どもの姿を取って現れる、とされる。黒田説を踏まえた上で八世紀以前の史料を検討すると、記紀等では、嫗や男性も神として示現することからすれば、対等に近い男女関係から、男性優位へと社会が変容した結果、被差別者や弱者が神や仏になって示現するのであり、子どもや女・老人を聖なる者ととらえる聖女・聖童観が成立するのではなかろうか[47]。

柳田国男の「七歳までは神の子」は、中世史でもたとえば網野善彦氏の一連の論考にも取り入れられている。一例をあげれば、鎌倉末~南北朝期以降の各地の荘園・公領を請け負う代官に国人や有力な武士が補任される場合には「○○丸」と名乗る幼名の子息名を表面に立てたり、守護などと「縁」のある人が代官になる場合には「男名字」を避けて童名で請文を書くことがしばしばあり、その背景には「成人式以前の子供に「無縁」の特質があったことは確実」と指摘しており[48]、それを受けた対談では、「子供は正式の主従関係を結べない。親子の場合でも「七つまでは神のうち」などといって、まだ本当の親子関係に入らない、ということがあったのではないか」と述べる。(49)「七つまでは神のうち」がここでも史料的提示のないまま、使用されるのである。また、田辺美和子氏も、「日本中世の社会には、童子―優遇観と童子―弱者観との二つの意識が存在していた。前者は、太古からの童子の「自由」「神聖さ」に根ざしていたのではないだろうか。後者の意識は前者のそれに遅れて日本民衆の中に刻まれたと思われる」と、太古からの「神聖さ」を根拠もなく提唱される。(50)塩野氏が指摘するように、八〇年代以降の社会史においても未だ柳田の「願望」は背後霊のように一人歩きしているのである。歴史学においても、柳田説をひとまず置き、史料に即した実証的な研究が必要不可欠であると言えよう。

二　本書の課題と考察

きわめて簡単に子ども史研究の軌跡をたどってみたが、まずは史料に即した子どもの実態を解明することが大きな課題であると考えられる。本書に集めた論文は、史料をできるかぎり網羅して平安時代の子どもの実態を検討することを第一の課題にしている。その際、常に男女の比較検討、すなわちジェンダー視点を心がけた。平安期は、子どもにおいてもジェンダー的差別構造が萌芽すると推測されるからである。まずは、本書の構成とテーマや残された課題等をごく簡単に記しておきたい。

Iは「家と子ども―王権と童」として、平安時代の王権内における家や親権の問題を扱った。第一章「平安朝の父子対面儀と子どもの認知―王権内における父子秩序の成立と変容」は、十世紀の儀式書に見える対面儀について、九世紀からの史料を検討し、その成立や変容、意義について考察しつつ、実態的な「七歳」は対面儀等を中心に九世紀からわが国に定着するのであり、それ以前の習俗等では八歳等も大きな区切り目だったことを推察している。本論文は、一九九七年十一月に行われた比較家族史学会シンポジュウム「父親論」の報告を活字にしたものである。[51]比較家族史学会は、家族史研究者を中心とする学際的な学会で、父親論も動物行動学・文化人類学・社会学・教育学・歴史学など様々な分野の研究者によって報告が行われた。どの分野でも父親論はほとんど検討されていないとのことであった。学際的学会でもあり、史料や専門用語を駆使することなく平易に尚かつ学問水準を下げることなく報告し、議論を可能にするようにとの要請もあり、七歳対面儀は、父天皇による子どもの認知権を表象する儀礼であることを指摘した。編者の若尾祐司氏は、支配エリートにおけるポリガミーと結びついた父性欠落構造の上に父権を確認する儀礼ではないか、と指摘されている。[52]このシンポジュウムでは、父系制社会の父親像は権威主義的でそれを正当化する規範が組織化されており、男性は父親役割を忠実に遂行することが要請されているのにたいし、双系制社会の父親像は平等的ないし非権威主義的な性格で父子関係は緊密相互依存関係である、と報告されている。[53]母子の結びつきが緊密で双系制の可能性を持つとされる古代社会から父系が強化される過渡期の儀礼ではないかと考えているが今後の課題にしておきたい。

第二章「王権の父母子秩序の成立－朝覲・朝拝を中心に」は、七歳対面儀を終えた皇太子や親王が、翌年の正月から内裏に参入し天皇に拝礼する儀礼を素材に、天皇家の父母子秩序の形成を考察したものである。一九九〇年代に、太上天皇論が矢継ぎ早に出され、その中で朝覲行幸も研究されてきたが、[54]ともすれば父上皇への朝覲を扱い、母への朝覲は等閑視されているようにも思えた。しかし、天皇は、父上皇が死去した後も、母である国母のもとに朝覲行幸し、同行の公卿や官人たちの凝視する中、殿上で南面する国母に、庭中で北面して拝礼を行うのである。息子天皇に対する国母の権限を象徴する儀礼である。国母の存在感を意図的に強調するためにも、また父母が並び親権を行使する平安期の実態を顕現化させるためにも、「父母子秩序」という耳慣れない造語を使用した。九世紀朝覲行幸が開始された仁明朝頃には、皇太子や親王の正月朝覲と親族拝が開始されたと推察される。すなわち、天皇家内部で家的秩序の確認儀礼としての親族拝礼が定着するのである。さらに十世紀初頭には、この天皇家内部の親族拝が、六位以上の王卿層にも拡大され、人格的従属関係を象徴する儀礼としての小朝拝に結実する。家的秩序の朝廷貴族社会への浸透である。九世紀からの朝覲行幸や正月朝覲親族拝に見られる父母と子の秩序、それによって定着する子息天皇への父母で分有する家父長権は、国母の政治的後見としても顕在化する。国母の政治的後見の実態について、その後いくつかの論考を発表してきた。(55)そこでもふれたが、近年でも上皇にのみ注目し国母への眼差しを欠如させた論考が多いように思われる。たとえば、白根靖大氏は、村上天皇の朝覲行幸対象を兄朱雀上皇とし、父ではない院への行幸を十世紀中頃に措定される。さらに女院への行幸は、「それは単に母だからではなく、上（法）皇に準じた資格でもってであり」「朝覲行幸の受け皿という女院の役割が浮かび上がる」と女院を位置づける。(56)女院を論じても、眼差しは上皇にしかない。しかし、村上天皇の朝覲行幸の対象は当時朱雀上皇と同殿していた母皇太后穏子である。史料に、国母へは「拝謁」「朝す」とするいっぽう、上皇へは「謁す」と記すことからみても確実である。(57)国母の政治的後見が摂関政治を用意したこと、摂関はいわば「国母の代行」だったことは、拙稿で指摘したところである。王権内における国母の役割や政治実態は今後とも深化したいと思っている。

Ⅱ「殿上の童たち－童殿上と童舞」は、『源氏物語』等の物語類や記録に頻出する殿上童について考察した一連の論文である。まず、第一章「童殿上の成立と変容－王権と家と子ども」では、九世紀から十一世紀中頃を主たる対象に、昇殿がゆるされた童、いわゆる殿上童の史料を博捜し、成立と役割の実態を具体的に提示した論文であり、いわば童殿上制の基礎的作業である。九世紀の史料には、天皇の周辺で元服以前の童が「侍奉」する姿が頻出するが、それは天皇の母方親族や中下級文人貴族の童だった。宇多朝にはじまる昇殿制再編は、童の世界にも殿上童制をもたらし、上層貴族層の童のみを特権化する。祖父―父―子へと継承される身分的特権の付与であり、家筋ラインの強化・安定化をもたらす。朝廷貴族層や官僚層の家形成の過程の大きなうねりは、童世界にも及ぶのである。元服前の童から大人の秩序・世界にとらわれていく。以前拙稿で、八、九世紀には十五、十六歳で元服し、成人になってからも二十歳までは官人としての訓練を受け、しかる後に官職に任じられており、蔭位が適用されるまでは童にさほど差がなかったのに、十世紀以降天皇の子弟や上層貴族層から元服年齢が低下し十一、十二歳になり、元服と同時に叙爵する慣習がはじまり、童（子ども）世界にも家格や身分が大きく作用することを見てきた。[58] 大人の家格や身分秩序が童時代を短縮し、子どもの肉体的成長にそくして一人前として扱う社会から、身分や家格関係の中で一人前として扱う社会へと、貴族社会が大きく変容したことを示そう。子どもの位置が縮小され、子どもの期間が短縮されたのである。子ども自身にとって、どの様な変容があったのか、いわゆる子ども期を経ないで大人になる貴族たちの大人としての自覚や認識は如何なるものであったのか。この点に関しては、国文学の池田節子氏が、物語で元服や裳着の語られ方を比較検討し、たいへん興味深い指摘をされている。「元服が物語から消えるとき、主人公たちは成人拒否の性向をもち、また、教育熱心な過保護な親たちが出現」するが、「親子関係の緊密化は、元服の低年齢化をもたらしたところの「家」の成立と深く関わ」っており、男たちは自立できなくなる。「成長と合致した成人儀礼の喪失が、青年たちの精神的発達に与えた影響は少なくなかったであろう[59]」。元服の低年齢化と童殿上制によって童や青年たちにどのような影響があったのか、童や青年からの眼差しで、記録類を博捜し、探ることも今後の課題にしたい。

第二章「童殿上の成立と命名―王権と童」は、童殿上が許可されると、名簿奉呈がなされるがその際、幼名の童に朝廷内で使用する成人名が命名される。そのことを検討した論考である。仁和四年に童殿上制がはじまると、殿上をゆるされた童に名前が付けられ、主である天皇に奉呈された。しかし、公的文書や天皇の日記には成人名が記載されるが、父親や家司の私的な日記には元服まで幼名が記され、元服後に成人名が記される。このことから、成人名は本来天皇との関係、すなわち王権との関係で成立したのであり、社会的身分を表象する可視的姿、いわゆる頭髪や衣裳を替える元服とは位相を異にしている。さらに、男子は童殿上許可か元服の際、幼名から成人名へと名前が変わるが、女子は朝廷に公的に出仕する場合や叙位される場合などにのみ、幼名とは相違した名前が付けられる。すなわち、男子の場合は王権との関係のみならず、社会的に一人前の大人として処遇されるために大人名前が付与されるが、女子は王権関係以外では、一人前として認められないのである。名前がジェンダー構造を表象していることがうかがえる。源倫子や源明子等、王権との関係で名付けられる種類の「〇〇子」型の名前が、庶民層に定着するのは近代以降という(60)。一見プライベートなものと考えられる名前にも、身分や差別構造の歴史的背景が刻印されているのである。王権と結びつかない女子の名前の歴史は今後の課題である。

第三章「舞う童たちの登場―王権と童」は、朝廷や貴族の儀式の場で童舞を舞う童たちを追った論考である。九世紀中頃から儀式を華やかに彩る童舞が登場するが、童殿上制が成立すると天皇が出御する儀式で殿上童たちが舞い、その出来栄えによって天皇から御衣が下賜される。天皇の脳裏に童が印象づけられ、大人になった際には天皇との距離は縮まり、昇進が早まるのは必定である。童たちは、必死で舞踏の練習をする。失敗すると親族も含めて面目丸つぶれである。親たちは嫌がる童に祈禱までして童舞を舞わせる。七歳からはじまる童殿上勤めは、朝廷儀式の見習いではあっても、遊びを内包した気楽なものではけっしてなく、過酷な部分もあったのである。さらに、もう一つ強調したい点は、朝廷儀式で舞われる童舞は、伝統的な公的年中行事ではなく、娯楽的な私的な儀式の場に登場したことである。従来、平安時代の童舞や童相撲に関しても、「「童」のもつ神性にあやかった支配者たる天皇側の、せめてもの権威性の自己主張の手段」とか「身長四尺前後の「童」の神性に期待して始められた童相撲」等、[61]柳田国男説を継承し、ともすれば童舞の霊的呪術的側面が強調されてきた。なお、中世史でも同様に、寺社内部では十五歳得度、二十歳受戒の原則を厳守するが、それは十五歳までの児・童が最も重要な童舞の担い手であったゆえであり、「ときには神そのものと見なされる聖なる児・童は、寺院で営まれる恒例・臨時の仏神事・修法・祈禱の中で童舞を演じることによって、その場に神を降下させ、あるいは霊魂を招き寄せ、その場を聖なる空間に転化する」役割を担っていたからだとする見解も同様である。[62]しかし、詳細に検討したように童舞はむしろ娯楽的要素として導入されたのであり、けっして「神性」や「神聖」を強調するためではない。童の神性を強調する議論に再検討をせまるものと考えている。

Ⅲ「生育儀礼―誕生から成人まで」では、誕生から成人式までの生育儀礼についての論考のいくつかを集めた。第一章「産養と王権―誕生儀礼と皇位継承」は、村上天皇第二皇子憲平親王（後の冷泉天皇）誕育後の産育儀礼やその後の立太子を詳細に検討した。第一部の検討を踏まえ発表した筆者の国母論にいただいた御批判に答えるために、憲平親王立太子の具体的道筋を丁寧に追ったものである。いわば国母の政治的権限の一考察、とでも題するほどのささやかな研究である。しかし、この産育儀礼を見ていくと、我が子憲平親王への皇位継承を切望する村上天皇の強い意志が随所に示される希有な史料であることがうかがえた。憲平親王立太子は、父村上天皇と祖母太皇太后藤原穏子によって決定されたものであり、兄朱雀上皇が抱く自身の子孫への淡い皇位継承願望をうち砕いたものであったことは断定し得る。生まれ落ちたばかりの乳児をめぐる産育儀礼にも、強烈な政治的思惑が刻印されていた。憲平親王への産育儀礼を通し当該期の王権を考察したものである。なお、近年、古代や平安時代の産育儀礼研究が幾つか出されているが、緒についたばかりという段階である。[63]産育儀礼の具体的構造、産養の主催者、男女の差異いわゆるジェンダー構造等々、ほとんど手がつけられていない分野であり課題は山積みしているといえよう。

第二章「平安王朝社会の着袴」は、九世紀から十一世紀中頃までの着袴を考察した論考である。九世紀以降、貴族層の子どもたちが袴を着用する習俗がはじまったと推察しうるが、この頃三歳から七歳の間の男女子にはじめて袴をつける儀式がはじまり、十世紀から十一世紀にかけて盛行する。当初は、よちよち歩きの成長に合わせた三歳（現在の二歳くらい）が多かったが、十一世紀後期になると、五歳くらいが多くなる。生物学的な成長過程から、家格や政治力を背景とした貴族社会への告知儀礼へと変容した。また、親王や内親王の着袴儀の場は、母方殿舎が多く、元服や着裳が清涼殿で行われるのと対照的であり、Ⅰで見た七歳までは母方で養育される名残といえよう。貴族層では、着袴儀の場が母方から父方へ移行する。また、着袴といえども政治的な勢力や後見力によって儀式は左右されていた。さらに、着袴儀には男女差がなかったことが指摘できたのである。従来、七五三の源流とも考えられる着袴についても、専論はなかったためもあり、史料提示に終始した観もある。十一世紀後期になると着袴年齢が下り、元服や着裳年齢が上がると、童時代も短縮されることになるが、では童にとってどの様な影響があったのか、社会の童認識にどのような変容があったのか、これらも今後の課題である。

第三章「平安王朝社会の成女式―加笄から着裳へ―」は、女性の成人式を考察した論考である。九世紀には加笄と記される成女式は、十世紀末には着裳（著裳）へと変容を遂げる。この背景には、七世紀以来の結髪による童と大人の可視的表象が、着裳という衣裳によるそれへと変容したことを示す。男子の元服は、結髪し帽子をかぶり、大人の衣裳をつけ、大人名前をつけることであり、平安時代には天皇・貴族から一般庶民まで浸透したと考えられているから、(64)七世紀以来の結髪と帽子着用の国家政策が貫徹したことをしめす。女子への結髪政策は結局貫徹せず、朝廷儀式の際に一部を「髪上げ」するのみであり、普段は貴族から庶民まで垂髪のままである。頭髪を覆うという男性のみの大人の可視的表象は、女性を「人」と認識しない中世社会のジェンダー構造を如実にあらわしている。この構造は内親王の着裳儀式にも顕現しており、男女とも清涼殿で行われるものの、親王は装束改め後に庭中に出て天皇に舞踏し臣下としての位置を確認する儀礼を行うが、内親王にはない。公的場における内親王の役割は明確ではないのである。しかし、平安時代には政治的意義をもつ結婚の為のお披露目として着裳は盛大に行われるが、年齢は一定せず、また母の位置すなわち正妻腹と次妻腹による差も歴然としてくる。着裳に関しても、平安時代の研究は、着袴等と同様でありほとんど手が着けられていない分野である。着裳儀は、童と決別し大人へ編入される重要な儀式であり、くわえて男女差が明確になる時期でもあり、ジェンダー視点で分析することに重きをおいた点を強調しておきたい。実態としての髪型の変容や、公的儀式の場での「髪上げ」実態等、これも解明すべき課題は多い。

第四章「家と生育儀礼」は、「通過儀礼から見た子どもの帰属―平安中期を中心にして」を改題したものである。当論文も、比較家族史学会での報告を活字にしたものであり、前述と同様な限界があることをまず指摘しておきたい。平安貴族の婚姻形態は、高群逸枝『招婿婚の研究』を批判的に検討した関口裕子氏によって、妻方居住を経た独立居住と当初からの独立居住の混在であることが指摘されており(65)、子どもは妻方で誕生し養育されることが一般的である。しかし、当該期は祖父―父―息子へと継承される一系的家筋形成期であり、父系親族との緊密な関係へと移行する時期に当たっている。では、誕生後の生育儀礼への父方母方の関与は如何なるものか、貴族層における実態的父系的家形成運動を、社会的公認儀礼としての生育儀礼を通して考察した論考である。①妻方主催の「婿取婚」にも夫方が関与したこと、②結婚数年後夫方提供家屋に移動しても同居は妻の両親の妻方親族であり、一般的に夫方親族とは同居しないこと、③出産や生育儀礼では妻方が関与するものの、着袴等の儀式を祖父の邸宅で行うなど夫方祖父母が強く関与し始めること、等を解明した。貴族層の婚姻形態の本質を解明するためにも、このような生活に根ざした実態解明が不可欠であると考えている。

以上、本書所収論考の課題や残された問題をきわめて簡単に述べた。なお、すでに活字になっている論考は、誤字脱字と基本的な間違い、あるいはかな使いの統一以外、手直しをせず、必要な場合は補注を施した。

注

（1）鮎川潤『少年犯罪』（平凡社、二〇〇一年）。
（2）『犯罪白書』（警察庁統計）参照。
（3）久木幸男編『日本子どもの歴史①夜明けの子ども』（第一法規出版、一九七七年）。
（4）所功「菅江両家の教育活動」（『日本教育文化史』明玄書房、一九七五年）があるが、むしろ同『平安朝儀式書成立史の研究』（国書刊行会、一九八五年）を所氏の専門領域とすることに異論はないであろう。
（5）桜井庄太郎『日本児童生活史』（日光書院、一九七八年）。
（6）金田茂郎『子どもの文化史』（大月書店、一九七五年）。
（7）石川謙『わが国における児童観の発達』（振鈴社、一九四九年）。
（8）久木幸男「序章　夜明けの子どもと子どもの夜明け」（久木幸男編『日本子どもの歴史①夜明けの子ども』第一法規出版、一九七七年）参照。
（9）戦前の日本古代教育史研究については久木幸男「序説日本古代教育史のなかの古代学校」（同著『日本古代学校の研究』玉川大学出版部、一九九〇年）、戦後のそれについては同「研究動向と問題点、原始・古代」（『講座日本教育史』五、一九八四年）参照。代表的研究を以下挙げておく。関根直正「古代大学の制度」（『東洋学会雑誌』巻二、八号、一〇号、一八八八年）。久米邦武「明経学の政治に於ける結果」（『史学雑誌』九―一二、一〇―一・二、一八九八、九九年）。高橋俊乗「大宝令に定められたる大学寮の教育史上に於ける意味」（『哲学研究』七六号、一九二二年）。桃裕行『上代学制の研究』（吉川弘文館、一九四七年、復刊一九八三年）。久木幸男『大学寮と古代儒教』（サイマル出版会、一九六八年）。同『日本古代学校の研究』（前掲書）。同『教育史の窓から』（第一法規出版、一九九〇年）。
（10）高橋俊乗『日本教育文化史』（同文書院、一九三三年）、志賀匡『日本女子教育史』（玉川大学出版部、一九六〇年）。
（11）尾形裕康「就学始の史的研究」（『日本学士院紀要』八―一、一九五〇年）、同「成年式の史的考察」（『日本学士院紀要』八―三、一九五〇年)、同「成年礼の社会的意義」(『日本歴史』三四号、一九五一年)、同「加入式」(『早稲田大学学術研究』一、一九五二年)。

(12) 桜井秀「平安朝女子の成年期―着裳風俗史考(一)(二)」(『國學院雑誌』三七―五、六、一九三一年)。江馬務『国文故実風俗語集釈』(共立社、一九三五年)、同『江馬務著作集』(第四巻、一九七六年、初出は一九二五年～一九三八年)。

(13) アリエス『〈子供〉の誕生』(杉山光信・杉山恵美子訳、みすず書房、一九八〇年)。なお初出は一九六〇年、原題は『アンシャン・レジーム下の子どもと家族生活』、解説は森田伸子『子どもの時代』(新曜社、一九八六年)参照。

(14) もっとも現在筆者は、平安時代の子ども装束研究を検討しておらず、すでにこのような研究は進展している可能性も大いにある。今後の課題にしておきたい。

(15) 山田康弘「縄文時代の子供の埋葬」(『日本考古学』四、一九九七年)、同「子どもから大人へ―縄文時代の場合」(『歴博』九六、一九九九年)。

(16) 渡辺誠「縄文文化における抜歯風習の研究」(『古代学』一二―四、一九六六年)、同「日本の抜歯風習と周辺地域との関係」(『月刊考古学ジャーナル』一〇、一九六七年)。春成秀爾「抜歯の意義」(『考古学研究』二〇―二・三、一九七三年)、同「縄文弥生時代の親族組織をさぐる」(『日本の古代11　ウジとイエ』中央公論社、一九八七年)等。

(17) 大変多いが、幾つかを挙げておく。松前健『日本神話の形成』(塙書房、一九七〇年)。三品影英『新羅花郎の研究』(三品影英論文集第六巻、平凡社、一九七四年)。星川真理子「『倭男具那命』考」(『国文学研究』五八集、一九七六年)。吉井巌「ヤマトタケル物語の原形について―小碓及童男の名を通して」(日本文学研究叢書『古事記・日本書紀』II、有精堂、一九七五年)。藤原茂樹「試練を受ける童男」(『日本文学の男性像』世界思想社、一九九四年)。

(18) A・ファン・ヘネップ(綾部恒雄・綾部裕子訳『通過儀礼』弘文堂、一九七七年)。なお、日本の古代の生育儀礼や大人と子どもの境界については、マリノウスキー『未開人の性生活』(新泉社、一九七一年)の方が参考になる。

(19) 大林太良「成年式における宗教的諸表象について」(『東京大学教養学部人文科学科紀要　比較文化研究』七、一九六七年)、同『日本神話の構造』(一九七五年)、同「児童観の変遷―成人式を中心として」(『子ども』東京大学出版会、一九七九年)、同「年齢階梯制の背景と機能」(日本民俗文化体系8『村と村人』小学館、一九八四年)。岡田謙「年齢階級の社会史的意義」(『社会経済史学』第一巻第四号、一九三一年)。

（20）江守五夫『日本村落社会の構造』（弘文堂、一九七六年）、同『家族の歴史社会民俗学』（弘文堂、一九九〇年）。高橋統一「年齢集団」（講座比較文化『第六巻日本人の社会』研究社、一九七七年）。
（21）「年齢階梯制」（『文化人類学事典』弘文堂、一九九三年）。
（22）日本古代に若者連や若者組の存在や年齢階梯制を想定している研究者として山中太郎『日本若者史』（春陽堂、一九三〇年）や尾形裕康「成年礼の社会的意義」（『日本歴史』三四号、一九五一年）などが挙げられるが、義江彰夫「儀制令春時祭田条の一考察」（『古代史論叢』中巻、一九七八年）論文が、祭で年齢に従って座次を決め、子弟等に飲食の供事をさせる風習は古代からの身分秩序の一形態とする指摘が妥当だと思われる。文化人類学の概念によれば、むしろ年齢階梯組織は中世後期惣村の若衆の政治組織にこそ成立すると考えている（石母田正「『中世政治社会思想』上解説」『石母田正著作集』第八巻、岩波書店、一九八九年、初出一九七二年、藤木久志「村の若者と老若」『戦国の作法』平凡社、一九八七年）等参照。なお拙著『家成立史の研究―祖先祭祀・女・子ども』（校倉書房、一九九一年）二七二頁で、「官人層の九世紀の実態や律令規定、記紀の史料から勘案して、日本古代にはある年齢階梯制やそれにともなう加入式が存在し、かかる基盤の上に中国的冠礼儀式が取り入れられたのではないだろうか」と記したが、「年齢階梯制」を「年齢集団」とするべきであったと考えており、ここで訂正しておきたい。
（23）前述の尾形裕康諸論考に加え同「女子成年礼の教育的考察」（『野間教育研究所紀要』一、一九四七年）等。
（24）中村義雄「元服儀礼の研究」（『二松学舎大学論集』昭和四十年度、一九六六年）、同『王朝の風俗と文学』（塙書房、一九六二年）。
（25）他に、渡辺幸子「平安中期貴族政治社会における児童の生育儀礼と教育環境に関する若干の考察」（上・中、『政治経済史学』一四一・一四五、一九七八年）があるが、未完である。国文学では、三谷邦明『物語文学の方法』（Ⅰ、有精堂、一九八九年）が継母による継子いじめを女子の成人式の為の物語とするなど、興味深い指摘があるが、人生儀礼そのものの考察ではない。また、近年国文学で、小嶋菜温子氏の一連の研究がある。小嶋論文に関しては、Ⅲの各論文の注に詳しいのでそれを参考にして欲しい。
（26）柳田国男『こども風土記』（『柳田国男全集』第二三巻、初出一九四二年）。
（27）柳田国男『村と学童』（『柳田国男全集』第二三巻、初出一九四五年）。
（28）柳田国男・橋浦泰雄共著『産育習俗語彙』（国書刊行会、一九七五年、初出一九三五年）。
（29）大藤ゆき『児やらい―産育の民俗』（岩崎美術社、一九六七年、初出一九四四年）、同『子どもの民俗―一人前に育てる』（草土文化、一九八二年）。

(30) 竹内利美『信州東筑摩郡本郷村に於ける子供の集団生活』（三一書房、一九七三年、初出一九四一年）、同「子供仲間と青少年団」（『ひだびと』一〇―一、一九四二年）、同「子供組について」（『民族学研究』二一―四、一九五七年）。

(31) 関敬吾「年齢集団」（『日本民俗学大系』三、平凡社、一九五八年）。

(32) 福田アジオ「民俗学と子ども研究」（『国立歴史民俗博物館研究報告』第五四集、一九九三年）。

(33) 民俗学の文献に関しては、社会民俗研究会編「子どもと社会　文献目録」（『社会民俗研究』第一号、一九八八年）が、それまでの文献を①総論、②子どもと大人、③子どもとムラ、④子どもとイエ、⑤子どもと他界の五つのテーマに分け、更にその中を細かく分類して三百五十点近く掲載しており、大変便利である。

(34) 福田アジオ前掲論文注(32)。

(35) 岩本通弥「子ども論の現在―民俗学における子ども研究の課題」（『社会民俗研究』第一号、一九八八年）。

(36) 塩野雅代「柳田国男の「子ども」観について」（『社会民俗研究』第一号、一九八八年）。

(37) 大藤ゆき前掲『子どもの民俗学』。

(38) 飯島吉晴「子どもの発見と児童遊戯の世界」（『日本民俗文化大系』平凡社、一九八七年）。

(39) 宮田登『神の民俗誌』（岩波書店、一九七九年）。

(40) 本田和子『異文化としての子ども』（紀伊国屋書店、一九八二年）。

(41) 網野善彦『無縁・公界・楽』（平凡社、一九七八年）、同『中世再考』（エディタースクール出版部、一九八六年）、同『異形の王権』（平凡社、一九八六年）等多数。

(42) 黒田日出男『姿としぐさの中世史』（平凡社、一九八六年）、同『境界の中世　象徴の中世』（東京大学出版会、一九八六年）、同『【絵巻】子どもの登場―中世社会の子ども像』（河出書房新社、一九八九年）等多数。

(43) 保立道久『中世の愛と従属』（平凡社、一九八六年）、同『中世の女の一生』（洋泉社、一九九九年）等多数。

(44) その後も中世史の子ども史研究は進展しており、最近、田端泰子・細川涼一『女人・老人・子ども』（中央公論新社、二〇〇二年）、斉藤研一『子どもの中世史』（吉川弘文館、二〇〇三年）の二冊が上梓されている。

(45) 拙稿「古代子ども論ノート」（『史潮』新二三号、一九八八年、後「古代子ども論覚書」と題して拙著『家成立史の研究』前掲書所収）。吉村武彦「ウヂ・イヘ・女・子ども」（日本村落史講座第六巻『生活Ⅰ』雄山閣出版、一九九一年）。河村太市「日本古代の子ども観について」（『山口女子大学文学部紀要』九三―三、一九九三年）。田中禎昭「日本古代社会における在地社会の「集団」と「秩序」」（『歴史学研究』、一九九五年）、同「「ヨチ」について―日本古代の年齢集団」（『古代史研究』一三号、一九九五年）。角谷英子「日本古代社会における子どもについて」（『総合女性史研究』一六、一九九九年）等。

(46) 小林茂文『周縁の古代史』（有精堂、一九九四年）。

(47) 拙著『平安朝に老いを学ぶ』（朝日選書、二〇〇一年）。

(48) 網野善彦前掲『無縁・公界・楽』一八三頁。

(49) 「座談会　子どもの社会史・子どもの国家史」（叢書　産育と教育の社会史4『子どもの社会史・子どもの国家史』新評論、一九八四年）。

(50) 田辺美和子「中世の「童子」について」（『年報中世史研究』第九号、一九八四年）。

(51) 黒柳晴夫・山本正和・若尾祐司『父親と家族―父性を問う』（早稲田大学出版部、一九九八年）。

(52) 若尾祐司「座談会　シンポジウム「父性論」を振り返って」（黒柳晴夫・山本正和・若尾祐司『父親と家族―父性を問う』早稲田大学出版部、一九九八年）。

(53) 堀江俊一「台湾族の父親像」、本田洋「韓国の社会変動と家族」、前田俊子「母系社会における男性と父親の役割」、坪内良博「双系社会における父親」（黒柳晴夫・山本正和・若尾祐司『父親と家族―父性を問う』早稲田大学出版部、一九九八年）所収。

(54) 春名宏昭「太上天皇制の成立」（『史学雑誌』九九―二、一九九〇年）。筧敏生「太上天皇尊号宣下制の成立」（『史学雑誌』一〇三―一二、一九九四年）。仁藤敦史「太上天皇制の展開」（『歴史学研究』六八一、一九九六年）。

(55) 拙稿「王権と国母―王朝国家の政治と性」（『民衆史研究』第五六号、一九九八年）、拙稿「九世紀の天皇と国母―女帝から国母へ」（『物語研究』第三号、二〇〇三年）、拙稿「『栄花物語』と上東門院彰子」（『歴史評論』六三七号、二〇〇三年）、拙稿「女帝から国母へ」（『米沢史学』一九号、二〇〇三年）。

(56) 白根靖大「中世前期の治天について―朝覲行幸を手掛かりに」（『歴史』八四、一九九四年）。

(57) 服藤前掲「王権と国母」ではこの点を詳細に検討している。史料の一例を挙げれば、天暦元年正月四日「天皇幸朱雀院、先拝謁太后、次謁太上天皇」（『日本紀略』）、「行幸朱雀院、朝太后於柏殿、而後太上上皇謁於寝殿」（『貞信公記抄』）とある。なお、この拙稿では、国母の穏子・詮子・彰子の政治的後見史料を具体的に提示し検討しているのでぜひ参照して欲しい。

(58) 拙稿「古代子ども論覚書」「元服と家の成立過程」「転換期における王権と元服」(服藤前掲『家成立史の研究』)。

(59) 池田節子「物語史における元服と裳着」(服藤早苗・小嶋菜温子編『生育儀礼の歴史と文化』森話社、二〇〇三年)。

(60) 角田文衛『日本の女性名』(上下、教育社、一九八〇年)。

(61) 松見正一「平安宮廷行事における「童」―童相撲と童舞をめぐって―」(『早稲田大学大学院教育研究科紀要』別冊第四号、一九九六年)。

(62) 伊藤清郎「中世寺院にみる「童」」(中世寺院史研究会編『中世寺院史の研究』法藏館、一九八八年、後に同『中世日本の国家と寺社』高志書院、二〇〇〇年所収)。なお中世寺院の童舞を「神下ろしの」聖なる舞であると位置づける点については、すでに土谷恵氏が『中世寺院の社会と芸能』(吉川弘文館、二〇〇一年)で詳細に批判されている。

(63) 渡辺幸子前掲論文注(25)。平間充子「平安時代の出産儀礼に関する一考察」(『お茶の水史学』三四号、一九九一年)。二村友佳子「古代の出産儀礼に関する一考察―平安時代の皇族の出産儀礼を中心に」(『歴史研究』四二号、一九九六年)。拙稿「平安王朝の出産とジェンダー」(橋本紀子・逸見勝亮編『ジェンダーと教育の歴史』川島書店、二〇〇三年)。

(64) 黒田日出男『境界の中世　象徴の中世』(東京大学出版会、一九八六年)。

(65) 関口裕子『日本古代婚姻形態の研究』(上下、塙書房、一九九三年)。

I

家と子ども

王権と童

第一章　平安朝の父子対面儀と子どもの認知

――王権内における父子秩序の成立と変容――

はじめに

十一世紀中頃成立した『栄花物語』巻五には、次のような記述がある。

若宮の御うつくしさなど奏すれば、「かれを見ばやな。御子達は御対面とて五や七などにてぞ昔は有ける。又内に児など入るゝことなかりけり。されど今の世はさもあらざめり。東宮（居貞親王）の宣耀殿（娍子）の宮などは、つと抱きてこそありき給なれ。（後略）」（日本古典文学大系『栄花物語』）

（右近内侍が）脩子内親王の可愛らしさを（一条天皇に）奏上すると、「若宮に会いたいものだ。御子たちは、父帝との対面となると、昔は五歳か七歳になって行われたものだ。また、宮中に乳飲み子を入れることなどなかった。しかし、当節はそれほどでもないようだ。東宮妃宣耀殿のお生みした皇子などは、東宮がじっと抱いて宮中を歩いていらっしゃると聞いた」。この台詞は、父藤原道隆を亡くし、兄弟の失脚後、失意の内に皇女を生んだ皇后定子と脩子内親王の様子を聞いた時の、一条天皇のものである。

かつては天皇と皇子皇女たちとは、五歳か七歳の対面の際はじめて会うものであり、また乳飲み子が内裏に入ることが禁止されていたこと、しかし、最近では宮中に乳飲み子が入ることが許されていたことがうかがえる。脩子内親王の誕生は長徳二年（九九六）十二月十六日（『日本紀略』『栄花物語』等）であり、この会話はその直後のことである。また、一条天皇がうらやましいと話している東宮居貞親王の第一皇子敦明親王（後の小一条院）の誕生は正暦五年（九九四）五月九日（『日本紀略』『本朝世紀』等）だから、たしかに数え年三歳の児が宮中に入り、東宮が抱いて歩いていたことが知られる。

もう一つ、関係深い史料がある。

昔は、皇子たちも、幼くおはしますほどは、内住みさせたまふことはなかりけるに、この若君（公季）のかくてさぶらはせたまふは、「あるまじきこと」と謗りまうせど、（日本古典文学大系『大鏡』）

これは、藤原師輔の男子公季が、出産と同時に亡くなった母康子内親王（醍醐天皇皇女）のかわりに、藤原師輔の長女であり村上天皇の中宮である安子に、宮中で養育されたことを説明した箇所である。十一世紀末に成立した『大鏡』に、「昔は天皇の子どもたちでも、幼い間は宮中に住むことはできなかったのに、公季はこのように宮中で養育されたので、あるまじきことと人々から謗られた」ことが記されている。公季の誕生は、天暦元年（九四七）六月六日のことである。『日本紀略』には、

一品康子内親王薨ず〈醍醐第十四皇女なり〉。賻物を給ふ。件の薨は、胞衣下りざるの故なり。右大臣（師輔）坊城第において薨ずるなり。

とある。公季を出産したものの、胞衣、すなわち後産がおりず死亡したもので、前近代社会ではこのような産婦の死は大変多かった(1)。当時は母親が死亡した場合、外祖父母が引き取り育てることが普通であったが、外祖父は故醍醐天皇であり、外祖母中宮藤原穏子もすでに亡くなっており、「世の常ならぬ御族思ひ」（『大鏡』）だった異母姉中宮安子が養育したのだとされている。

すなわち、十世紀の中頃のこととして、宮中では天皇の子どもであっても幼児を養育することはなかった、と記憶されていたことがうかがえるのである。

十一世紀中頃には、天皇の子どもである七歳以前の乳飲み子が宮中に出入り可能であり実際にも出入りしていたことがうかがえたが、少なくとも十世紀中頃は、天皇の子どもでも乳幼児が宮中に出入りすることは少なく、宮中で養育された場合は、貴族層から非難されていた。では、七歳以前の児が出入り可能になったのはいつであり、それはいかなる要因によって解禁されたのだろうか。さらに、七歳以前の皇子皇女たちは、父である天皇に対面し得なかったのか、またその背景にはいかなる理由が存在したのであろうか。

父と子の関係は、継承を主要な属性の一つとする「家」にとって、重要な要素である。『日本書紀』では七世紀以降の「祖」は大王家の女性尊長（母や祖母）を呼ぶ語として使用され、「オヤという語が斉明女帝や藤原宮子にいたるまで天皇の母や祖母ら女親の称号に使われていることは興味深く、一族の長を生んだ母の権力や地位の高さを推察させる」ことが指摘されている。(3)また、八世紀初頭の文武天皇の即位詔では、神話的始祖天照大神から霊威を授けられたとの表明であったが、(4)八世紀末期の桓武天皇の即位詔では、前代の天皇から皇位が授与されたとの文言が明記されるようになる。(5)すなわち、天皇における父子関係が顕現化されてくるのは、八世紀末をまたなければならないのである。天皇における父子対面儀礼もこの点に関わっていることが推察される。本章は、天皇における父子対面儀礼を通して、天皇家における父子関係の源流を探ることを目的としている。

天皇とその子どもが、内裏で対面することは、列席する貴族、官僚たちへ父子関係をお披露目することでもある。それは、天皇がわが子を公の場で認知することであろう。天皇がどのようにわが子を認知していくのか、父親が子を認知する歴史的成立過程も考えてみたい。これも本章の課題である。

一　十世紀の七歳対面儀

1　儀式書にみる七歳対面儀

儀式は政治である、とも言われ、朝廷内で行われる公的儀式は政治性を帯び、天皇と支配者層の政治的意志を表明する可視的イベントとして行われてきた。それに伴い、儀式書も整備されていった。(6) 天皇と親王や皇太子との対面儀は、史料的には九世紀から散見されるが、儀式書に登場するのは応和三年（九六三）以降まもない頃成立したとされる儀式書『新儀式』からである。(7)「親王初謁見事」には次のように記されている。

童親王初謁見の事。一に正月朝覲の儀に同じ、但し酒肴は賜はらず、或は乳母に禄を給ふ（群書類従公事部第六輯所収『新儀式』、以下同書）

童親王がはじめて天皇に謁見する儀式は、正月朝覲に同じであるが酒肴はない、しかし乳母への給禄はある、とする。朝覲とは、中国では諸侯が天子に謁見することをいうが、わが国では九世紀にはじまる天皇が父上皇や母后を拝観する儀式を朝覲行幸という。(8) 十世紀、童親王が正月に朝廷で拝礼を行う儀式が成立しており、それも朝覲と呼ばれたことがうかがえる。残念ながら、『新儀式』の正月儀礼部分は遺っていない。

詳しい儀式次第がうかがえるのは、同巻に載る「内親王初謁事」である。

内親王、年七八歳、初謁の事有り。まず吉き日時を定め〈夜時を用ゐる〉当日の晩景に東廂に御簾を垂れ、御帳の中に椅子を立て、昼の御座を撤き、時剋に皇上、御座に着御す。親王進み出て御座に当し、東廂において粛拝し、退く。更に召し禄を給ふ（中略）。又親王の乳母に禄を給ふ〈各襖子一領〉。或いは其の什物等を給ふこと有り（『新儀式』）

ここでは、七、八歳の内親王が、天皇の在所たる清涼殿の東廂で対面し拝礼するだけの儀式として記されている。この『新儀式』の規定は、親王の場合についても同じだったと思われる。それは、同じころ源高明によって撰述された私撰儀式書である『西宮記』の「親王対面」にも、

正月一日朝覲の儀に同じ、酒肴は賜はらず。乳母に禄を給ふ（神道大系朝儀祭祀編『西宮記』以下同書）

とあり、また正月元旦の「童親王拝覲事」には、

天皇東廂の椅子に着す。親王、仙華門より参入し、東庭において拝舞し、退出す。御前に召し、酒肴を給ふ（『西宮記』）

とあり、『新儀式』の「内親王初謁事」とほぼ同じ儀式次第である。ここでも酒肴を除けば対面し拝舞するだけである。

ただし、親王と内親王では、いくつかの点で大きく相違している。まず第一に、儀式の場と拝礼形式が相違する。内親王は清涼殿の東廂で「粛拝」するのに対し、親王は仙華門から入り、東庭で「拝舞」する点である。粛拝はうやうやしく頭を下げてする拝礼である。拝舞は、舞踏ともいい、臣下が天皇に向かって行う最高の敬礼方式である。拝礼の相違からみると、親王は臣下として公的宮廷構成員として位置づけられるのに対し、内親王は天皇との親族的関係だけであることが推察される。八世紀の律令では親王、内親王の待遇はさほど相違はない(9)ことからすると、男女の差が明確に儀礼の場に表明されていることがうかがえる。

第二に、内親王には、「一に正月朝覲に同じ」との文言がないことからして、対面儀だけであり、親王のように、

正月元旦に父天皇に拝礼する朝覲儀式はなかったことが知られる。正月の天皇への拝礼は、年ごとに天皇との人格的臣従関係を確認する儀礼であり、宮廷に結集する貴族支配者層の重要な年中行事の一つであった[10]。同じ天皇の子どもであり、また共に親王宣下を受けても、対面儀だけの内親王と、以後童親王として宮廷貴族の一員と認識される親王とはまったく違っていたことがうかがえる。

以上のように、対面儀とそれ以降の対応の相違からして、親王宣下を受けた男女でも親王にのみ公的宮廷構成員としての認可がされたことを指摘しておきたい。ただし、『西宮記』「親王対面」の割註では、

童内親王の装束、男子の如し、下袴は長し

とあり、装束は男子と同じだった。童装束の男女差がいまだ成立していないのである[11]。

さて、もう一つ検討したいのは、『新儀式』に、「源氏皇子初謁見事〈此の条は欠〉」とある点である。この一文からして天皇の子どもたちの内、賜姓源氏になった皇子たちにも初謁見儀、すなわち対面儀があったとも考えられる。しかし、〈此の条は欠〉との文言の方が主であり、親王・内親王と違って賜姓源氏皇子の天皇との対面儀はなかったものと思われる。なぜなら、『西宮記』には、源氏皇子の謁見儀は条文さえ見えないからであり、さらに次項で検討するごとく、実際の史料でも見えないからである。とすると、対面儀は、天皇の子どもたちのなかで、男女差に加え、嫡子と庶子との差が儀式として位置づけられたことでもある。父天皇と子どもたちにとって、対面儀は、嫡庶と男女差という二つの要素が内包されていたのである。

このように十世紀の儀式書、『新儀式』と『西宮記』には、「初謁見」という名称で、親王内親王の七歳対面儀式が記載されている。ところが、十一世紀成立の大部の儀式書、藤原公任撰『北山抄』には、「初謁見」の条文はない。また、正月の「童親王拝覲事」は、「四日国忌事」の後に載せられ、しかも「叙位事」という角書があるだけで儀式

次第は記載されていない。十二世紀の大江匡房撰『江家次第』にはまったく片鱗さえ記載されていない。こうしてみると、儀式書からは、十世紀に盛行していた儀式ではあるものの、以後なくなった儀式のように推察される。

2　十世紀の具体的対面儀

「初謁見」すなわち対面儀は、儀式書の検討から、十世紀に行われ、十一世紀以降には廃れる儀式であることが判明した。では、実際にはどのように行われていたのか、ここでは具体例を検討することとしたい。

まず、十世紀の初頭は、醍醐天皇（在位八九七―九三〇）である。延喜九年（九〇九）二月二十一日、醍醐天皇の皇太子がはじめて参内する。

　東宮始めて内裏に参入す（『貞信公記抄』）

　皇太子始めて朝覲す。輦に乗り玄暉門より清涼殿の北に至り（以下略）（『西宮記』童親王拝覲事）

皇太子崇象親王（後に保明と改名）は、延喜三年（九〇三）十一月三十日に、女御藤原穏子を母として東五条殿において誕生しているから、この年は七歳である。「始参入内裏」「始朝覲」とあり、この時にはじめて内裏に参入し、父天皇と対面したことになる。立太子したのは、延喜四年（九〇四）二月十日であるが、この時皇太子は左大臣藤原時平の東一条殿におり、天皇とは対面していない（『西宮記』正月除目大臣召）。その後、延喜四年二月十七日、時平第より某所に移り、四月八日には東宮に移っているが、対面の記事はない（『日本紀略』）。

この皇太子崇象（保明）親王までの東宮は、内裏の外の西前坊（西雅院）であり、天皇居住の内裏とは独立した空間を確保し得ていた。(12) 以後、延喜九年の対面記事まで、皇太子の史料はない。ところが、翌延喜十年には正月四日から皇太子が内裏に参入した史料があらわれ、(13) 以後皇太子の内裏参入はたいへん多くなる。こうしてみると、幼少で立太子した皇太子でも、この期は七歳までは天皇と対面することがなかったこと、七歳対面儀を行ってからは内裏に参入するようになり、以後正月には拝観を行うことが推察されるのである。

同年延喜九年（九〇九）八月二十三日、

将順親王、宣子内親王、初めて内裏に参る（『日本紀略』）

今上一皇子対面（『貞信公記抄』）

将順親王は、後に克明と改名するが、醍醐天皇の第一親王で、延喜三年生まれの数え年七歳、母は更衣源封子である。[14]宣子内親王は、第二皇女で、将順親王と同母で、延喜二年生まれの八歳である。二人とも「初参内裏」とあり、この時はじめて参内し、父天皇と対面したことがうかがえる。親王は七歳で、内親王は八歳で初めて対面している。なお将順親王は翌年正月四日に、

今上一親王、清涼殿の東庭に拝舞（『貞信公記抄』）[15]

と、童親王正月拝礼を行っている。七歳ではじめて対面し謁見の儀が行われると、翌年から正月童拝礼が行われたのである。

次いで、延喜十年（九一〇）八月二十八日、第三皇子将観（後に代明と改名）の対面が行われる。

第三皇子、始めて謁見す。昼の御倚子を撤き、皇子仙華門より入り、御階前に当り、拝舞す。をはりて退出す（『西宮記』親王対面）

ほぼ『西宮記』にのる「童親王拝観事」に規定された儀式次第と同じである。延喜四年（九〇四）生まれで、七歳である。この親王の場合、延喜十二年（九一二）正月四日に拝礼が行われているが、[16]延喜十一年（九一一）の正月童拝礼の記事は散逸して遺っていないだけと推測される。

第四皇女勤子内親王は、
年わずか七歳、初めて先帝（醍醐）に謁す。帝、其の姿色言笑、毎事すべて雅なるを以て、特に鐘愛す（『倭名類聚抄』序）

と記され、生年からみて延喜十年（九一〇）のことである。

延喜十二年（九一二）十一月二十日には、第四皇子の「朝覲」が行われる。重明親王で、これも七歳である。

醍醐天皇には、親王十四人、内親王十六人、賜姓源氏皇子四人、皇女一人、合計三十五人の子どもがいた。[17] その中で、対面儀が遺されているのは、皇子では皇太子・将順（克明）・将観（代明）・重明・常明・雅明の六名、皇女は、宣子・勤子・婉子・康子の四名である。皇子の場合、常明親王は延喜六年（九〇六）生まれであり、延喜十八年（九一八）八月二十三日、

第五皇子始めて参入（『西宮記』親王対面）

とあり、十三歳の対面である。他の五人は七歳で対面している。皇女では、婉子内親王が常明親王と同日「今夜第七内親王参入」とあるが年齢は不詳である。他は宣子が八歳、勤子と康子は七歳である。常明親王が十三歳で対面した理由は不明だが、基本的には、親王七歳、内親王七－八歳で、父親である天皇とはじめて対面した、としてよかろう。これは第一項でみた儀式書の規定と同じである。

醍醐天皇と子どもたちとの対面儀で検討を要するのは、皇太子寛明親王との関係である。最初の皇太子崇象（保明）親王は、内裏外の東宮に居住していたこともあり、七歳以前に対面していなかったことが推測できた。しかし、保明親王が没し、その王子慶頼王が立太子した後、これも没してしまうと、延長三年（九二五）十月二十一日、寛明親王が三歳で皇太子に立てられる。寛明皇太子は、

太子幼稚により別処すべからず。よりて定め有り、后宮に同殿し居らむ（『西宮記』「大臣召所引醍醐天皇日記」）

と、母穏子の弘徽殿もしくは飛香舎で居住する。保明親王は藤原時平の娘婿であり、慶頼王はその子どもであった。醍醐天皇と藤原時平が菅原道真を左遷したため、道真の霊の祟りで没したと人口に膾炙された。そのために、母と同殿し、厳重に養育されたのである。この皇太子から七歳以前の皇太子でも内裏内での居住となる。[18] さらに、これまでの皇太子や親王には、七歳以前に天皇と対面した史料はないのに対し、延長二年（九二四）八月二十三日の二歳での魚味儀は、母中宮穏子の弘徽殿で、

上、弘徽殿に御す（『貞信公記抄』）

と、「上」すなわち天皇列席のもとに行われており、また同年八月二十九日には着袴が弘徽殿で行われている。さらに延長四年（九二六）八月二十一日、

東宮、清涼殿に参る（『貞信公記抄』）[19]

とあり、四歳で清涼殿に出向き天皇と対面している。これは先にのべたように、保明親王が亡くなった延長元年（九二三）三月二十一日の三ヵ月後に誕生したので、菅原道真の怨霊を畏れて、

生まれたまひては三年は、おはします殿の御格子もまひらず、夜昼火をともして、御帳のうちにておほしたてまいらせたまふ（『大鏡』下）

と、大切に育てられたため、内裏で居住するようになった。つまり、七歳以前から内裏内で居住し、その結果、父天皇にも会うようになったためである。七歳での対面儀史料が遺されていないのは、すでに対面しており、公的な対面儀がなかった可能性もあるが、当時七歳対面儀が恒例化していたことからして、史料残存の偶然性により遺っていないだけで、実際は行ったのではないかと思われる。

いずれにしても、史料から見る限り、穏子の子ども寛明親王から、内裏に七歳以前の子どもたちが居住することがはじまったと考えてよいと思われる。

次の天皇は朱雀天皇（在位九三〇―九四六）であるが、子どもは昌子内親王だけであり、しかも退位後の出生である。朱雀天皇の弟、村上天皇（在位九四六―九六七）には、七例の対面儀礼史料が遺されている。天暦四年（九五〇）五月二十四日、女御安子を母として誕生した憲平親王は、七月二十三日、第一皇子広平親王をさしおいて皇太子に立てられた。[20]天暦十年（九五六）四月二日、七歳の時、

太子初謁見（『大鏡裏書』『親信卿記』天延二年十月七日条）

が行われている。皇太子憲平親王は、はじめ桂芳坊を東宮とし、後に飛香舎から凝華舎に入るが、清涼殿に参った記事も、天皇と会った史料もない。しかし、皇太子や母と同殿だったと思われる姉承子内親王が天暦四年（九五〇）十月四日飛香舎で着袴を行った際、

主上、飛香舎に御し袴の腰を結ぶ（『西宮記』内親王著裳）

と天皇が列席しており、また同母弟第五皇子守平親王が、応和元年（九六一）八月十六日、三歳で着袴を行った際も、

天皇之に御す（『西宮記』太子以下元服）

と会っている。また、先述の寛明皇太子の事例もあり、皇太子憲平親王も七歳以前に天皇と会っていた可能性が高い。ただし、史料的には遺っていない。[21]

同じく天暦十年十一月五日、致平親王と保子内親王が父村上天皇と対面している。

女三親王〈保子〉御対面有り。外祖納言在衡昇殿す（『西宮記』親王対面）

中納言正三位藤在衡、民部卿、十一月五日昇殿〈外孫致平親王参内日〉（『公卿補任』天暦十年）

致平親王は七歳、保子内親王は八歳、共に藤原在衡の娘更衣正妃所生であり、里第で養育されていたと思われる。皇太子と同年出生の広平親王は、天徳元年（九五七）正月三日、「参入拝礼」しており（『九暦』）、これ以前の記事はないから、やはり前年七歳で対面儀礼があり、翌年から正月童親王拝覲に参入したものと思われる。

天徳二年（九五八）三月七日には、第四親王為平親王との「御対面事」が行われている。七歳である。[22] 天徳四年（九六〇）八月十四日、第八皇女緝子内親王が、

始めて主上に謁す（『扶桑略記』）

年齢は不明である。さらに応和元年（九六一）十一月四日、輔子内親王と資子内親王が、

始めて謁見（『西宮記』「親王対面所収村上天皇日記」）

する。二人は共に皇后藤原安子の皇女で、輔子内親王は九歳、資子内親王は七歳である。

次の冷泉天皇（在位九六七－九六九）では、皇太弟守平親王が九歳で立太子したためか、[23] 対面儀はない。

円融天皇（在位九六九－九八四）の皇太子は、冷泉天皇第一親王師貞親王で、安和二年（九六九）八月十三日、二歳で立太子する。東宮の所在は、凝華舎・昭陽舎であるが、天延二年（九七四）十二月七日、円融天皇と清涼殿ではじめて対面している。七歳である。

皇太子清涼殿において始めて朝覲す（『日本紀略』）

儀式次第は、天暦十年（九五六）四月二日の先例に則って行われたとあるが、[24] 円融天皇と皇太子は親子関係はない。皇太子は内裏で居住しており、七歳以前に天皇と会った史料はないものの、この場合も天皇と会っていた可能性はある。しかし、実際に会っていたかどうかは関係なく、七歳で天皇と皇太子が対面するという儀式が、朝廷儀式として定着していたことがうかがえる。『栄花物語』巻第二には、円融天皇が、実子懐仁親王（後の一条天皇）の着袴の儀を

内裏で行い、「上この御子を見奉り給ふ」とある。天元五年（九八二）十二月七日、親王三歳のことである。[25]『栄花物語』の記述を信用すれば、懐仁親王は、母の里第で養育されていたが、三歳で内裏に入り父天皇とはじめて対面し着袴の儀を行ったことになる。寛明親王の皇太子内裏居住以来、幼少での内裏参入が可能になり、その結果七歳以前に行われる着袴などの人生儀礼も父列席のもとで行われるようになったと推察される。

次の花山天皇（在位九八四－九八六）の代では、永観二年（九八四）八月二十七日、五歳の円融天皇皇子懐仁親王が皇太子になる。親子関係はない。皇太子は、凝華舎を東宮として居住している。寛和二年（九八六）三月二十六日、

皇太子初御対面の事有り、春秋七歳者（『本朝世紀』）

とあり、ここでも親族には関係なく朝廷儀式としての天皇との対面儀が行われている。花山天皇は、十九歳で藤原兼家たちの陰謀で退位させられており、自身の子どもとの対面儀はない。

一条天皇（在位九八六－一〇一一）が定子皇后との子どもたちに七歳以前に会ったことは、「はじめに」で述べた通りである。それでも、儀式としては、寛弘元年（一〇〇四）正月二十七日、

女一宮と御対面に参る（『御堂関白記』）

と、一宮脩子内親王が七歳で対面儀を行っている。同じく敦康親王は、寛弘二年（一〇〇五）三月二十七日、

今上男一親王〈七歳〉御対面ならびに女一親王着裳の日なり（『小右記』）

と一条天皇との対面儀が行われた。中宮彰子にはいまだ子どもが生まれておらず、もしこのまま子どもに恵まれない場合は敦康親王を後見し東宮に立てることを予定していたこともあり、たいへん厳粛に行われている。同じく女二宮媄子内親王は、寛弘三年（一〇〇六）四月二十三日、

参内す。女二宮御対面の事有り（『御堂関白記』）

いる。

と、やはり七歳で対面儀を清涼殿で行っている。母定子はすでに長保二年（一〇〇〇）媄子内親王を出産し他界している。

以上、十世紀史料から、天皇と子どもの七歳対面儀の具体的検討を行ってきた。まず第一にあげられる特徴は、醍醐天皇の親王たちは、ほとんどの場合、実際に七歳になるまで天皇とは対面しておらず、七歳になってはじめて内裏に参入し、父天皇と対面した。その儀式が、対面儀であった。第二に、醍醐天皇の末期に、藤原穏子所生の保明皇太子が没したこともあり、菅原道真の怨霊を畏れて寛明親王が内裏内で養育されるようになった。このため、東宮に立てられても母と内裏内で同殿するようになり、七歳以前の子どもが内裏内で居住するようになったものと思われる。ただし、東宮が生母の内裏内に置かれたのであり、その結果同母兄弟姉妹も同居することがあるが、他の母所生の子どもたちの場合は内裏外で成育することが多く、実際の対面儀が父天皇との初対面だったのではないかと思われる。

たとえば、醍醐天皇の勤子内親王の対面では、

先帝（醍醐天皇）初めて謁し、（中略）特に鍾愛す（『倭名類聚抄』）

とあったように、たしかに七歳ではじめて対面し、その美しさと雅びやかさに感嘆し、鍾愛するようになったのである。もっともこの場合は十世紀初頭のことであるが、それまで会っていなかったことが確認される。さらに、十世紀中頃誕生の公季が、内裏で養育されたことを人々が批難したと記した『大鏡』には、「皇子たちも内住みすることがなかった」ゆえに批判されたのだとある。このように、十世紀には、まだ乳幼児の内裏居住は定着していなかったゆえに、七歳初対面儀も実質的意義があったものと思われる。

第三に、一条天皇の例で見たように、十世紀末には、東宮と同母兄弟姉妹以外でも実際に幼少から父天皇と頻繁に会っていたが、儀式として七歳対面儀が行われたことである。内実は変容しつつも、儀式そのものは、十一世紀にも

継続していったものと思われる。

こうしてみると、十世紀の公私の儀式書にあった「対面儀」は、当初は実際に七歳での初対面儀として行われており、醍醐朝末期からは実質的な初対面でない場合でも、儀式として定着していったとしてよいであろう。

二　対面儀の成立過程

1　九世紀の対面儀

十世紀には、儀式書に「童親王初謁見事」「内親王初謁事」（『西宮記』）として記載されるほど、七歳で親王や内親王がはじめて公的に内裏に参入し、父天皇と謁見する対面儀が恒例儀式として定着していた。また、実際にも十世紀には、七歳対面儀が、公的に行われていたことが明らかになった。しかも、醍醐朝前半では、皇太子の居所空間は独立しており、父の居所である内裏の外にあったこととも対応して、皇太子の場合でさえも七歳以前の乳幼児は内裏内に出入りしておらず、したがって、七歳対面が実質的な父と子との初対面であったこともうかがえた。

では、この七歳対面儀はいつからはじまったのであろうか。ここでは九世紀の天皇と子どもたちの対面のあり方を見ていきたい。

天皇と親王との対面が記された初見史料は、天長十年（八三三）七月十日の次の史料である。

第一親王〈田邑〉朝覲す。時に春秋わずかに是七歳なり。而るに動止端審（心が正しくて明らかなこと）にして、成人の如きことあり。観る者是を異となす（『続日本後紀』）

天皇は同年二月に受禅し、三月に即位したばかりの仁明天皇（在位八三三―八五〇）、第一親王田邑親王は後の文徳天皇である。皇太子には、譲位した淳和上皇の息子恒貞親王が立てられており、同年三月十八日、恒貞親王は、紫宸殿に御した仁明天皇に「初めて朝覲」している（『続日本後紀』）。この時皇太子は九歳だった。

次いで翌年承和元年（八三四）八月七日、

宗康親王始めて謁覲す、時に春秋七歳なり（『続日本後紀』）

と、七歳対面の記事が見える。宗康親王は、仁明天皇の第二親王で、母は従五位上紀伊守藤原総継の女沢子である。この時沢子はまだ女御の宣旨を受けていないようであるので、この宗康親王の七歳対面も、この時が初対面だったことが推察される。

仁明天皇に関しては、この二例しか七歳対面は存在しない。また、九世紀における皇太子以外の七歳対面史料としても、この二例しか残っていない。しかし、皇太子についてはほぼ七歳で対面儀が行われている。

仁明天皇の次は、文徳天皇（在位八五〇―八五八）であるが、嘉祥三年（八五〇）十一月二十五日、生後九ヵ月の惟仁親王が皇太子に立てられる。文徳天皇は、八年間に及ぶ在位期間中、まったく内裏を在所とすることはなかった。[26]皇太子は、斉衡元年（八五四）八月十四日、

皇太子始めて謁覲す（『文徳天皇実録』）

とあり、五歳で父天皇と対面している。しかし、皇太子として正月朝賀に参列するのは、斉衡三年（八五六）正月三日

皇太子朝見す（『文徳天皇実録』）

との記事が初見であり、七歳から内裏での正月拝礼に参列したものと思われる。なお、本来は元日に参入し拝礼を行

うのであるが、この年は、正月三日に朝見が行われている。これは、元旦に

朝賀を停む。陰雨を以てなり（『文徳天皇実録』）

と、朝賀が停止されたからである。皇太子でも公的儀礼に参入するのは、七歳以後である。

惟仁親王が即位して清和天皇（在位八五八－八七六）となる。貞観十年（八六八）十二月十六日太政大臣東京染殿第で、藤原高子を母として誕生した貞明親王は、翌十一年二月一日、二歳で立太子する。二月十一日には、染殿から東宮に移入している（『日本三代実録』）。皇太子がはじめて内裏に参入したのは、貞観十六年（八七四）二月六日である。

この日皇太子内裏に参り奉る。東宮の東門より出で、朔平門より入る。皇太子御所に侍し、親王公卿仗下に飲宴す。（中略）日暮れ皇太子本宮に還る（『日本三代実録』）

この時、皇太子は七歳である。それ以前に皇太子が内裏に入った記述はないから、やはりこれが七歳対面儀と考えてよい。

清和天皇についても、他の子どもたちとの対面儀は記載されていない。

次は陽成天皇（在位八七六－八八四）であるが、九歳で即位し、十七歳で退位しており、在位中に子どもは生まれていない(27)。光孝天皇（在位八八四－八八七）は、五十五歳で即位しており、対面儀の可能性はない。

最後に宇多天皇（在位八八七－八九七）であるが、寛平五年（八九三）四月二日、敦仁親王が皇太子になり、天皇に「拝覲」するが、九歳である（『大日本史料』第一編之二）。翌年から、正月皇太子拝覲が恒例化している。

皇太子拝覲、讌飲と云々（『日本紀略』寛平六年正月三日条）

皇太子拝覲、御杖の奏は例の如し（『日本紀略』寛平八年正月三日条）

敦仁親王は、寛平九年（八九七）七月三日、元服の儀をあげ、即位し醍醐天皇となる（『大日本史料』第一編之二）。

以上が九世紀の対面儀の史料をすべて検討したものであるが、まず、仁明天皇から対面儀の史料が遺っていることが指摘できる。第二点として、七歳が多いが、五歳での初対面儀がある。これは、「はじめに」でみた『栄花物語』の「御子達は御対面とて五や七などにてぞ昔は有ける」との指摘と対応している。残念ながら、九世紀の史料は少ないが、五歳もしくは七歳の対面儀以降、内裏に出入りできるのであり、それ以前の乳幼児は内裏に出入りできなかった慣例は、九世紀中葉の仁明朝までは遡れる。

2　対面儀のルーツ

では、普通は七歳で父天皇に対面し、以後やっと内裏に出入りできるようになるという慣例は、いつまで遡れるであろうか。八世紀は女帝が多かったこともあり、淳仁天皇を除くと奈良時代は、実質的には聖武天皇の二十六年間のみ男帝である。そのためもあり、父天皇と子どもとの関係を示す史料は少ない。聖武天皇は、大宝元年（七〇一）、誕生する。和銅七年（七一四）六月二十五日、

皇太子、元服を加ふ（新日本古典文学大系『続日本紀』）

とあり、また、

和銅七年六月、立ちて皇太子となりたまふ。時に年十四（『続日本紀』神亀元年二月四日聖武天皇即位条）

とあるので、十四歳で皇太子に立ち、すぐ元服したことが知られる。ところが、霊亀元年（七一五）正月一日、

天皇、大極殿に御しまして朝を受けたまふ。皇太子始めて礼服を加へて拝朝す（『続日本紀』）

また、同年正月十日には、

詔して曰はく、「今年の元日に、皇太子始めて拝朝して、瑞雲顕見る。天下に大赦すべし」（『続日本紀』）

とあり、十五歳ではじめて大内裏に入り、朝廷行事に参加したことがうかがえる。ところが、この年九月二日、元明天皇は、氷高内親王（元正天皇）に位を譲るが、その詔には、

因てこの神器を皇太子に譲らむとすれども、年歯幼く稚くして未だ深宮を離れず、庶務多端にして一日に万機あり（『続日本紀』）

と元服した皇太子でも、多くの政務をこなさなければならない天皇の位につくには幼稚すぎるとされている。しかも、「深宮を離れず」とある。後述のように、この期は天皇とキサキたちは同殿しておらず、九世紀の状況からして東宮も内裏内にはなかったと思われるから、「深宮」とは、内裏外の東宮かあるいは母の邸宅である。

こうしてみると、八世紀前期には、皇太子でも元服以前には年中行事に参列しておらず、元服しても幼稚であると考えられていたことが判明する。十世紀には、七歳対面儀をすますと、翌年の正月朝拝には皇太子として、あるいは童親王として、参列できる実態とは相違していたのである。

ついで、聖武天皇と夫人藤原光明子所生の基皇子との関係である。基皇子は、神亀四年（七二七）閏九月二十九日、誕生する。同年十一月十四日、皇太子に立てられる。

皇太子を太政大臣の第に拝む（『続日本紀』）

皇太子は外祖父故藤原不比等第で誕生している。ところがこの皇太子は、翌年神亀五年八月に病気になる。八月二十三日、

天皇、東宮に御します。皇太子の病に縁りて、使を遣して幣帛を諸の陵に奉らしむ（『続日本紀』）

と、聖武天皇は皇太子のいる東宮に出掛けている。しかし、九月十三日、

皇太子薨ず（『続日本紀』）

と、ついになくなる。ここでは、皇太子に立てられても、天皇と同殿していないことがうかがえる。橋本義則氏の研究によると、平城京の段階では、天皇のキサキたちは内裏外に居住しており、桓武天皇の時代から内裏内に後宮が営まれるようになった。八世紀中葉の聖武天皇の皇后である藤原光明子も内裏外に居住し、皇后になるとそこに皇后宮職が設置されており、天皇とは別居だったが、八世紀後期、平城宮末期の光仁天皇の皇后井上内親王からまず皇后宮が内裏に成立する。これは、奈良時代までは、皇后が国政の担当者としての一翼をになっているばかりではなく、皇太子と同等の皇位継承の権利も有し、国政上きわめて重要な基盤をもった存在であったが、八世紀末以降、天皇は皇后を皇太子の下に位置づけ、その容喙（政治への干渉）を排除し皇権を独占するに至り、皇后はその地位と役割を変質させていった結果だ、とされる(28)。このように、八世紀には、皇后はじめ他のキサキたちも別第だったことからすると、すでに天皇と七歳以前の子どもたちとの対面はなかった可能性が高い。さらに聖武天皇の皇太子時代の年中行事への参列状態からみて、八世紀前期には、七歳を過ぎても元服以前の子どもは、年中行事に参列していなかったのではないかとも思われる。これは、以前拙稿で子どもの髪型規定から推察したこととも対応している(29)。

ただし、桓武天皇には、

（延暦の）帝王は平生昼は帳の中に臥して、小さき児の諸々の親王を遊ばしめたまひき（『寛平御遺誡』）

とあり、「小さき児」が宮廷内にいたとも推察される。しかし、「児」は七歳以上の童を指す場合もあり、必ずしも乳幼児とは言えないと思われる(30)。

では、儀式としての七歳対面儀はいつからはじまったのであろうか。このことを直接示す史料はない。しかし、いくつかの点からして、嵯峨ないし仁明朝からではないかと思われる。第一に、仁明朝が七歳対面史料の初見だった点である。このことは前述した。第二に、嵯峨朝で天皇の子どもたちのうち、親王内親王と賜姓源氏との峻別が開始されたことである。弘仁五年（八一四）五月八日、いわゆる皇子賜姓の詔が出される（『類聚三代格』十七）。以後、九世紀には代がわりごとに詔が出される。林陸朗氏によると、基本的には、皇后や女御までの正式なキサキ所生の子どもは親王・内親王に、それ以外の女孀のような中小氏族出身のキサキ所生の子どもは源氏にと、生母の身分によって区分けされたものとされている。[31]まず、天皇の子どもたちにおいて、生母による子どもたちの差別が実体化したのである。賜姓源氏の子どもたちには、七歳対面史料は、管見の限りではない。親王内親王は七歳頃天皇と対面儀を行い、内裏への出入りが許可され、以後、親王は正月童親王拝礼に毎年出向くことができるのに、源氏の場合、元服した後、宮廷官僚の一員として処遇されたのではないかと思われる。父による子どもの峻別は、まさに父権による子どもの認知の一要素であろう。

第三に、嵯峨朝で皇子皇女の命名法が大きく変革したことである。それまでは、乳母の姓にちなんで命名されていたが、嵯峨朝から親王・内親王には忠良・基良・正子・業子などのように、二字の嘉字をつけるようになる。さらに、親王には正良、秀良、業良など「良」の通字を、賜姓源氏には明・寛・信などの一字の嘉字を付けるようになる。[32]この親王のみに与えられる通字は、以後の天皇の子どもたちにも継承されていく。[33]以前の個人ごとの命名、しかも乳母の名にちなんだ命名では、父と子の関係は明確ではない。しかし、父を同じくする子どもに与えられる通字は、父と子の関係を顕在化し、明確化する。通字を持つことにより、父を継承することを社会に告知し、また皇位継承者として承認されたことである。[34]このような命名は、社会的父子関係を明示する象徴的秩序としてはじまったとみることができる。

第四に、嵯峨上皇の家父長制的権威が、律令天皇制を変質させたことの指摘である。嵯峨天皇が譲位する際、即位した淳和天皇は嵯峨に、「尊号を奉って太上天皇となす」という宣旨を発した（『類聚国史』二十五、弘仁十四年四月条）。

これ以降、天皇が太上天皇に尊号を奉るのであり、天皇大権は天皇に集中し、政治的には天皇は上皇より上位に位置することになる。(35)ここで父である上皇と子である天皇との父子の相克が生まれる（もっとも淳和は嵯峨の弟であるが、この場合は擬制的父子関係を意味する）。それを克服するために、淳和天皇は嵯峨上皇に、「臣〈淳和〉」と勅答する。上皇の臣下として自身を位置づけたのである。目崎徳衛氏は、「父子・兄弟の家族秩序が公的観念に優越した結果、天皇が「臣」礼を取った」とされている。(36)さらに、仁明天皇が即位すると、正月に父嵯峨上皇と母橘嘉智子皇太后のもとに行幸し、庭より父母に拝謁する朝覲行幸がはじまることである。(37)すなわち、嵯峨上皇のとき、天皇家における父母子秩序がさまざまな側面で成立することが指摘されているのである。

第五に、九世紀の初頭から、童が天皇に「侍奉」していたが、内裏で元服前の童が見られる史料は、菅原是善が弘仁十三年（八二二）に十一歳で殿上に侍したのが、管見では初見である。(38)これは嵯峨天皇在位の終わり頃であるから、嵯峨朝あたりから七歳以上の童が内裏に参入できるようになったことが推察される。

こうして見ると、嵯峨朝から仁明朝にかけて、天皇家における父子関係が整備され、定着したことがうかがえる。天皇と子どもたちの対面儀も、この九世紀初頭から中葉にかけて成立したものと仮定してもさほど誤りはないように思われる。すなわち、嵯峨朝から仁明朝頃に、七歳になると父天皇との対面を行う対面儀式が内裏内でとり行われ、宮廷官人に父子関係を告知し、以後、童親王として年中行事等に列席するようになったものと推察されるのである。

おわりに

奈良時代から平安時代にかけての、父子関係や子ども関係についての先行研究はほとんどないこともあり、史料提示に多くの枚数をさいてしまった。まず、本章で明らかになったことをまとめておきたい。

(1)　十世紀には、儀式書にも天皇と親王・内親王の七歳対面儀が規定されるようになり、実際にも、七歳対面儀が行われた。

(2)　醍醐天皇の三度目の皇太子寛明親王から、東宮が内裏内に営まれるようになり、実母と同殿するようになった。その結果、七歳以前の乳幼児でも内裏内で生活するようになった。当初は皇太子と同母兄弟姉妹が主であったが、一条朝には皇太子以外の親王・内親王たちも七歳以前で内裏に出入りし、生活するようになったものと思われる。

(3)　八世紀には元服以前の童は内裏に出入りできなかったのではないかと推察されるが、九世紀の嵯峨朝から仁明朝にかけて、天皇家における父子秩序が整備された頃、七歳の親王・内親王が対面儀を行い、以後出入りできるようになったのではないかと推察される。

最近の研究成果によると、天皇が「私父母」を国忌という国家祭祀の対象にするようになるのは、八世紀後期の光仁天皇からである。[39]子が尊ければ親をも尊ぶという観念の初見史料は、天平宝字四年（七六〇）八月七日の

子は祖を尊しとす。祖は子を亦貴しとす（『続日本紀』）

であり、延暦四年（七八五）五月三日には、

春秋の義、祖は子あるを以て貴しとす。此れ則ち典経の垂範、古今の不易なり（『続日本紀』）

と、より明確に親子観が詔に出てくる。[40]また桓武天皇の延暦元年（七八二）七月二十五日、大赦の詔には、

朕、民の父母と為りて、撫育術に乖へり

との文言が出てくる。また延暦十年（七九一）には、中国の宗廟制を導入し、父系直系祖先のみを国忌の対象に限定し父系直系皇統意識が成立する。[41]まさに、八世紀末に、天皇家において父系直系意識や、父子意識が成立するのであ

る。

さらに九世紀初頭、嵯峨天皇の時期に、天皇を中心とする家観念やミウチ観念が形成される。この時期こそ、天皇家における父子関係がより明確化する時期である。

このような歴史背景のなかで、七歳対面儀がはじまったのであり、七歳の親王や内親王が、貴族層の列席のもと、父天皇に対面し拝礼することで、天皇の子どもであることを認知され、親王の場合は、公的に皇位継承権者として告知されたのである。

わが国における、社会的文化的父子関係をめぐる儀礼は、九世紀に天皇と親王内親王との間でまずははじまったのである。上層貴族層においては、九世紀の末から十世紀初頭にかけての時期と思われるが、今後別稿で検討したい。

さらに、七歳を乳幼児から童への転換期に置く年齢区分は、九世紀のこの対面儀を中心にはじまったのではないかと考えている。たとえば『万葉集』では、「年の八歳を切り髪の」（三三〇七番）、「八年児の」（一八〇九番）等の八歳での年齢区分、あるいは『日本霊異記』の「八歳以前に」（上巻十八話）などもあり、必ずしも七歳が童への編入年齢として一定していない。ところが、以後貴族社会においては、七歳が大きな年齢区分になる[42]。これは、すでに多くの指摘があるように、『日本書紀』などで、中国的な奇数優位思想の導入されたこととも関わっていると考えられる。七歳の意味も今後の課題である。

注

（1）拙著『平安朝の母と子』（中公新書、一九九一年）。

（2）話題の内容からすれば一条天皇の時であり、十世紀末には成立していたとも思えるが、少なくとも『栄花物語』成立時には可能であったことはいえよう。

(3) 西野悠紀子「律令制下の母子関係―八、九世紀の古代社会にみる―」（脇田晴子編『母性を問う―歴史的変遷』上、人文書院、一九八五年）。
(4) 吉田孝『律令国家と古代の社会』（岩波書店、一九八三年）。
(5) 拙稿「山陵祭祀よりみた家の成立過程」（『日本史研究』三〇二号、一九八七年。後拙著『家成立史の研究―祖先祭祀・女・子ども―』校倉書房、一九九一年所収）。
(6) 古瀬奈津子「格式・儀式書の編纂」（岩波講座『日本通史』第四巻古代三。後同著『日本古代王権と儀式』吉川弘文館、一九九八年所収）。
(7) 所功『平安朝儀式書成立史の研究』（図書刊行会、一九八五年）。なお、それ以前の宮廷儀式書である九世紀成立の『儀式』『内裏式』、十世紀初頭成立の『延喜式』には対面儀に関する記述はない。
(8) 朝覲については、Iの第二章で詳細に検討した。山中裕『平安朝の年中行事』（塙選書、一九七二年）。
(9) 関口裕子「日本古代豪貴族層における家族の特質について（下）」（『原始古代社会研究』六、校倉書房、一九八四年）。
(10) 古瀬奈津子『日本古代王権と儀式』（吉川弘文館、一九九八年）。拙稿「正月儀礼と饗宴―「家」的身分秩序儀礼の成立―」（十世紀研究会編『中世成立期の歴史像』東京堂出版、一九九三年）。
(11) 拙稿「古代子ども論覚書」（拙著『家成立史の研究―祖先祭祀・女・子ども―』校倉書房、一九九一年所収）で指摘した。実際にも、延長五年八月二十三日の康子内親王初対面儀では、「童内親王装束、男子の如し、下袴長なり」（『西宮記』親王対面儀）とある。
(12) 山下克明「平安時代における「東宮」とその所在地について」（『古代文化』三三―一二、一九八一年）。
(13) 『大日本史料』第一編之四、延喜十年正月四日条。
(14) 『大日本史料』第一編之五、延長五年九月二十四日薨伝参照。
(15) なお正月四日に行われたのは、元旦が雨により朝賀等が停止されたことによる。
(16) 『西宮記』正月上、童親王拝覲事。
(17) 『平安時代史事典』資料・索引編、日本古代後宮表より。『一代要記』醍醐天皇には三十七人の子どもたちが記載されているが、事典によった。

(18) 注(12)に同じ。
(19) なお前述の様に、延長二年八月二十三日、寛明親王の魚味儀で、醍醐天皇が弘徽殿に御しており、対面していることが知られる。
(20) 『大日本史料』第一編之九、天暦四年五月二十四日条、七月二十三日条参照。
(21) 東宮憲平親王は、産所となった丹後守藤原遠規宅から東一条に移り、十月に大内裏内の桂芳坊に入る。
(22) 『九暦』天徳二年三月七日条。
(23) 『大日本史料』第一編之十二、康保四年九月一日条。
(24) 『親信卿記』天延二年十二月七日条。
(25) 『皇年代略記』。ただし、『栄花物語』巻二以外、内裏で行った史料はなく、確かめることはできない。
(26) 目崎徳衛「文徳・清和両天皇の御在所をめぐって」(『史元』一〇号、一九七〇年)。山下克明前掲論文注(12)。
(27) 林陸朗『上代政治社会の研究』(吉川弘文館、一九六九年)。陽成天皇の退位事情については、河内祥輔『古代政治史における天皇制の論理』(吉川弘文館、一九八六年)。
(28) 橋本義則『平安宮成立史の研究』(塙書房、一九九五年)。同「「後宮」の成立」(『武家と公家』思文閣出版、一九九五年)。
(29) 服藤前掲書注(5)。
(30) 『御堂関白記』には、九歳の娘嬉子を「チゴ」と書いている(拙著『平安朝　女性のライフサイクル』吉川弘文館、一九九八年)。『六国史』の「児」も必ずしも乳幼児ではない。子どものこともある。
(31) 林前掲書注(27)。
(32) 飯沼賢司「人名小考」(竹内理三先生喜寿記念論文集刊行会編『荘園制と中世社会』東京堂出版、一九八四年)。
(33) 林前掲書注(27)。
(34) 林前掲書注(27)。
(35) 春名宏昭「太上天皇制の成立」(『史学雑誌』九九—二、一九九〇年)。筧敏生「太上天皇尊号宣下制の成立」(『史学雑誌』一〇三—一二、一九九四年)。仁藤敦史「太上天皇制の展開」(『歴史学研究』六八一、一九九六年)。
(36) 目崎徳衛「政治史上の嵯峨上皇」(『日本歴史』二四八、一九六九年)。
(37) 注(8)に同じ。

(38)　Ⅱの第一章。
(39)　北康宏「律令国家陵墓制度の基礎的研究―『延喜式諸陵式』―」(『史林』七九―四、一九九六年)。藤堂かほる「律令国家の国忌と廃務―八世紀の先帝意識と天智の位置づけ―」(『日本史研究』四三〇、一九九八年)。
(40)　藤堂前掲論文注(39)。
(41)　服藤前掲書注(5)。藤堂前掲論文注(39)。
(42)　この点で古代でも七歳がより重要な区分年齢であったとし、古代から平安への変容を重視しない小林茂文『周縁の古代史』(有精堂、一九九四年)とは見解を異にする。別稿にて詳細に検討する予定である。

第二章　王権の父母子秩序の成立
――朝覲・朝拝を中心に――

はじめに

天皇紫宸殿に御し、皇太子始めて朝覲す。拝舞し、昇殿す（『続日本後紀』天長十年三月乙巳条）

天長十年（八三三）三月十八日である。天皇は、二月二十八日に淳和天皇譲位により受禅し、三月六日即位した仁明天皇であり、皇太子は二月三十日立太子した恒貞親王である。皇太子が天皇を公的に謁して拝舞する儀式が、「朝覲」と呼ばれていることに注目しておきたい。

近年、天皇が、正月に父上皇や母の殿舎に行幸し、拝礼を行う「朝覲行幸」についての研究が盛んである。朝覲行幸の濫觴は、大同四年（八〇九）八月三十日、四月に即位した嵯峨天皇が、平城上皇を朝覲したこととされている(1)。実際は、仁明天皇が、天長十年八月十日、父嵯峨太上天皇と母太皇太后橘嘉智子を冷然院に朝覲行幸し、翌年の承和元年（八三四）正月二日には仁明天皇が淳和上皇に、四日には同天皇が父嵯峨上皇と母太皇太后を冷然院に朝覲行幸したのが正月儀式の実質的開始であり、以後父母への正月行幸として年中行事化されていく(2)（『続日本後紀』）。この朝覲行幸は、「天皇の国政的権威が上皇の家父長的権威より下におかれるに至った」ことであり(3)、天皇家における家父長制的秩序の儀礼化であった。朝覲行幸を政治史的視点から考察された佐藤信氏は、「孝敬之道」に則った朝覲行幸は、父母の元に出かけており、したがって母も重視するのであり、「ミウチ的集団内における母系の尊重こそが、天皇の外戚化を軸とした摂関政治の基礎である」とされ、従来さほど重視されなかった国母への行幸にも注目し、国母の権威が摂関政治を保証したことを指摘されている。(4)

栗林茂氏は、朝覲行幸を三后儀礼のひとつとして認識し、皇后と皇太子及び群臣との君臣関係確認儀礼として創設された皇后受賀儀礼は、橘嘉智子と正子内親王の時のみ行われた政治的儀式で、それに代わって創設された儀式が三后大饗であり、拝礼—饗—禄のセットで行われ、九世紀末には公的儀礼として認識されるが、それとともに成立したのが天皇家における家父長制的権威を明確化する儀礼としての朝覲行幸であり、この二つの儀礼は三后の政治状況に対応して変質し、院政期には朝覲行幸が正月恒例行事として定着するとされている。(5)しかし、大饗は三后が「儀礼権者」となるにしても、朝覲行幸は、「行幸」と命名されているように、あくまで天皇が儀礼主体であり、三后儀礼のひとつに含ませることは疑問であるが、(6)朝覲行幸の変遷を考察した論考である。

行幸そのものの政治的意義を考察した鈴木景二氏は、嵯峨朝に天皇と上皇が空間的な場を異にした結果、王権の分裂の可能性が起こり、それを回避するために天皇の父母への朝覲行幸が成立することを指摘されている。(7)また院権力の制度化過程を考察した白根靖大氏は、院政期の朝覲行幸を考察されている。(8)

このように天皇が自身の父母に対して行う正月行事の朝覲行幸については様々な角度から分析が加えられている。ところで、最初にあげた「朝覲」は皇太子が天皇を拝した記事であった。「朝覲」には、天皇が父母の殿舎に行幸し拝礼を行う朝覲行幸だけではなく、皇太子や親王が天皇を拝観する事例も多い。しかも、「朝覲」は第一節で考察するように、基本的には天皇や皇太子、渤海のみに使用される用語であり、「諸侯」に比定される場合にのみ使用されている。本章では、この「朝覲」用語を検討した上で、従来天皇と父母との関係を主として比較されてきた家父長制的父子秩序としての「朝覲」を、天皇と父母、さらに子ども達をも含めた、天皇家内部の家的秩序儀礼、家父長的父母子秩序儀礼として認識し、その全体的形成過程を検討しようとするものである。

朝覲行幸は正月儀礼であった。本章でも、天皇家の正月儀礼について検討したい。かつて著者は、「正月儀礼と饗宴―「家」的身分秩序儀礼の成立」(9)で、十世紀から十一世紀中頃に絞り、貴族層の正月拝礼の成立を検討したが、天皇家の拝礼については言及し得なかった。本章はその天皇家の拝礼儀の成立・発展の検討である。天皇家の正月拝礼は、「小朝拝」とも呼ばれた。小朝拝については多くの論考があり、国家秩序や王権の変質過程として注目されている。本章も王権内部秩序と宮廷秩序の検討である。

一　九世紀の朝覲

1　朝覲史料の検討

朝覲の用語が六国史と『日本紀略』『類聚国史』等にみえる初見史料は、延暦十五年(七九六)十月二日、渤海国啓である。「結交貴国、歳時朝覲、梔帆相望」とある(『日本後紀』延暦十五年十月己未条)。以後、管見では二十四例見つかったが、そのうち、渤海関係で使用されているのは、三例である。他の二例は、承和九年(八四二)四月十二日、鴻臚館において、渤海王に与えた慰労詔書の文言に、「朝覲之期不爽」とあり(『続日本後紀』承和九年四月丙子条)、もう一例は、嘉祥二年(八四九)五月十二日、同じく渤海王に与えた慰労詔書で、「使得入奉朝覲拝首軒墀」とある記事である(『続日本後紀』)。渤海への対応に関しては、「覲礼」との文言もある(『続日本後紀』承和九年三月辛丑条他)。

重松敏彦氏によると、渤海側からの儀礼文書は、当初から「覲」という諸侯が秋に天子に覲える際の儀礼を示す、したがって上下関係を示す語を用いていた。これに対し日本は、奈良時代には「蕃国」が「賓礼」を奉じる形の対応をしていたが、平安初期からそれを諸侯と諸侯の間における聘問（訪問）を意味する「聘」というより対等に近い語を使用するようになった。これは、渤海が日本を、唐から見た場合の同列の地位すなわち諸侯と理解していたのを認めたものであり、新羅を相対的に下位に位置づけることを目的にしたものであった。ところが、新羅の来航が期待できなくなる九世紀中頃になると、日本側の慰労詔書にも「朝覲」や「覲礼」の用語が見えるようになったが、これは渤海を新羅に代わるものとして下位に位置づけようとしたことを示している、とされている。(10)

このように「朝覲」あるいは「覲礼」の用語は、『儀礼』に規定された礼秩序を示すようであり、上下関係が明確にうかがえる用語である。『儀礼』楽記には「朝覲、然後諸侯所知以臣」とあり、諸侯が臣下として天子に謁することをいった。

このような意義を内包した「朝覲」二十四例の内、渤海関係に近い使用は、天長元年（八二四）十二月七日、右大臣正二位藤原冬嗣が、平城上皇の諒闇のための、明年元旦朝賀の執行如何を奏上した文言の中に「伏稽旧章遐観往冊、元正首祚、品物咸享、万国旁戻、佇朝覲於夏庭、百蛮会同、仰膏沢於漢闕」（『類聚国史』七十一巻元旦朝賀）との一例がある。

渤海国啓と冬嗣奏上以外で「朝覲」の用語が使用される最初の例は、冒頭の天長十年（八三三）三月十八日の皇太子朝覲である。さらに、同年七月十日、第一親王田邑の朝覲が続く。

前述したように、従来から注目されている天皇が正月に太上天皇を朝覲する行幸史料そのものは、翌年承和元年（八三四）正月二日条が初見である。

天皇朝覲後太上天皇於淳和院。太上天皇逢迎。各於中庭拝舞。乃共昇殿、賜群臣酒兼奏音楽。左右近衛府更奏舞。既而太上天皇、以鷹鷂各二聯嗅鳥犬四牙、献于天皇々々欲還宮降自殿、太上天皇相送到南屏下也（『続日本後紀』承和元年正月癸丑条）

仁明天皇が、淳和太上天皇に朝覲行幸をし、群臣の前で二人で庭に立ち、太上天皇に拝舞し、天皇と上皇との関係を明確にした儀礼であった。「朝覲」用語を使用した行幸史料そのものはこれが初見であるが、前述のように『類聚国史』巻二十八、「天皇朝覲太上天皇〈朝覲太皇太后附出〉」で第一に取りあげられているのは、「嵯峨天皇大同四年八月癸卯、帝朝于太上皇后、右大臣従二位藤原朝臣内麿奉献。宴飲終日、賜物有差」であり、これが『類聚国史』編者には濫觴と見なされている。(11) しかし、実際の朝覲行幸儀礼の嚆矢は、天長十年八月である。「仁明天皇天長十年八月癸巳、天皇謁覲先太上天皇及太皇太后於冷然院、賜扈従五位以上禄、有差」（『類聚国史』巻二十八）。即位したばかりの仁明天皇が、五位以上を従え、父嵯峨上皇と母太皇太后橘嘉智子の邸宅に赴いた記事であり、用語は「謁覲」であるが、これも朝覲と同認識だったことがうかがえる。この次に先の承和元年正月二日の仁明天皇が、まず淳和上皇に朝覲行幸を行った記事になる。朝覲行幸史料での「朝覲」の用語は、承和元年から使用されはじめたことが明らかになる。

すなわち、史料的には、天皇が前天皇や父母に朝覲行幸を行った儀礼よりも、皇太子が天皇に謁見する儀礼の方が（天長十年三月十八日条）早く出てきているのであり、それも「朝覲」といったことに注目したい。

天皇御紫宸殿、皇太子始朝覲、拝舞昇殿。東宮采女羞饌。未及下着、勅賜御衣、受之拝舞、早退。以当日須拝謁両太上天皇也。于時皇太子春秋九齢矣。而其容儀礼数（敬カ）如老成人（『続日本後紀』天長十年三月乙巳条）

このような皇太子の朝覲史料は、三例あり、他にも同様な用語使用である「皇太子朝謁」（『続日本後紀』承和二年九月一日条)、「皇太子謁覲」(『続日本後紀』斉衡元年八月十四日条)など多数見られる。皇太子が天皇と対面する場合は、臣下とは別の「覲」「謁」等の用語が使われていたことがうかがえる。

皇太子以外の「朝覲」は親王の場合である。「第一親王〈田邑〉朝覲、于時春秋纔是七歳」(『続日本後紀』天長十年七月十日条)が初見であり、これは七歳になって初めて父天皇に対する対面儀である。(12) ついで、「忠良親王朝覲拝舞」(『続日本後紀』承和元年二月二十六日条)、これは二月十四日に元服した忠良親王が天皇に謁した記事である。

「朝覲」二十四例は、以上のように、①渤海関係、②天皇朝覲行幸、③皇太子・親王の天皇対面、に大きく分類される。まず、基本的には臣下には使用されず、「諸侯」として認識される人物や場合のみに使用されること、また、いっぽう「朝覲」とは諸侯の皇帝への拝謁であることから上下関係、君臣関係を示すことも特徴である。さらに、天皇の子どもでも③のように皇太子と親王にしか使用されていないことは、天皇の子ども達の内、親王と賜姓源氏との区別が明確になっている点も特徴として指摘しておきたい。

2　九世紀の皇太子・親王・内親王朝覲

皇太子や親王が天皇と対面する儀も朝覲という用語を使用して行われたことをみた。ではこの朝覲はいつ頃からどのように恒例儀式化するのであろうか。ここでは、東宮と親王・内親王の天皇への正月朝覲を検討したい。

十世紀の中頃成立した『西宮記』恒例第一「童親王拝覲事」は次のように規定されている。(13)

天皇着㆓東廂倚子㆒親王自㆓仙華門㆒参入、於㆓東庭㆒拝舞退出。召㆓御前㆒給㆓酒肴㆒(中略)三献後給㆓白大褂㆒下㆑殿拝出

この童親王拝覲事は、正月の①四方拝②朝拝③供御薬事④小朝拝⑤元旦節会の次に配列されている。成人した親王は、

②や⑤の国家的元旦拝礼・朝賀儀等に参列が許されているのに対し、元服以前の親王は童であり、参列が許容されていなかった故に成立した儀式であるが、⑦二日、二宮大饗の前に配列されていることからして、正月元旦の儀式であることが見て取れる。

では、この童親王拝(朝)覲はいつから始まったのであろうか。先述のように、天長十年（八三三）七月十日朝覲した田邑親王は、七歳であった。翌年八月には宗康親王が謁覲している。

宗康親王始謁覲焉。于時春秋七歳也（『続日本後紀』承和元年八月壬午条）

宗康親王が初めて謁覲したのも、七歳であった。この時期には、七歳になると親王宣下を受けた天皇の子どもは、父天皇との対面儀式が行われるようになっていた(14)。この親王が童親王である。『西宮記』や実際の史料からみると、十世紀には、対面儀を行った童親王は、翌年正月から童親王拝覲に参入することが恒例儀式化していることがうかがえる。童親王の正月拝覲史料の初見は、延喜十年（九一〇）正月四日である。

東宮朝覲内裏、入夜還宮、今上一親王清涼殿東庭拝舞(15)

「今上一親王」とは、将順(後に克明に改名)(16)親王で、前年延喜九年（九〇九）八月二十四日に七歳で対面儀式を行い(17)、童親王になっている。翌年の正月童親王拝覲に参列し、清涼殿の東庭で拝舞したことがうかがえるが、四日に行われたのは、元旦は雨湿により「無朝拝」だった故である(18)。親王は、延喜十六年十一月二十七日、清涼殿で元服儀式をあげ(19)、延喜十九年正月元旦には、

皇太子参上、於㆓東又廂㆒拝舞了退出。四尅、親王以下、於㆓東庭㆒拝云々

と、親王参列が行われている(20)。この時には、親王として拝舞を行ったのである。後述するように、十世紀には、元旦親王拝覲も恒例化されていたことがうかがえる。十世紀初頭醍醐天皇の親王たちの場合は、「七歳対面→翌年正月か

ら童親王拝覲→元服→親王拝への参列」が確立していた。[21]

克明親王が童親王拝覲した延喜十年（九一〇）正月四日の史料には、「東宮朝覲」の文言があるから、皇太子崇象親王が天皇に拝謁する正月朝覲も年中行事化し、行われていたことが知られる。この年の元旦は、雨湿により朝賀の拝礼は中止され、紫宸殿での節会の宴が行われ、皇太子も参列し禄を授けられている。[22] 皇太子や童親王が四日に参覲したのも、元旦に拝礼できなかった故である。

公的儀礼としての朝賀では、廃務は別として雨などの諸事情により中止されても二日以降に順延されることはないのに、皇太子や親王・童親王たちの拝礼は、正月内に行われたことがうかがえる。

養老令儀制令元旦条では、親王以下を拝することは禁止されていたが、「唯親戚、及家令以下、不レ在二禁限一」と親族の正月拝礼は禁止されていなかった。当時、氏集団の元旦儀礼として行われていた。[23] たしかに、『令集解』儀制令元旦条でも親族拝の日程が議論になっている。例えば、「釈云、凡元日賀拝者、雖他日皆不得。古記云、問、元日不得拝親王以下。未知、二日以後拝不。答。元日賀拝者、年終不合也」とあり、釈説からして、元旦以外でも「不得拝親王以下」の規定は適用される認識である。すなわち、正月親族拝は、元旦だけではなく、以後の数日間に行われた場合も正月拝であったと認識されていた。

これは、翌延喜十一年（九一一）正月も同様である。元旦は日蝕により廃務であり、[24] 二日は去年の旱損により朝賀を止め、節会のみが行われた。[25] その結果、四日に「皇太子参覲」になったものと思われる。[26] 十世紀には、朝賀への列席とは別に、東宮正月朝覲が恒例行事として行われていたことは確実である。

さて、ではこの正月童親王拝覲や親王拝・東宮朝覲は何時まで遡れるであろうか。残念ながら、それを直接明らかにする史料は残存しない。しかし、承和元年（八三四）正月の天皇朝覲行幸が成立した前後に成立したのではないか、と推察される。その論拠の第一は、前述のように、七歳対面は少なくとも天長十年頃には始まっていたことが確認出来る点である。たしかに翌年正月の童親王朝（拝）観史料はないが、「七歳対面儀」は、以後の朝廷への出入りの承認であることからして、可能性は高いと思われる。第二には、内親王の父母への正月参覲が史料に見えることである。

掖庭公主参覲冷然院（『日本紀略』天長二年正月戊申条）

掖庭とは後宮のことであり、公主とは内親王のことであるが、淳和天皇の東宮時代の妃高志内親王はすでに没しているから、正子内親王が該当する。正子内親王は正月四日に冷然院の父嵯峨上皇と母皇太后橘嘉智子に参覲したのである。正子内親王の正月参覲は、天長七年（八三〇）正月五日「皇后謁冷泉（然ヵ）院」（『日本紀略』天長七年正月庚辰条）、天長八年（八三一）正月三日「皇后謁冷泉（然ヵ）院」（『日本紀略』天長八年正月壬寅条）の二回、合計三回見える。

八世紀から正月親族拝は行われていたが、しかし、孝謙天皇の譲位詔では「掛けまくも畏き朕がはは皇太后の朝をも人の子の理にえつかへまつらねば、朕が情も日夜安からず。是を以て此の位避りて間の人に在りてし理の如はははには仕へ奉るべしと念し行してなも」[27]と詔しているように、在位の天皇には孝という父母子的道徳を実践し得ない公的原理があった。[28]ゆえに孝謙天皇から母光明皇太后に正月拝は出来得なかったものと思われる。皇后の場合は不明であるが、六国史に皇后の正月拝覲がわざわざ記載されていることからして[29]以前は皇后も同様に出来なかった可能性もある。

一方では、この時期、「子以レ祖為レ尊。祖以レ子亦貴」の祖先顕彰理念が強調され、父母を尊重する孝思想などが盛んに取り入れられるようになる。[30]また、桓武期になると、天皇における父系直系祖先祭祀が始まる。[31]さらに父母子関係儀礼が積極的に取り入れられるようになり、皇后の父母への正月参覲行啓もその一環として挙行されたのだと推察される。さらに、皇后の父母への正月参覲行啓儀が双子の兄弟仁明天皇の父母への朝覲行幸へと継承されたのではなかろうか。

このことは、この時期に諸々の家的秩序が成立した歴史背景からも推察される。弘仁十四年（八二三）嵯峨譲位に際し、淳和天皇による太上天皇尊号宣下が行われ、太上天皇は宣下される存在として他律的な立場になり[32]「統治権の総覧者」たる地位を自ら放棄した[33]。その結果、君主でもなく天皇の臣下でもない地位を獲得し、在位中に形成した公的な君臣関係を私的主従関係に転換した[34]。

さらに上皇宣下をめぐるやり取りでは、嵯峨上皇は兄平城上皇への上書に「臣諱〈嵯峨太上天皇〉言」と自称したがこの書は受け取られた。いっぽう、平城上皇は弟の新帝淳和に「臣諱〈平城太上天皇〉言」と書したが、淳和新帝は、同日、「勅、此書首尾称レ臣、此表體也。不レ可二敢開一。宜附レ使早奉返者」と平城上皇の側近のもとに返却した（『類聚国史』巻二十五太上天皇、弘仁十四年四月辛亥条、五月甲子条）。さらに、新帝淳和は、嵯峨上皇に「臣諱〈淳和〉言」と称している（『類聚国史』巻二十五太上天皇、弘仁十四年四月己酉条）。すなわち弟が兄に、子が父に、天皇が上皇に「臣」を自称したのである。「ここに至って父子・兄弟の家族的秩序が公的観念に優越した結果、天皇が「臣」礼をとることになった[35]」。天皇の太上天皇尊号宣下制の確立により、天皇が国制上の頂点に立ち、「二所朝廷」等の権力分裂という危機を回避できる制度が成立したが、子が父より上位に立つ矛盾を回避するために導入されたのが、「臣」自称であった。

同じく、家的秩序が導入されたのが、天長十年（八三三）より始まる仁明天皇による父嵯峨上皇、母太皇太后橘嘉智子への朝覲行幸である。子の天皇が父母へ行幸することに加え、天皇が椅子に座す父母に拝舞することがこの儀礼の眼目である。拝舞は、舞踏ともいわれ、再拝し、手を回し足を踏みならすなどの謝意・祝意を示す所作で、弘仁九年（八一八）の宮廷儀礼の唐風化とともに導入された拝礼方式であるが、基本的には天皇に対してのみ行う最高礼であった[36]。その拝舞を、群臣が見守る中、天皇が父母に対して行ったのである。もっとも、天皇による上皇への正月朝覲行幸で、天皇が上皇に拝舞したのは、天長十一年（八三四）正月二日、「天皇朝覲後太上天皇、逢迎。各於中庭拝舞、乃共昇殿[37]」の記事が初見である。これは仁明天皇が叔父前天皇淳和上皇に朝覲した史料であり、ここでは共に庭で拝舞しあっている。この年の正月四日に、仁明天皇が父嵯峨上皇と母太皇太后橘嘉智子に朝覲行幸したが、四日の史料には拝舞の記事は見えない。以後、九世紀の朝覲行幸史料で天皇が父母に拝舞したと記す記事はない。しかし、当初から拝舞が行われたと推察される。その根拠は、①天長十年正月二日の朝覲行幸で太上天皇への拝舞が行われており、一連の正月行幸のあり方からして、父母にも行われたことが類推できること、②延喜三年（九〇三）正月三日、醍醐天皇が仁和寺に宇多上皇を朝覲行幸したとき、「今上起㆑坐拝舞」と拝舞が行われていること[38]、③『西宮記』「有㆓上皇及母后㆒者、三日朝覲」でも、「天皇進㆓正殿㆒拝舞〈以㆓白幅帛㆒為㆓地敷㆒、上皇母后坐㆓倚子㆒〉」と拝舞が行われていること、等である。

嘉祥三年（八五〇）正月四日、北風が吹き、粉雪が舞う中、四十一歳の仁明天皇は、母太皇太后橘嘉智子のもとに朝覲行幸した。「吾処深宮之中、未嘗見我帝御輦之儀、今日事須眼下登輿。使得相見」との太皇太后の命を、「北面而跪」き承諾した。「天子之尊、北面跪地、孝敬之道、自天子達庶人誠哉」と「左右見者」が感涙した、とある[39]。天子は南面し、臣下が北面して拝礼を行う慣例を、天子自らが母に北面して跪いた所作が、同行した親王以下の侍臣に感銘を与え、父母への孝敬を身を以て示したのである。

この嘉祥三年の仁明天皇による拝謁の所作は、延喜六年（九〇六）十一月七日に行われた醍醐天皇による宇多法皇四十歳算賀の行幸・拝礼で規範とされている。天皇は左大臣時平を召し、次のように語った。

見㆓続日本後紀㆒、嘉祥三年仁明天皇奉㆑謁㆓嵯峨太上皇㆒時、天皇降㆓於階㆒、殿㆑下而跪北面、端㆑笏召㆓左右大臣㆒勅

云々、見（是カ）終日把レ笏明也、而前年奉レ謁時、只奉レ拝時把レ笏、此已誤失也。今終日把レ笏如何

太皇太后橘嘉智子を嵯峨太上皇と間違っているが、仁明天皇が階下に降り、北面し跪き、端笏したことが踏襲すべき先例として検討されている。この天皇の問に対し、時平は次のように返答している。

然於レ把レ笏有二何事一乎

結局、醍醐天皇は把笏し、西対の下で、著靴し奉拝する。その後宇多上皇は菅根を召し、醍醐天皇の拝舞の誤りを指摘している。

舞踏之時、初垂二袖左右一、意在二掃レ地欲レ臥、而今日見レ之取二袖端一、此所可二長垂一也、如レ此之儀式、先帝能知レ之、然今無二知レ之人一耳云々[40]

舞踏の時袖を左右に垂らすのは、地を掃き臥すほどに（深く礼をする）意味である。それなのに今日の天皇は袖の端をもって礼をしたがこれは間違いで長く垂らすべきである。このような儀礼の方法は先帝光孝天皇がよく知っていたが、今はこのような事を知っている人がいない、と叱責している。ここでは、算賀の行幸ではあるが拝舞を行っている。このように舞踏、拝舞は朝覲行幸において天皇が父母に対して行う大変重要な拝礼方式として認識されていたことがうかがえよう。

なお、延喜五年（九〇五）正月三日、醍醐天皇が宇多上皇に朝覲行幸した際、拝礼の仕方が問題になった。宇多上皇は、「拝礼宜无用笏靴、叉手三度可拝、吾受三部法、而受此法、是毘盧遮那也。拝仏猶可三拝」と主張したのに対し、醍醐天皇は、「前年参拝時用三度、而未知合礼、仍問大臣等、定以為三日参拝事、是非仏法礼、是則親々礼也。故用親々平生之礼也」と答え、宇多上皇も承諾している。[41]朝覲は「親々礼」である、と認識されている。「親々礼」とは、親族的な礼をいうのであろう。朝覲行幸は、父母への孝敬、すなわち儒教的父母子秩序を実践する親族礼であ

り、貴族社会の秩序として浸透させる儀礼だったことがうかがえよう。親への孝敬とは、儒教においても父母が対象であり、父亡き後は母が親権を代行するものであり、そのこと自体はけっして日本独自のものではない[42]。天皇が唯一の権力核として超越した存在になったとき、いっぽうでは天皇が父上皇と母に親子関係、君臣関係を確認する朝覲行幸が必要とされたのであり、その儀礼によって貴族社会に父母子秩序規範が浸透していったのである。これが、次節で検討する小朝拝へと繋がっていく。

このように九世紀には家的秩序儀礼が朝覲行幸等ではじまったのであり、同じ時期、天皇と皇太子、天皇と親王との間にも父子秩序的、家的秩序を導入し、朝覲が行われたのではないかと思われる。これは拝舞からもうかがえる。九世紀における拝舞の初見史料は、弘仁十四年（八二三）四月二十一日、皇太子正良親王の史料である[43]。

皇太子始著二黄丹服一、帯剣参二入内裏一、再拝舞踏（『日本紀略』弘仁十四年四月乙巳条）

十八日に立太子した十四歳の正良親王が、内裏に参入し、淳和天皇に再拝舞踏している。この時期は早期立太子の時期であり、立太子問題をめぐる古代貴族間の権力闘争激化を防ぐために早期に立太子がなされたが、廃太子事件が頻発し必ずしも皇太子の地位は安定していなかった[44]。だからこそ、群臣の前で庭に立ち天皇に拝舞し、恭順の意志と謝意を表明する君臣関係儀礼を行う必要があったはずである。もちろん、天皇と皇太子との間に親子関係はないが、君臣関係の確認儀礼が導入されたことが注目されるのであり、この立太子後の内裏参入拝舞は恒例化される。

次の皇太子恒貞親王の場合が、何度も引用する天長十年（八三三）三月十八日、天皇の御す紫宸殿に皇太子が初めて朝覲した記事である。以後、七歳以下の立太子の場合は七歳で、八歳以上の場合は立太子した時朝覲し拝舞することが恒例となる[45]。承和二年（八三五）正月一日、「受群臣朝賀、皇太子不朝、以童小也」（『続日本後紀』承和二年正月丁未朔条）とあり、十一歳の童皇太子は朝賀には参列せず、拝賀も行わない。しかし、翌承和三年正月三日は、「天皇御紫宸殿、皇太子献御杖」（『続日本後紀』承和三年正月癸卯条）と紫宸殿に参入している。承和八年正月元旦は諒闇により朝賀が廃され群臣の拝賀はなかったが、四日には「天皇御紫宸殿、皇太子入覲」（『続日本後紀』承和八年正月乙亥条）と皇太子が朝覲している。これらの史料より、皇太子正月朝覲も、天皇正月朝覲行幸と同じく、承和年間、すなわち仁明朝の恒貞親王頃より始まったのではないかと推測されるのである。

元旦朝賀儀では、皇太子は群臣と共に参列し、拝舞を行う。しかし、元旦朝賀儀の詳細な比較検討から、藤森健太郎氏は、中国と相違して、わが国の元旦朝賀儀では天皇の「家」的秩序は強調されておらず、また皇太子は天皇と同型の服を着、天皇の空間たる龍尾壇上におり、天皇の後継者として位置づけられていると指摘されている。(46)また、承和期から貞観期にかけて元旦朝賀の停廃が目立ち、ついに天皇一代一度の割合になっていく。(47)つまり、天皇と皇太子・親王・臣下の元旦拝礼もなくなっていくのである。だからこそ、朝賀とは別に、七世紀から確実に史料に見える伝統的正月拝礼が九世紀中葉には天皇「家」にも導入され、天皇と皇太子・親王などの間で、父子や親族秩序、すなわち「家」的秩序の上下関係を確認する正月拝礼が必要とされ、次第に不可欠な正月行事として定着していったものと思われる。

以上、迂遠な検討に終始したが、天皇と上皇との間に家的父母子秩序、擬制的父母子秩序儀礼としての正月朝覲行幸が成立したころ、父天皇と皇太子、童親王、親王等、天皇と子ども達との正月拝礼も始まったものと推察されるのである。

二　十世紀の父母子秩序儀礼

1　小朝拝の成立

十世紀の正月朝廷儀礼では、新しく小朝拝が始まり、国家機構の変質を示すものとして、注目されている。延喜五年（九〇五）正月一日には、「仰曰、覧二昔史書一、王者無二私此事一是私礼也云々」（『西宮記』正月小朝拝）との理由で、小朝拝が停廃されたが、延喜十九年（九一九）正月一日、「大臣依レ申、有二小朝拝一」（『西宮記』正月小朝拝）、この時から復活され、以後、何度か停止されたことはあるものの、(48)朝賀にかわって小朝拝が主流になっていく。(49)すでに指摘されているように、小朝拝そのものは、「王卿已下、入自仙華門列庭中　王卿一列、四位五位一列、六位一列、立定拝舞、左廻退出」(50)と、清涼殿の庭に列立し、拝礼を行う簡単な儀礼である。正月拝礼ならば、「朝拝」ともよばれていた朝賀があった。(51)ではなぜ小朝拝が成立したのか。小朝拝復活の文言に記載された理由については、さほど議論されていないように思われる。小朝拝復活を提起した右大臣藤原忠平は次のように記している。

正月一日、節会如レ例、殿上侍臣有二小朝拝一、先年依レ仰停止、而今日臣下固請復レ旧、有二此礼一、所以者何、当代親王有二拝賀一、臣下何無礼、此臣子之道義同云々（『貞信公記抄』延喜十九年正月一日条）

当代親王は拝賀が行われているのに、どうして臣下には行われないのか、臣子の道義は同じではないか、と主張している。すなわち、天皇と子どもたち親王との関係と、天皇と臣下との関係、この二つが人の行うべき道理として同じだ、との認識が示されているのである。

たしかにこの日は日蝕で朝賀は停止された。したがって、節会は行われたが、天皇への臣下たちの拝舞は無かったのである。ところが、この日も皇太子の清涼殿東廂での拝舞と、親王たちの東庭での拝舞が行われた。[52]大極殿に全官人が列立して拝舞する朝賀が廃止された時には正月拝舞がない臣下たちと、その場合でも天皇に清涼殿の廂や庭で拝舞する皇太子や親王たちとの差が明確になったために、親族拝形式の正月小朝拝が要請されたのである。皇太子や親王の正月拝礼は、前節で検討した如く、天皇家の父子や親族によって行われる家的秩序確認の儀礼であった。なお、延喜五年に小朝拝が中止されたことは、延喜四年には行われていたことを示し、それ以前から小朝拝が行われていたことを示そう。このことは、前節で推測した如く、皇太子や親王の正月拝礼儀式がすでに恒例化されていたことの根拠のひとつともなり得よう。この「親子の道義と君臣の道義が同じである」、ということは、天皇家の家的秩序に上層貴族層が包摂される体制が、上層貴族たちに必要と認識されたのであり、彼らは天皇の子や親族の如き擬制的ミウチ関係に包摂される体制を積極的に推進したのである。

正月に父子秩序、家的秩序の確認儀礼として行われていた天皇家の正月拝礼が、六位以上の王卿にも拡大し、公的秩序化され、宮廷貴族社会秩序としても機能することになった。この小朝拝に参列し拝舞する六位以上とは、昇殿を許された公卿・殿上人層である。[53]九世紀末、宇多朝に形成された天皇と「人格的従属関係を媒介とする結合」[54]層との正月儀礼がこの小朝拝であり、それは、天皇家の父子秩序、すなわち家父長制的「家」秩序の拡大であった。

朝廷での元旦節会は、九世紀中頃から次侍従・五位以上に限定されるようになり、しかも参議・三位以上と四位以下の座の格差が増大し、天皇中心のより内輪の公的行事としての性格を強めていく。[55]しかし、縮小されたとはいえ、節会では位階の高下に基づき座次をしめる、官僚機構を可視的に表象した儀礼であった。さらに九世紀後期には臣下第での正月儀礼として、太政官最上位に位置する大臣達が太政官官人を招き宴を張る正月大臣大饗が、朝廷における朝賀・節会と同じ意味をもち、正月四日・五日に行われていた。[56] すなわち、宮廷官僚制編成原理としての正月節会と大臣大饗である。正月節会は官僚秩序を表象する座次で行われ、そこから排除された太政官下級官人層を大臣が掌握する儀礼が大臣大饗であった。両者とも、宮廷の機構や制度を媒介とした結合を確認する正月儀礼である。

九世紀末から十世紀初頭にかけては、このように二つの正月儀礼が共に行われていた。一つは人格的従属関係を媒介とする家的原理に基づいた小朝拝であり、一つは、宮廷機構や制度を媒介とした官僚制的秩序儀礼である。これは、この頃成立した宮廷貴族社会の二つの編成原理を象徴する儀礼として定着したのではなかろうか。さらに、「王卿已下六位以上」の範囲は、天皇の「君恩」の及ぶ範囲の縮小化の象徴であるが、「天皇家という最大の家の長としての「恩寵」が制度的に明確[57]」になりつつある時期に、天皇家の家長への拝礼が公的儀式化されたことに小朝拝成立の意義を見いだしたい。

小朝拝が定着するころ、上皇への拝礼も始まる。延喜十年（九一〇）正月二日、忠平は、「仁和寺（宇多法皇）陽成院」に参上しており、[58] 延長六年（九二八）、重明親王はまず仁和寺の宇多法皇に参り、笏を置き、東庭で三拝しており、その註には「先例執笏、而今日如之」とあり、次に陽成院に参上し、「今年始以台盤設公卿饗〈先年用衝重〉」と記している。[59] また、延長七年正月二日にも、重明等親王は仁和寺で諸王公と笏を執り三拝し、酒を飲み、冷然院に参上し拝舞を行っている。[60] さらに天暦二年（九四八）正月一日には、「依雨止小朝拝幷無院拝礼[61]」と、小朝拝とともに院拝礼も記録されている。その後『御堂関白記』や『小右記』などにも院拝礼は多くなる。たしかに、院政期頃の大規模な正月拝礼ではないものの、[62] 重明親王や藤原道長の例からして、必ずしも院司だけでなく、親族や公卿なども参列した拝礼が行われたと思われる。天皇へ東宮や親王等の親族が正月拝礼を行っていたのと同様な拝礼があり、上皇にも行われており、小朝拝と同様な広がりを持っていたと思われる。

2　正月朝覲行幸の定着

九世紀中頃に始まった天皇による父母への正月朝覲行幸、皇太子・親王・童親王等の父天皇への正月親族拝礼は、十世紀には小朝拝として天皇との人格的臣従関係を象徴する儀礼として拡大されることをみた。十世紀には、天皇の父母への正月朝覲行幸が定着するが、異論も出されているので、少し詳細に検討しておきたい。

十世紀初頭は、醍醐天皇の父宇多上皇への朝覲行幸が定例行事化されている。栗林氏は、この期を第二期朝覲行幸期と位置づけ、「家父長権が父の宇多上皇に独占的に占められ」「父系親の権威が太皇太后などの権威を上回っていることを示す」とされている。(63) たしかに光孝や宇多天皇の時期、三后大饗史料が残存していない。しかし、これはこの時期の史料の遺り方も加味する必要がある。(64) 寛平五年（八九三）四月二日、九歳の敦仁親王が立太子したが、「皇太子拝覲天皇」「参覲中宮」と宇多天皇と祖母班子女王に朝覲している。(65) また四月十四日には、「新太子参覲、天皇御大床子〈御倚子〉太子拝舞」「参中宮」と、(66) ここでも父天皇と祖母に拝覲している。皇太子が東宮に入御するのは同年四月二十六日だから、(67) 母従四位下女御藤原胤子十八歳は、この時敦仁親王と同殿していたと思われる。母胤子は、我が子の即位をみることなく寛平八年（八九六）六月三十日に没する。(68) 敦仁親王が元服と同時に受禅し醍醐天皇になった寛平九年（八九七）七月三日には、「新帝拝皇后幷先帝」とあり、皇后は祖母班子女王だから、(69) ここでも父と祖母に拝している。醍醐天皇の父宇多上皇への正月朝覲行幸は、昌泰二年（八九九）正月三日より史料が遺っているが、前半は断片的な史料である。また、祖母班子女王は、昌泰三年（九〇〇）四月一日没する。(70) 醍醐天皇の正月朝覲行幸が、養母である藤原温子へなされていないのは、『西宮記』に「有上皇及母后者、三日朝覲〈旧式、三(后)宮皆有拝舞、而依新式止舞。今天子拝母后、有舞踏儀〉」(71) とあるように、実父上皇と実母が居るときにのみ朝覲行幸が行われる規定に一致しているので、義母温子への朝覲行幸がないのは当然である。

醍醐朝では、正月朝覲行幸の恒例化に見られるように、父母子関係が儀礼の中にも取り込まれ、父母の力が相対的に強くなっていく時期であると考えられる。たしかに、醍醐天皇は父宇多上皇への正月朝覲しか行わないがこれは母が没しているからであり、この事例から栗林氏のように「父系親の権威が母系親を上回った」と単純に位置づけることは親族構造の歴史的変遷の本質を見失うことになろう。

次の朱雀朝では、父醍醐天皇は没しており、当然ながら父への朝覲行幸は行われていない。いっぽう、母皇后藤原穏子への朝覲行幸がみられないのは、穏子が常に朱雀天皇と共に内裏におり、朝覲行幸の必要がなかったからである。延長八年（九三〇）九月二十二日、宣耀殿で受禅した八歳の朱雀天皇は、母皇后と弘徽殿に移り[72]、十一月二十一日の即位日には、母皇后は朱雀天皇と同輿し、大極殿には高御座の西の幄内に皇后の御座が設けられている。以後も朱雀天皇は母穏子と共に内裏にいる。これは朱雀が元服し、女御を迎えても変わらなかった。二十四歳の朱雀天皇にたいし母穏子が弟成明への譲位を促した話は『大鏡』等に載っており、著名である[73]。ただし、「母きさきの御もとに行幸せさせ給へりし」時に、母后が「いまは東宮ぞかくてみきこえまほしき」と云ったとするのは[74]、事実ではない。穏子は朱雀と内裏におり、天慶九年（九四六）四月二十日、村上天皇に譲位したあと、七月十日「太上皇、太皇太后、出禁中遷御朱雀院[75]」と、共に朱雀院に移り、以後殆ど同殿している。朱雀天皇に対しては、母穏子は、日常的・直接的な「後見」をしており、その結果天皇の政治的意志決定に影響を与え政治的行為の補助を行ったのである[76]。

村上天皇は、即位の翌年から母穏子への正月朝覲行幸を毎年行う。栗林氏はこの期を第三期朝覲行幸とし「この第三期の朝覲行幸の特徴の第一は、藤原穏子・藤原詮子・藤原彰子といった母系への朝覲行幸が圧倒的に多く見られる点である。上皇とのセットの朝覲も見られるが、母・祖母のみの朝覲が大部分を占めるのである[77]」とされている。栗林氏は、十世紀初頭の宇多上皇が父系的な家父長権を行使したのに対し、十世紀後期から十一世紀初頭にかけては、母系的親族の母や祖母の権威が高まった、とされるのである。しかし、正月朝覲行幸に関しての史料からそのような発展を導き出すことには史料分析からして従えない。

まず、村上天皇の正月朝覲行幸を見ると、たしかに朱雀上皇と母太皇太后穏子へセットで行うことが多い。天暦元年（九四七）正月四日、天皇は朱雀院に朝覲行幸するが、まず太皇太后穏子に拝謁し、その後同殿している朱雀上皇に謁している。(78)このように殆どまずは母穏子に、その後朱雀上皇のもとに行っている。ただし「非父子之時、行幸上皇宮例、（中略）天慶十年正月四日、村上天皇幸朱雀院、但母后御同宿、謁太后于柏殿(79)」とあり、母が同宿しているからとある。しかも、天暦五年二月十三日、母穏子が主催して行われた紅梅宴では、「行幸二条院、有紅梅宴、寝殿西廂装束帝御座、上皇北面、今上南面」とあり、朱雀上皇が北面し、村上天皇は南面している。「天子南面」であるから、兄朱雀上皇より、現天皇の方が上である。また、天暦元年の正月行幸でも窺えるように、母穏子には拝謁とあり、拝舞が行われているが、上皇には謁すとの記述であり、どの場合も同様である。この時期、父母への正月朝覲行幸がまず定着したことを示しているのである。(80)

村上天皇は母穏子が没するまで正月朝覲行幸を励行する。これは、もちろん父醍醐天皇が没しているからであり、父系よりも「母系の親族の権威が高まったから」ではない。

次いで、村上天皇が没した後即位した冷泉天皇も、後を継いだ同母弟円融天皇も父母が亡くなっており、当然ながら朝覲行幸はない。花山天皇は父冷泉上皇が生存しているが、朝覲行幸はない。この場合は冷泉の狂気という特殊な事情があろう。

一条天皇は、即位の翌年から朝覲行幸の史料が見えるが、『栄花物語』では母詮子への記述が多く、円融上皇には必ずしも恒例ではないかのように見える。たしかに栗林氏のように母権が重視されたかのように見える。しかし、例えば、永祚元年（九八九）二月十六日に「天皇幸円融寺、拝覲太上法皇」(81)と、行幸があったがこれは、「元三日間、依無宜日、不令参給」(82)とあり、正月朝覲行幸が日並みの関係で実行できなかったからだとある。このように基本的には、円融上皇生存中には、一条天皇が父上皇へ行う正月朝覲行幸は恒例化していたと推察される。また、この時期父円融上皇へのみ朝覲行幸が行われたのは、一条天皇が母詮子と同殿していたからである。(83)円融上皇の権威を詮子より低くみる栗林説には従えない。(84)

さらに、円融没後は東三条院となった母詮子のもとに正月朝覲行幸が行われている。この点に関して、白根靖大氏は、上皇に準じた女院への朝覲行幸であり、後の院政期の院への朝覲行幸の先駆形態とされている。(85)しかし、拙稿でも詳論したように、円融没後に母東三条院への正月朝覲行幸が定着するのは母東三条院と別殿したからであり、母への朝覲と考えるべきである。(86)

三条天皇は父母とも没しているので朝覲行幸はない。

次いで後一条と後朱雀天皇は、父一条天皇が没しており、母藤原彰子のもとへの正月朝覲行幸が恒例化している。しかも、母彰子と同じ内裏内にいるにもかかわらず、「拝覲」が始まったことが大きな特色である。寛仁二年（一〇一八）正月三日、後一条天皇が元服するが、「事訖遷御大宮（彰子）御方、御拝舞了還御」(87)と彰子の殿舎に赴き拝舞している。一条天皇の母彰子殿舎への「遷御」は、「去年御元服日有拝覲、更不可申初覲歟」(88)ともあり、「拝覲」と呼ばれ、元服の日に初めて行われ、母に拝舞したことがうかがえる。寛仁三年（一〇一九）正月三日は、弘徽殿の拝覲が行われ、以後恒例化している。(89)

こうしてみると、父母が生存中は父母に、一方が没した場合、遺った親に正月朝覲行幸が行われたのであり、たまたま十世紀には上皇が早没し、さらに正暦二年（九九一）の円融上皇没後から応徳三年（一〇八六）の白河天皇譲位までの実に九十五年間、実質的上皇空白期間が存在したように、すなわち十世紀から十一世紀中葉は、父である上皇が早く没し、母が長命だっただけである。栗林氏のように、ことさらに母系親の権威が高揚したことを強調し父親の権威から母親の権威へとの推移を想定するのは従来の親族論を全く無視した議論である。むしろ、この時期には、父母への正月拝礼儀式である朝覲行幸や朝覲遷御が確実に恒例化したこと、その結果父が没していた場合、母である国母が権威を代行的に保持し、それを背景に外戚の政治力としての「摂関政治」が行われたと考えるべきである。

3　皇太子・親王正月拝礼の定着

皇太子・親王正月朝覲拝礼は、前述したように九世紀中頃はじまり、十世紀には定着する。さらに皇太子の母への朝覲拝礼も開始される。延喜四年（九〇四）二月十日、二歳の崇象親王が立太子する。[90]延喜九年（九〇九）二月二十一日、七歳になりはじめて参内し、父醍醐天皇と対面する。[91]前述したように、翌年正月四日、皇太子正月参観拝舞が行われている。以後、毎年皇太子正月朝覲が恒例化する。次いで、延喜十二年（九一二）正月四日には、

令皇太子拝女御藤原朝臣（穏子）年来事謬不得此事、仍仰令行只簾中拝[92]

とあり、皇太子の母への正月拝観拝舞もはじまる。

皇太子保明（崇象改名）親王が延長元年（九二三）三月二十一日没し、保明親王の息慶頼王が立太子するが、五歳で亡くなってしまい、延長三年十月二十一日三歳の寛明親王が立太子するが、七歳の対面儀も八歳からの正月朝覲の史料も遺っていない。これは、この時期の史料残存密度の薄さによるものであろう。朱雀朝には皇太弟成明親王の天皇への正月朝覲はない。まずは天皇の正月朝覲行幸が父母に限定されていたように、皇太子の場合も父母への正月朝覲

として行われていたのである。

村上朝では、一歳の憲平親王が立太子するが、天暦十年（九五六）四月二日、これも七歳で天皇との対面が行われ(93)、翌天徳元年（九五七）正月一日、正月東宮朝覲拝礼が行われた。

参二東宮梅壺一、申刻経二藤壺、并後涼殿東廂等一参上給、奉レ抱二兼家自一、侍二北壁辺一進給、此間王公不二動座一、是若理歟、東宮御拝礼畢、暫著給二侍座一、供二円座一、其後小朝拝(94)

東宮拝礼は、小朝拝に先だって独自に行われたことがうかがえる。以後、毎年東宮正月拝礼が行われている。

冷泉朝は短期間であることもあってか、東宮による正月拝礼の史料はない。

円融朝と一条朝、三条朝には正月東宮拝礼史料が見えない。これは円融の皇太子師貞親王は冷泉上皇の子どもであり、一条の皇太子居貞親王も冷泉の子どもで従兄弟同士であり、三条天皇の東宮は一条の息敦成親王でこれは従兄弟の子どもで血縁関係は大変遠い。したがって、小朝拝の拝礼のみで独自の拝礼はなかったものと思われる。

後一条朝になると、後一条天皇の母皇太后彰子への正月拝覲とともに、東宮敦良親王の母彰子への正月朝覲行啓も行われている。この様にこの時期は、東宮拝覲も朝覲行幸と同じく実父母のみに対して行われることにこの期の特徴がある。

さて、親王の場合であるが、童親王の父天皇への正月朝覲は、前節で検討した如く、成人たちの小朝拝後に独自に行われるが、成人親王の場合は、小朝拝成立後は、基本的に小朝拝に合体したものと思われる。康保三年（九六六）正月一日、小朝拝が行われた。

令レ申上可レ供二小朝拝一之由上、因就二倚子一、登時上野太守親王已下殿上侍臣、入レ自二仙花門一、立二東庭一拝舞云々〈須レ立二仁寿殿階下並南殿廊一、而立二庭中一、又民部卿酔倒、然而依レ次退出(95)〉

上野太守親王は致平親王で、昨年十月二十一日、清涼殿で元服をしている。[96] 十六歳だった。この年から、成人親王として小朝拝に参列したと思われる。なお小朝拝に先立ち、侍所で王卿侍臣たちが飲酒しているから、民部卿藤原在衡はそこで飲み過ぎて酔倒してしまったのであろうか。藤原在衡は致平親王の母更衣藤原正妃の父であり、すなわち親王の外祖父である。成人した孫の晴れの舞台であり、感激のあまり飲み過ぎたのだろうか。昔から正月に酒は付き物のようである。

親王達は母や養母にも正月拝礼を行っていた。村上天皇八の宮永平親王は容貌自体は可愛く、子どものいない昌子内親王が養育することを申し出た。ところが愚鈍な永平親王は、「正月の一日の拝礼に参りて」、「御悩の由うけたまはりてなん参りつる」と昌子内親王に言ってしまい、女房たちに大笑いされた逸話が『栄花物語』に載っている。[97] 養育していた伯父済時が昨年昌子内親王の病気見舞いに行かせたとき教えた台詞だった。ここでは、別居している場合の子どもが母や養母に正月拝礼を行ったことがうかがえる。

おわりに

史料を提示することに終始してしまったが、簡単にまとめておきたい。

(1)　九世紀中ころ、太上天皇宣下制と同じ頃父子秩序を確認する朝覲行幸が開始され、家父長的家的父母子秩序儀礼が開始されたが、時を同じくして、皇太子や親王との正月親族拝が始まったものと思われる。

(2)　十世紀にはじまった小朝拝は、人格的臣従関係確認儀礼でもあった父母子秩序原理の親族拝を、君臣儀礼として臣下へも導入したのであり、家的秩序の公的儀礼化であった。

(3)　十世紀以降には、父母への朝覲行幸、各種親族拝が定着し、父上皇没後は母が代行的に拝舞を受ける存在として力を発揮し、母の権威を背景に母方親族の外戚が政治力をもち、摂関政治が行われる。

九世紀初頭の太上天皇宣下制は、上皇と臣下との間に私的主従関係を萌芽させたが、それとともに創設された正月朝覲行幸は、天皇家の父母の権限を強化し、家父長制的父母子秩序を顕現化し確認する儀礼として行われた。時を同じくして内裏内でも天皇と皇太子、童親王、親王の正月朝覲拝礼が行われ、定着した。十世紀には、ともに恒例行事化し、十一世紀には母が同殿している場合でも正月拝謁が行われ、父没後の国母の権威を増大させた。その結果、国母彰子が子や孫天皇のキサキ選定や摂関のみならず蔵人頭などの人事権に介入し得たのである。もちろんこれは国母が機構的な権能を保持していたわけではなく、摂政を通じて政治意志を国政に反映させていく方式であり、天皇の後見としての親権の行使であり、その点では上皇の政治意志の発揮と変わらないものである。(98)九世紀から成立した天皇家の家父長制的家的父母子秩序の浸透強化によって、治天の君としての院政が成立し得たのであり、また上皇の空白期間である十一世紀に国母彰子の親権にもとづく後見力により、御堂流の摂関家が貴族層から抜きんでた権門として成長を遂げ家格として定着したのである。

この家原理の根幹である父母子秩序は、小朝拝における家的秩序の官人への浸透や、官職の父子継承の漸次的開始を媒介に上層貴族豪族層にも波及していくものと思われる。宮廷機構や制度の変容と同時に、かかる宮廷内の秩序原理の変遷は今後の課題にしておきたい。

注

（1）『類聚国史』巻二十八、天皇朝覲太上天皇。

（2）目崎徳衛「政治史上の嵯峨上皇」（『日本歴史』二四八号、一九六九年）。山中裕『平安朝の年中行事』（塙選書、一九七二年）。

山中裕「宮廷と公家社会」（遠藤元男・山中裕編『年中行事の歴史学』弘文堂、一九八一年）。
（3）目崎徳衛前掲論文注（2）一九頁。
（4）佐藤信「摂関制成立期の王権についての覚書」（山中裕編『摂関時代と古記録』吉川弘文館、一九九一年）。
（5）栗林茂「皇后受賀儀礼の成立と展開」（『延喜式研究』第八号、一九九三年）、同「平安期における三后儀礼について―饗宴・大饗儀礼と朝覲行幸―」（『延喜式研究』第一一号、一九九五年）、同「後期摂関期の三后儀礼権に関する一試論―冷泉・円融王統の儀礼者を含めて―」（『古代文化史論攷』第一六号、一九九七年）。
（6）大饗を比較検討するのであれば、東宮大饗や大臣大饗との対応関係、大饗の消滅と臨時大饗との関係を考察すべきであると思われる。
（7）鈴木景二「日本古代の行幸」（『ヒストリア』一二五号、一九八九年）。
（8）白根靖大「中世前期の治天について―朝覲行幸を手掛りに―」（『歴史』八三号、一九九四年）。
（9）十世紀研究会編『中世成立期の歴史像』（東京堂出版、一九九三年）所収。
（10）重松敏彦「平安初期における日本の国際秩序構想の変遷―新羅と渤海の位置づけの相違から」（『九州史学』一一八・一一九合併号、一九九七年）。
（11）目崎徳衛前掲論文注（2）。
（12）九世紀から十世紀にかけて、天皇の子ども達は七歳まで直接対面できなかった。注（14）参照。
（13）神道大系『西宮記』、以下同様。なお、『新儀式』「童親王初謁見」では、「一同正月朝覲之儀」とあり、童親王の正月朝覲儀の部分は残存しておらず不明であるが、年中儀式化していたことは確認される。
（14）七歳対面については、一九九七年十一月十五日、比較家族史学会第三十二回研究大会の席上で「平安朝の父子対面と子どもの認知権―王権内における父子秩序の成立と変容」で報告し、「平安朝の父子対面儀と子どもの認知権―王権内における父子秩序の成立と変容」（黒柳晴夫他編『父親と家族―父性を問う』早稲田大学出版部、一九九八年）として論文になっている。本書第Ⅰ部第一章。
（15）『貞信公記抄』延喜十年正月四日条。
（16）『日本紀略』延喜十一年十一月二十八日条。

(17)『日本紀略』『貞信公記抄』延喜九年八月二十四日条。
(18)『日本紀略』『貞信公記抄』延喜十年正月一日条。
(19)『親王御元服部類記』克明親王、『日本紀略』他、『大日本史料』第一編之四、八六五〜八六八頁。
(20)『西宮記』恒例第一、正月小朝拝（神道体系朝儀祭祀編『西宮記』以下同）他。
(21) 本書Ⅰの第一章参照。
(22)『日本紀略』『貞信公記抄』『西宮記』正月小朝拝。
(23) 岡田荘司「「私礼」秩序の形成」（『國學院雑誌』八九―六、一九八八年）。前掲拙稿注(9)。
(24)『日本紀略』『貞信公記抄』等。
(25)『日本紀略』『西宮記』等。
(26)『日本紀略』『貞信公記抄』等。
(27)『続日本紀』天平宝字二年八月庚子朔条、書き下しは、新日本古典文学大系『続日本紀』三、二六三頁による。
(28) 目崎徳衛前掲論文注(2)。
(29)『日本紀略』に遺っているが、本来は『日本後紀』にあったものである。
(30) 笠井昌昭「『続日本紀』にあらわれた孝の宣揚について」（『文化学年報』三三、一九八四年）。北康宏「律令国家陵墓制度の基礎的研究」（『史林』七九―四、一九九六年）。
(31) 拙稿「山陵祭祀よりみた天皇家の成立過程」（『家成立史の研究―祖先祭祀・女・子ども』校倉書房、一九九一年）。
(32) 筧敏生「太上天皇尊号宣下制の成立」（『史学雑誌』一〇三編一二号、一九九四年）。
(33) 春名宏昭「太上天皇制の成立」（『史学雑誌』九九編二号、一九九〇年）、同「「院」について―平安期天皇・太上天皇の私有財産形成」（『日本歴史』五三八号、一九九三年）。筧敏生前掲論文注(32)。仁藤敦史「太上天皇制の展開」（『歴史学研究』六八一号、一九九六年）。
(34) 春名宏昭「平安期太上天皇の公と私」（『史学雑誌』一〇〇編三号、一九九一年）。
(35) 目崎徳衛前掲論文注(2)、一九頁。なお天皇による「臣」の自称については吉岡真之「幼帝が出現するのはなぜか」（『争点日本の歴史』第三巻、新人物往来社、一九九一年）にも言及がある。

(36)　西本昌弘「古礼からみた内裏儀式の成立」(『史林』七〇―二号、一九八七年、後同著『日本古代儀礼成立史の研究』所収、塙書房、一九九七年)。
(37)　『類聚国史』巻二十八、天皇朝覲太上天皇。
(38)　『西宮記』臨時五、被物。
(39)　『類聚国史』巻二十八、天皇朝覲太上天皇。
(40)　以上『西宮記』臨時五、致敬礼。
(41)　『西宮記』正月上二日二宮大饗(前田家本『大日本史料』第一編之三所収)。
(42)　下見隆雄『孝と母性のメカニズム―中国女性史の視座』(研文出版、一九九七年)。
(43)　八世紀にも拝舞・舞踏の記事が見えるが、渤海国史の場合(『続日本紀』宝亀十年四月辛卯条)と天皇の祈禱により待望の雨が降り、群臣が「莫不舞踏称万歳」と歓喜した記事(『続日本紀』延暦七年四月癸巳条)であり、必ずしも儀礼作法としての拝舞、舞踏ではないと思われるので、正良親王の再拝舞踏は史料的には重要な位置を占めると思われる。
(44)　荒木敏夫『日本古代の皇太子』(吉川弘文館、一九八五年)。
(45)　この点にかんしても、注(14)の拙稿で詳述した。
(46)　藤森健太郎「日本古代元旦朝賀儀の特質」(『史学』六一―一・二、一九九一年)。
(47)　所功「「朝賀」儀式文の成立」(『平安朝儀式書成立史の研究』国書刊行会、一九八五年)。
(48)　坂本賞三「花山朝の政治史的評価について―『小右記』永観三年正月一日条をめぐって」(『古代文化』三〇―九、一九七八年)では、花山朝に停止された小朝拝のことを検討されている。
(49)　所功前掲論文注(47)。古瀬奈津子「平安時代の「儀式」と天皇」(同著『日本古代王権と儀式』吉川弘文館、一九九八年)。
(50)　『西宮記』恒例第一、正月小朝拝。
(51)　『西宮記』恒例第一、正月朝拝。
(52)　『西宮記』恒例第一、正月朝拝。
(53)　古瀬奈津子「昇殿制の成立」(『日本古代の政治と文化』吉川弘文館、一九八七年、後、前掲注論文(49)所収)。岡田荘司前掲論文注(23)。

(54) 今正秀「王朝国家宮廷社会の編成原理」(『歴史学研究』六六五、一九九四年)。
(55) 神谷正昌「紫宸殿と節会」(『古代文化』四三—一二、一九九一年)。
(56) 川本重雄「正月大饗と臨時客」(『日本歴史』四七三、一九八七年)。神谷正昌「大臣大饗の成立」(『日本歴史』五九七号、一九九八年)。
(57) 吉川真司『律令官僚制の研究』(塙書房、一九九八年)、三七七頁。
(58) 『貞信公記抄』延喜十年正月二日条。
(59) 『西宮記』臨時五、叙位所引『吏部王記』。
(60) 『西宮記』臨時五、叙位所引『吏部王記』。
(61) 『日本紀略』天暦二年正月一日条。
(62) 岡田荘司前掲論文注(23)。
(63) 栗林茂前掲「平安期における三后儀礼について」六二頁、私見では朝覲行幸と三后大饗とは切り離して考えるべきだと考えている。
(64) 承和期以降貞観期までの皇后受賀儀礼や皇太子受賀儀礼等の史料の欠落と饗宴の変化は神谷正昌前掲論文注(56)に指摘がある。光孝や宇多も同様な背景を考える必要があろう。
(65) 『本朝世紀』寛平五年四月三日条。
(66) 『西宮記』臨時七、立皇后太子任大臣事。
(67) 『日本紀略』寛平五年四月二十六日条。東宮の殿舎については、山下克明「平安時代における「東宮」とその所在地について」(『古代文化』三三—一二、一九八一年)参照。
(68) 『大日本史料』第一編之二、寛平八年六月三十日条参照。
(69) この時班子は皇太夫人であるが、同年七月二十六日、班子が皇太后に、女御藤原温子が皇后(皇太夫人)となっている(『日本紀略』寛平九年七月二十六日条)。
(70) 『大日本史料』第一編之二、昌泰三年四月一日条。
(71) 『西宮記』恒例第一、正月三日朝覲条。

(72)『山槐記』治承四年三月九日条。
(73) 藤木邦彦「藤原穏子とその時代」(『歴史と文化』Ⅶ、一九六四年、後、同著『平安王朝の政治と制度』所収、吉川弘文館、一九九一年)。角田文衛「太皇太后藤原穏子」(『紫式部とその時代』角川書店、一九六六年、後同著『平安人物史』下、所収、法蔵館、一九八五年)。
(74)『大鏡』道長下。
(75)『日本紀略』天慶九年七月十日条。
(76) 吉川真司「天皇家と藤原氏」(『岩波講座日本歴史』五、岩波書店、一九九五年、後改題し同著『律令官僚制の研究』所収、塙書房、一九九八年)。
(77) 栗林茂前掲「平安朝における三后儀礼について」六四頁。
(78)『大日本史料』第一編之八、天暦元年正月四日条。『日本紀略』『貞信公記抄』等。
(79)『花鳥余情』十一乙女(『大日本史料』第一編之八、天暦元年正月四日条)。
(80) 朱雀天皇と母穏子との関係については、拙稿「王権と国母―王朝国家の政治と性」(『民衆史研究』五六号、一九九八年)に詳しく述べたので参照して欲しい。
(81)『日本紀略』永祚元年二月二十六日(十六日の誤り)条。
(82)『小右記』永祚元年二月五日条。
(83) 服藤前掲論文注(80)参照。
(84) 円融上皇がこの時期の実力ある上皇であり、一条朝に上皇の家父長的権威が増大したことについては、目崎徳衛「円融上皇と宇多源氏」(『続日本古代史論集』下、吉川弘文館、一九七二年)に指摘がある。
(85) 白根前掲論文注(8)。
(86) 服藤前掲論文注(80)参照。
(87)『左経記』寛仁二年正月三日条。
(88)『小右記』寛仁三年正月三日条。
(89)『小右記』寛仁三年正月三日条。服藤前掲論文注(80)参照。但し『小右記』同日条には、「天暦七年仰記云、三日参弘徽殿、奉拝

太后」とあり、村上天皇が正月三日に太皇太后穏子の居た弘徽殿に「朝覲行幸」しているが、以後は慣例化しておらず、後一条天皇の時慣例化したものである。
(90)『大日本史料』第一編之三、延喜四年二月十日条。
(91)『大日本史料』第一編之四、延喜九年二月二十一日条。
(92)『西宮記』恒例第一、正月童親王拝覲事。
(93)『親信卿記』天延二年十月七日条。『大鏡裏書』等。七歳対面については服藤前掲論文注(14)参照。
(94)『九暦』天徳元年正月一日条。
(95)『西宮記』恒例第一、正月小朝拝。
(96)『御遊抄』三御元服。『大日本史料』第一編之十一、康保二年十月十一日条。
(97)『栄花物語』巻一、月の宴。
(98)服藤前掲論文注(80)、春名宏昭前掲論文注(34)、吉川真司前掲書注(57)参照。

II

殿上の童たち

童殿上と童舞

第一章　童殿上の成立と変容――王権と家と子ども――

はじめに

長徳四年（九九八）十一月十九日、三十三歳の左大臣藤原道長の長男である七歳の鶴君に童殿上が許された。当時蔵人頭だった藤原行成はその日記『権記』に以下のように記している。

鶴君〈田つ〉可昇殿、依相府命、書名簿二枚〈□枚東宮料、一枚内料□、即給予、為奏聞也〉、大臣参内給、候御共、即奏名簿、□□下給、即下出納允政、令権左中弁〈蔵人〉、付簡〈小舎人蔭□藤原朝臣頼□〉[1]

左大臣道長の長男である鶴君が昇殿を許されたので、行成は、道長の命により名簿を二枚書いた。一枚は東宮へ提出する分、もう一枚は内裏へ提出する分、そのうち内裏へ出す分は蔵人頭である自分に給わった。天皇に奏聞するためである。その後、道長と一緒に参内し、名簿を天皇に奏上した。その名簿は（不明）に下され、さらに出納允政に下し、蔵人権左中弁藤原説孝が日給簡に付した。その簡には「小舎人蔭（孫）藤原朝臣頼（通）」と書かれてあった、とある。

さらに、道長の命により行成が書いた名簿は、嘉承二年（一一〇七）四月十日の『中右記』に書き留められている。この日、関白藤原忠実の若君忠通が院の昇殿を許され、名簿が奉じられたからであるが、以下のように書かれている。

蔭孫藤原朝臣忠通、

嘉承二年四月十日
書様如此
長徳四年宇治殿童殿上時名簿書様〈行成書之〉
蔭孫藤原朝臣頼通
故前太政大臣□（孫カ）
長徳四年　月　日
大殿幷二条殿殿上時名簿同之
当時殿下応徳元年殿上名簿書様
蔭孫藤原朝臣忠実
関白孫
応徳元年　月　日
此若君康和元年十二月昇殿
蔭孫藤原朝臣忠通
前関白孫
康和五年十二月　日
今度依長徳例、可被書之処、大殿以当時殿下御養子、仍可被書前太政大臣孫、然而応徳元年御昇殿時、被注関白孫、仍□後可相違、然則只注御名幷年（欠文カ）(2)

長文を引用したのは、院政期において、宇治殿たる藤原頼通が童殿上を許された際の名簿が、先例として貴重な意味を持っていたことがうかがえるからである。さらに、大殿師実、後二条師通、関白忠実、忠通と、頼通―師実―師通―忠実―忠通のように、直系五代が名簿を奉呈し、童殿上を許されていたことが判明する。

さて、行成が書いた頼通の童殿上名簿に戻ると、まず名簿が東宮と内裏に奉じられたこと、内への名簿は、蔵人頭が奏聞し、出納に下され、弁蔵人によって、「小舎人蔭（孫）藤原頼（通）」と書かれた日給簡が付されたことなどが判明する。「鶴」という幼名だった童に、この時、頼通という成人名がつけられたのである。

この成人名に関しては、九世紀以降、貴族層では、普通元服と同時に成人名がつけられるが、上級貴族層では、昇殿・宮出仕・親王宣下・叙爵などが改名の契機になっており、公的機関に登録する必要がある際に正式な成人名が必要とされ、公民層（庶民層）でも十世紀には、公的身分標識としての成人名が不可欠となっていった、とされている。(3)この頼通の場合も、童殿上の許可による名簿奉呈のために、成人名が必要とされたのである。もっとも、長保五年（一〇〇三）二月二十日頼通が元服するまでの間、道長の『御堂関白記』には頼通が四回出てくるが、たとえば、「田鶴悩事、渡道貞家」（長保元年七月十八日）、「上野守（介）頼信奉馬五疋、一疋田鶴料駒也」（同九月二日）のように、幼名で記述してある。元服以後は、「頼通」と成人名で記すか、官職名で記しているのと対照的である。ただし、天皇の日記や公的文書では、殿上童はすべて成人名で呼ばれており、公的場と私的場での名前の相違も興味深い。この点については別に詳論する。(4)

この童殿上については、高橋秀樹氏が①十世紀半ばに童殿上の例があること、②平安末期の摂関家では、七歳で童殿上、十一歳で元服という家例ができること、③十二世紀には摂関家以外でも童殿上の例があることなどを簡単に述べられているが、詳細な分析はなされていない。(5)また、童殿上の成立時期や、童殿上者の範囲などについてはもう少し検討する必要があると思われる。十世紀から十一世紀に盛んに行われた歌合わせや、物語・記録類に多く登場する殿上童にもかかわらず、研究に着手されていないのが現状といえよう。本章では、この童殿上の成立や変容を示す史料を博捜し、史料分析を加え、その役割や意義などを検討するのが第一の課題である。

さらに、前述の頼通童殿上でもうひとつ注目されるのは、頼通の翌年誕生の頼宗は、六年後の寛弘元年（一〇〇四）七月二十九日にようやく東宮童殿上が許されている点である。頼通は正妻源倫子を母に持ち、頼宗は次妻源明子を母とする異母兄弟だったことが要因と思われる。(6) ただ、長保三年（一〇〇一）一条天皇出席のもとで行われた東三条院四十算賀には、頼通と頼宗の二人が童舞をしているから、(7) 頼宗も内裏の殿上間への出仕である内の童殿上はそれ以前に許されていたと推察されるが、東宮の童殿上が六年も遅れた事からして、内の殿上が同時期だったとは思えないのである。童殿上には、摂関家の中でも嫡庶の差異があることも検討にあたいしよう。さらに、摂関家以外の子どもたちはいつ、如何なる条件のもとで、童殿上が許可されたのであろうか。家格による子どもの序列化と、身分差もまたひとつの課題である。

清涼殿の殿上間に昇る資格を特定の官人に与える昇殿制は、弘仁朝に成立し、宇多朝以降に整備されたとされるが、(8) それは天皇との直接的な人格的身分的臣従関係という構成原理が公的に導入されたのであり、(9) 公卿・殿上人という特権階級である「宮廷貴族」を作りあげた。その際、子どもにも特権階級を継承する存在として同様な昇殿制が適用されたのではないか。宮廷社会の成立過程を子どもの存在形態から分析する事もできるのではないか。王権と子どもの関係、この点がより重要な課題である。

一　童殿上の成立

1　九世紀にみる王権侍奉童たち

まず、童殿上成立の前提として、九世紀、天皇の周辺で任務を果たす童たちのうち、名前や経歴が判明する実際の史料を取り上げ、実像を検討しておきたい。その人物たちを検討することにより、どのような要因によって天皇周辺の児童たちを限定する童殿上が要請され、成立するのかを解明する糸口が得られると推察されるからである。

①菅原清公

承和九年（八四二）十月十七日、文章博士従三位菅原朝臣清公の薨伝には、次のような記事がある。

故遠江介従五位下古人の第四子なり。父古人は儒行世に高く、人と同ぜず、家に余財なく、諸児寒苦す。清公年少よりほぼ経史に渉る。延暦三年詔して東宮に陪せしめ、弱冠奉試し、文章生に補す。学業優長にして、秀才に挙し、十七年対策に登科し大学少允に除し、二十一年遣唐判官に任ず（以下略）（『続日本後紀』）

この薨伝の末尾に、「薨時年七十三」とある死亡年齢からして、清公の出生は、宝亀元年（七七〇）であり、延暦三年（七八四）、桓武天皇の詔によって東宮に侍し、東宮の諮問に応じる役である「奉試」になった時、十五歳だったことになる。九世紀までの貴族官人層の元服年齢が十六歳であることから勘案して[10]、清公は元服以前の童の身で東宮に侍したことがうかがえる。なお、この東宮は延暦三年の段階では、翌年種継暗殺事件で嫌疑が掛けられ、乙訓寺に幽閉されたため、食を断ち、淡路国に配流途中で没した早良親王である。しかし早良親王はすでに三十六歳であり、弥永貞三氏の指摘通り十一歳の安殿親王のことであろう(11)。清公は影響を受けることなく、二十歳で試を奉じて文章生になり、後に遣唐使として入唐して、弘仁九年(八一八)の儀式や衣服の唐風改革を積極的に推し進めた事などからして、嵯峨天皇に重んじられている。

②橘岑継

貞観二年(八六〇)十月二十九日の正三位中納言橘朝臣岑継の薨伝は次のようになっている。

贈太政大臣正一位清友朝臣の孫、而して右大臣贈従一位氏公朝臣の長子なり。氏公朝臣、是れ仁明天皇の外舅なり。岑継の所生は、是れ仁明天皇の乳母なり。故天皇龍潜の日、藩邸に陪し、ようやく寵幸を蒙る。(中略)少年愚鈍、文書を好まず、天皇その無才を見て、嘆きて曰く。岑継、地はこれ大臣の孫、帝の外家なり。もし、才職有らば、公卿の位、庶幾わくば、企つべきなり。なんぞ、書を読まざる事はなはだしきや。岑継ひそかに聞きて、心に慙恐し、節を改め、精を励まし、師に従ひ書伝を受け学び、ほぼ意旨に通ず。天長六年内舎人となる。(『三代実録』)

岑継の父氏公は、仁明天皇の生母橘嘉智子の兄弟であり、また生母は田口継丸の女で、仁明天皇の乳母(『尊卑分脈』)だったゆえ、幼少から仁明天皇の邸宅で近侍していたという。薨時の年齢五十七歳から逆算して、延暦二十二年(八〇三)生まれになるから、内舎人になったのは二十六歳ということになり、幼少期の具体的役割は不明であるが、外戚等の子どもとして幼少より東宮に侍していたことがうかがえる。

③菅原是善

元慶四年(八八〇)八月三十日、参議従三位菅原朝臣是善の薨伝には次のように記されている。

(前略)是善は幼くして聡穎にして、才学日に新し。弘仁の末、年甫十一、徴されて殿上に侍し、常に帝の前において書を読み詩を賦す。(後略)(『三代実録』)

是善は、①菅原清公の第四子である。薨年六十九歳とあるから、弘仁三年(八一二)出生となる。十一歳の時、すなわち弘仁十三年(八二二)から、聡明との聞こえがあり、殿上に近侍していたとあるから、嵯峨天皇時代であり、嵯峨天皇に近侍し、書を読み、詩を賦した事になる。その後、文章得業生、大学助、文章博士、東宮学士等を経て、大学頭になり、父ののぼり得なかった参議に昇進している。父―子による幼少からの天皇への侍奉といえよう。

④紀有常

元慶元年(八七七)正月二十三日、従四位下周防権守紀朝臣有常が卒した。その卒伝には、次のように書かれている。

正四位下名虎の子なり。性は清警にして、儀望あり。少年より仁明天皇に侍奉す。承和中撰ばれて左兵衛大尉を拝し、(中略)卒時年六十三(『三代実録』)

紀有常は弘仁六年(八一五)生まれとなり、仁明天皇が即位した天長十年(八三三)には十九歳となり、少年とはいえないので[12]仁明天皇の即位以前からの侍奉と思われる。父紀名虎は正四位下右兵衛督ながら、娘種子は仁明天皇の更衣に、静子は文徳天皇の更衣となり、惟喬親王・惟条親王・怡子内親王・述子内親王・珍子内親王等の母となった[13]。有常自身はさほど転昇しなかったが、姉妹の縁で親王時代から侍奉していたものと思われる。

⑤橘貞根

貞観十五年(八七三)八月二十八日の橘朝臣貞根の卒伝は次のように記されている。

貞根は左京の人なり。越中守従五位下宗嗣の子なり。鬢髯にして、身長わずか五尺腰囲甚大なり。幼年より嵯峨太上天皇に侍奉し、頗る恩幸を蒙り、人となるに及ぶ。年二十五、承和五年六月撰ばれて従五位下を授く。(中略）年五十八。才学なし。常に嵯峨の南北両宮に侍し、また、仁明天皇の外戚なり。故に、名位稍進す。（『三代実録』）

没年の五十八歳からして、貞根は弘仁七年（八一六）生まれとなる。『尊卑分脈』には、橘宗嗣も貞根もでてこないが、「仁明天皇の外戚」からして、仁明天皇の母であり嵯峨天皇の皇后である橘嘉智子の親族と考えて間違いないと思われるから、宗嗣が嘉智子の兄弟であり、貞根は仁明天皇の従兄弟であろう。「幼年より、嵯峨太上天皇に侍奉」とあるが、嵯峨天皇の在位期間は、大同四年（八〇九）から弘仁十四年（八二三）であり、貞根は一歳から八歳となる。退位後の嵯峨太上天皇時代は、弘仁十四年から承和九年（八四二）、貞根は八歳から二十五歳となる。文字通り嵯峨太上天皇時代、八歳頃の幼年から橘嘉智子の甥として嵯峨の南北宮に侍奉していたのであろう。ただし、せっかく親族として遇されても、無才であったが故に、従四位上のまま没したのである。

⑥高橋文室麻呂

貞観六年（八六四）二月二日、従五位下越後介高橋文室麻呂の卒伝である。

備前掾正六位上彦公（中略）、彦公は是れ文室麻呂の父なり。文室麻呂は、年九歳、嵯峨太上天皇に事へ、天皇自ら鼓琴を教ふ。その伎日に長け、他の教習の者、相及ぶことあるいはなし。よりて、文室麻呂の号を賜りて琴師といふ。十六歳で、始めて元服を加へ、便ち蔵人となる。太上天皇崩後、仁明天皇、徴して蔵人となす。ついで常陸大掾を拝し、右兵衛大尉にうつる。勅ありて、鼓琴を諱〈光孝天皇〉親王に教へ奉る。（中略）卒時、年四十九。文室麻呂は、能琴の名を当時に冠す。嘗て文徳天皇及び清和太上天皇、徴して殿上に侍せしめ、師となし、琴を弾くを学ぶ。四代に歴仕し、頗る寵幸を蒙り、（下略）。（『三代実録』）

卒伝には四十九歳とあるから、弘仁七年（八一六）生まれとなる。九歳で嵯峨天皇に仕え、十六歳で元服し、元服と同時に蔵人となっているから、九歳から十二歳までは、蔵人ではなく、童として嵯峨太上天皇に仕えたのであろう。鼓琴をよくする故に「文室麻呂の号を賜った」とあるが、元服時なのかどうかは不明である。ただし、太上天皇から名前を下賜されたことは注目しておきたい。嵯峨太上天皇、仁明・文徳・清和の四代天皇の鼓琴師であったというが、卒時の位階は従五位下でしかなかった。また父は、正六位上であり「貴族」でさえなかった。このような、いわば中下級技能官人クラスも幼少から天皇に侍奉していたことがうかがえる。

⑦藤原有貞

天皇の寵姫と私通したことで名高い藤原有貞[14]は、貞観十五年（八七三）三月二十六日の卒伝には、次のようにある。

右大臣贈従一位三守朝臣の第七子なり。年童齓にありて、仁明天皇に侍奉す。姉女御たるによりて、寵狎を蒙る。弱冠に及び、承和十一年従五位下を授く。丹波介を拝すに任にいかず。十二年後宮の寵姫に私通の疑ひを見、出て常陸権介と為る。（『三代実録』）

有貞は、卒年四十七歳からして、生年は天長四年（八二七）である。仁明天皇の在位期間からして七歳から二十四歳まで侍奉していたことになる。従五位下は承和十一年（八四四）、十八歳だった。九世紀前期までには、臣下のうち十代で叙爵したのは、延暦四年（七八五）十八歳で叙爵された贈正一位左大臣種継の子藤原縵麻呂[15]、延暦十年十八歳で叙爵した故贈太政大臣正一位藤原百川長子緒嗣[16]、延暦十五年十九歳で叙爵した緒嗣の弟継業[17]、承和二年（八三五）十八歳で叙爵した有貞の兄仲統[18]（父三守は当時大納言従二位）、斉衡元年（八五四）十九歳で叙爵された正二位良房の猶子藤原基経[19]、以上の五人しかいない。有貞兄弟が優遇されたのは、父三守よりも姉貞子の仁明天皇からの寵愛によるところであろう。貞子は、「風容甚だ美しく、婉順にして天に至る。（中略）后位に登らずといへども、宮闈権勢これと比するなし[20]」と評されたほど、仁明天皇に寵愛され、仁明天皇と同墓域に埋葬された寵姫であった[21]。有貞の場合は、姉妹のお陰で天皇に幼少から侍奉し、当時としては異例の若年叙爵を果たした、といえよう。

⑧藤原基経

『大鏡裏書』「昭宣公幼童時求出作爪事」には、「古老伝」として次のような興味深い記事が載っている。

古老伝へて云く。故宮内卿済光云く、伝へ聞く、承和天皇（仁明）芹河に行幸の日、琴を弾ぜしめんが為に、仮爪を造りて、随身す。而して途中にたちまち紛失の由を悟る。求めんが為に使ふべき人を思量す。昭宣公、童名手古、この日扈従すなり。上、その賢息の趣を知り、皇子心に択して之を召し、密かに仰せて云く（後略）。（『群書類従』）(22)

基経に探しに行かせたところ、仮橋の下で下馬して爪の包みを見つけ、天皇に差し出すと天皇は歓喜し、以後恩寵がますます深くなった、と続いている。『大鏡』本文には、「昭宣公童殿上にて仕まつらせたまへりけるに」（『大鏡』下基経伝）、とあり「童殿上」との文言があるが、これは『大鏡』成立当時の用法であり九世紀中頃には「童殿上」との用語は未成立と思われる（成立時期については後述）。しかし、幼少で従っていた基経が爪の探索を命じられ、これを求められたら伽藍を立てようと願を掛け、探し出せたので極楽寺を建立した、となっている幼少での扈従そのものは背景が存在したのであろう。

承和三年（八三六）生まれの基経（『公卿補任』等）が同行した芹河行幸の日時は記載がないが、承和十一年（八四四）十月の「水沼野及び芹河に行幸す」(23)が仁明朝の芹河行幸としてみえる唯一の記事である。この時だとすると、基経は九歳になる。(24)いずれにしても、幼少で天皇に従っていた事実は間違いないであろう。「童名は手古」とあって童名のほうが記載されていることにも注目しておきたい。

⑨橘広相

寛平二年（八九〇）五月十六日に五十三歳で没した橘広相は、[25] 九歳の時、詩を作っている。

橘広相九歳昇殿詩と云々。童名は文人と云々。（『江談抄』四）

九歳とは、承和十三年（八四六）のこととなり、仁明天皇時代である。広相も童名のほうが記載されている。

⑩藤原時平

元慶二年（八七八）十一月十一日、清和太上天皇が母太皇太后藤原明子に献物を捧げた宴で、太上天皇は童親王に舞を舞わせたが、その時右大臣藤原朝臣男児一人が同じく舞に預かった。[26]

太上天皇、太皇太后宮において献物し、雅楽楽を挙ぐ。太上天皇童親王を舞はせしむ。右大臣藤原朝臣男児一人預かる。（『三代実録』）

当時、時平は八歳であった。父基経は、摂政右大臣従二位であり、隠然たる勢力を持っており、時平は親王と同列の特別扱いを受けていたことがうかがえる。[27] さらに、この時、時平には基経の時と同様名前が記載されていない事に注目しておきたい。

⑪平時望

仁和四年（八八八）十月二日、雅院において作詩会がおこなわれた。

雅院において、殿上侍臣をして詩を作らせしむ。小童時望詩を上る（『日本紀略』）

時望は、元慶元年（八七七）出生だから、[28] この時十二歳となる。十二歳の小童が、殿上侍臣と一緒に東宮雅院[29]での詩作の宴に列席して詩作したこと、その際童名ではなく、すでに名前を持っていたことに注目しておきたい。

⑫源敏相

寛平元年（八八九）四月十九日、殿上で賭弓の負態が開催され、童舞が進められた。

（前略）小舎人源敏相舞ふ、骨というべきなり。よりてまた禄を賜ふ。又太政大臣息忠平齢始めて十歳、舞をなす。騰躍迅速にして、節違はざるなり。又禄を賜ふと云々（『小野宮年中行事』所収宇多天皇日記）

源敏相は、人康親王の孫であるが、年齢は不詳である。ただし、同年月日の『日本紀略』には、「東宮において、去月賭弓勝負の事有り、殿上小童舞人となす」とあることから、「小舎人」源敏相は「殿上小童」であり、名前を持っていたことが判明する。

⑬藤原忠平

寛平元年の史料で童舞を舞ったもう一人の人物に藤原忠平がおり、十歳で童舞納蘇利を舞っている。しかも、宇多天皇日記の記載からして十歳ですでに忠平という名前を持っていたことが確実に判明する。当時父基経は、関白太政大臣従一位である。

以上が、九世紀の史料で、人名や具体的な内容がわかる王権に近侍し、何らかの任務を果たしていた元服前の童である。ほかにも、例えば菅原道真が、十一歳で詩を詠み、『菅家文草』の巻頭を飾り、十四歳でも秀麗な詩を詠んでいること、父子三代に渡って幼少より王権周辺に仕えたであろうと推察されることなどからして[30]、童として侍奉していた可能性が高いが、確実な史料が存在しないので省いており、このような例は多い。

では、この人物たちはどのような特徴を持ち、どのような資格で童のうちから天皇に侍奉していたのであろうか。項を改めて検討することとしたい。

2　王権侍奉童の分類

前項で取り上げた人物たちが元服以前に侍奉した天皇（太上天皇時代も含む）ごとに分類すると、次のようになる。

桓武天皇　①菅原清公（実際の侍奉は東宮）
嵯峨天皇　③菅原是善　⑤橘貞根　⑥高橋文室麻呂
仁明天皇　②橘岑継　④紀有常　⑦藤原有貞　⑧藤原基経　⑨橘広相
清和太上天皇　⑩藤原時平
宇多天皇　⑪平時望　⑫源敏相　⑬藤原忠平

前述のように、たまたま薨伝などに遺った場合に人物が特定できるのであり、史料がないことはけっして他の侍奉児童の存在を否定するものではない。また、藤原時平が八歳で舞った時、清和はすでに太上天皇であった。ゆえに、時平が清和天皇に侍奉していたのではない。しかし、清和天皇時代、幼少児童が天皇に侍奉していなかったわけではない。天皇に近侍し、任務を果たす児童が恒常的に存在した史料が存在する。貞観五年（八六三）五月二十日、神泉苑において御霊会が行われたが、[31]

帝に近侍の児童及び良家の稚子を以て舞人となす（『三代実録』）

とあり、童舞を舞ったのは、帝に近侍の児童と、近侍してはいないが良家の子どもたちであった。当時清和天皇は十四歳であり、元服するのは翌年であるから、[32]幼帝ゆえの児童近侍の可能性もある。しかし、貞観十八年（八七六）七月十四日の次の記事では、成人天皇に近侍していた児童たちがきわめてはっきりと確認できる。

去年十月、勅して、散位大蔵善行を喚び、蔵人所に侍し、御書を校定し、兼て顧氏家訓を以て、帝の左右の年少及び禁中事を好む者を教へしむ（『三代実録』）

ここにはすでに成人の帝の左右に近侍していた年少の姿が見られるのである。

このように清和天皇の時代も、多くの天皇侍奉児童が存在したにも拘らず、侍奉名前が特定できないのは、六国史の編纂終了による薨伝の終焉と関係すると思われるが、清和天皇以降には、帝近侍の児童が少なからず存在していたことを指摘しておきたい。

さて、ここでは第一項で抽出した帝近侍児童の特徴を検討しておきたい。まず、第一点は、天皇の外戚に連なる児童たちが日常的に出入りし、侍奉していた点である。橘岑継は、仁明天皇の従兄弟であり、仁明の東宮時代から近侍していたのであろう。父氏公は、仁明即位後天皇の外舅として急に転昇し勢力を持つようになるが、[33]叙爵したのは弘仁六年（八一五）三十三歳の時であり、岑継幼少期はこの前後であった。また祖父橘清友は、正五位下内舎人のままで卒しており、贈従三位となるのは橘嘉智子が皇后となった弘仁六年であった。[34]紀有常も仁明天皇とは姉更衣種子を通して関連を持つが、父名虎は威勢をふるっていても散位従四位下で卒している。[35]ただ、祖父勝長は従三位中納言で薨じており蔭孫ではあった。[36]橘貞根も嵯峨の皇后橘嘉智子の縁戚であり、父宗嗣も越中守従五位下でしかなかったが、仁明の外戚であるゆえ、「才学ない」身でありながら幼年より侍奉し、二十五歳で叙爵している。前述のように、九世紀において十代の叙爵は数例しかないのであり、二十代半ばの叙爵も大変優遇された事になる。藤原有貞も仁明寵姫の兄弟であり、破格の叙爵に預かった事は前述した。ただ、父三守は承和五年（八三八）には右大臣になっており、外戚であり公卿層の息子という立場も大いに影響したことであろう。

第二点は、文人の子どもが多い点である。菅原清公は桓武天皇の詔によって十五歳の時、東宮の奉試になり、息子是善は、十一歳の時嵯峨天皇に近侍しており、父子で元服以前に天皇に侍奉している。また、橘公相は九歳で、平時望は十二歳で、それぞれ天皇の前で詩を賦している。これら文人の父や祖父たちも当時から儒者として名高い人物であり、息子たちも「聡明の聞こえ」があった故に侍奉する事になったのであるが、ただし、父や祖父は必ずしも高位ではなかった。延暦四年（七八五）十二月二十三日には次のような記事が見える。

故遠江守従五位下菅原宿禰古人の男四人に衣粮を給はしめ、学業を勤めしむ。その父侍読の労を以てなり。(『続日本紀』)

この時、清公も衣粮を支給されているが[37]、清公が東宮の奉試になった延暦三年に、父古人が生存していたかどうかは不明であるが、いずれにしても従五位下という低位で没しており、高位貴族の子弟ではけっしてなかったのである。是善が弘仁年間十一歳で殿上に徴された時、父清公は従四位下であり、父古人は故人であった。橘広相の父峯範は若狭守従五位下、祖父真材は従五位上で没しているから[38]、この父や祖父も高位ではなかった。ただ、仁和四年に詩を作った「小童時望」の父惟範は時に従四位下であり、祖父は故大納言正三位高棟王だった[39]。しかし、桓武から仁明にかけての天皇に近侍する童は、父や祖父の官位はさほど重視されていない点は指摘できると思われる。

第三点として指摘されるのは、高橋文室麻呂のような芸能を主とする人物が天皇に近侍している点である。もっとも、文室麻呂の父は、備前掾正五位上彦公で嵯峨天皇には五経を読むを以て近侍していた人物で[40]、文人の息子といった方が適切であるが、ただ九歳で仕えてから天皇が鼓琴を教授しているところからして芸能的要素で近侍した可能性が推察されるのである。また、この場合でも父の官位は高くなかったことが見て取れる。

第四点として、後期の藤原基経・時平は、ともに公卿の息子だった点である。基経が童で近侍した時、父長良は従四位上、参議だった[41]。時平の時は、史料にあったように父基経は右大臣だった。この二例は父が参議以上であるが九世紀後期であり、全般的に、量的には多くない。

以上、九世紀、とりわけ桓武・嵯峨・仁明朝において帝に近侍する童は、父が公卿層の場合であるよりも、天皇の外戚や文人の子どもなど、必ずしも高位高官の貴族子弟ではなかったことがうかがえた。先の貞観五年の帝近侍の児童もこのような子どもたちだったのであろう。

3 童殿上の成立

九世紀には、外戚や文人等の子息たちが、「帝近侍」児童として多く存在し、外戚の子息たちは特別な恩恵を受け、早く叙爵に預かる事をみた。では、童殿上がその呼称も含めて成立する時期はいつであろうか。この項では、童殿上の成立と、呼称の成立を確定する事にしたい。

まず、「童殿上」の初期の史料であるが、年代が確定しているのは、昌泰元年（八九八）十月十日、宇多上皇が遊猟に出かけた『紀家集』[42]記事である。参列者の衣装などを詳述している中に、「殿上童□人、各浅紫地摺衣を着す」とある。同日の競狩を記載している『扶桑略記』では、「小童三人」となっているので、「殿上童＝小童」であり、三人従った事がわかる。これは後述の『寛平遺誡』後であり、ここでは確実に「殿上童」の呼称が成立している事がうかがえる。

それ以前に「童殿上」あるいは「殿上童」の言葉が見えるのは、仁和四年（八八八）から寛平三年（八九一）の間に行われたとされている、内裏菊合である（なお、童で殿上を許された者を喚ぶ場合「殿上童」と言い、制度や儀式や許可の際には「童殿上」と称するものと思われるが、本章では史料に即して使用する事とする）。

左方。占手の菊は、殿上童小立君を女につくりて、花に面かくさせて持たせたり。（中略）、右方。これも殿上童藤原の繁時阿波守弘蔭が息、かくて菊ども生ほすべき洲浜をいと大きにつくりて一つに植ゑたれば（後略）[43]

内裏での菊合に「殿上童」が奉仕しており、左方の「小立君」は女装して従っている。右方の藤原繁時は、人名が比定できる殿上童である。九世紀末には、すでに歌合に大切な役割を果たしていたことがうかがえ、また「殿上童」は童でありながら成人名を持っていたこともうかがえる。

九世紀において、「殿上童」の用語が明確にあらわれるのは、この二例である。では、この時期より以前に「童殿上」「殿上童」は遡れないのであろうか。「殿上童」ではないが、それと同じ児童たちを指すと思われる者に、「小童」「小舎人」「殿上小童」がある。第一項でも取り上げた、寛平元年（八八九）四月十九日、殿上賭弓の負態の宴で童舞を舞った源敏相と藤原忠平は、『宇多日記』には次のように記述されている。

小舎人源敏相舞。骨可称。仍賜之禄。又太政大臣息忠平齢始十歳。為納曾利舞。騰躍迅逸。節不錯違。又賜禄云々(44)

宇多天皇は、源敏相を「小舎人」と呼んでいる。これに対し、『日本紀略』同日条では、「於東宮有去月賭弓勝負之事、命殿上小童為舞人」となっており、「小舎人」が「殿上小童」となっているから、「小舎人＝殿上小童」ということができる。いっぽう、九世紀中頃から、内裏の宴や儀式で童舞が行われはじめ(45)、元慶二年（八七八）十一月十一日、清和太上天皇が親王・公卿・五位以上を集め宴を行った際にも童舞が舞われたが、その記事は以下のようになっている。

雅楽挙楽令太上天皇童親王舞、右大臣藤原朝臣男児一人預（『三代実録』）

当時の右大臣は藤原基経であり、年齢からして男児は時平のことであるが(46)、ここでは、名前が記載されておらず、小舎人や殿上童との名称もない。「はじめに」でも述べたように、十世紀以降は童殿上が許可されると成人名に改名されるから童でも成人名が登録され、公的文書にはその名が記される事が多い(47)。とすると、ここで殿上童、小舎人、小童等の名称が記載されていないことと、成人名が記されていない事は、対応している事になる。たしかに、寛平二年童舞を舞った源敏相も藤原忠平も童でありながら、成人名を持っていたことは、同時代史料としての日記に記されている事から確実にいえる。このことから、陽成朝では童殿上が未成立であるのに、仁和以降すなわち宇多朝において成立していた事が推察されるのである。

ところで、十世紀において殿上童が恒常的に参加する儀式に四月の灌仏会があるが、内裏清涼殿で王卿が参集し、最後に布施が僧に施される事になっている。[48]その布施について、『九条年中行事』は、次の規定になっている。

奉布施銭法

親王并大臣五百文（割註略）大納言四百文、中納言三百文、散三位并参議二百文、四位百五十文、五位百文、六位〈今定七十文〉、并小舎人五十文、寛平八年四月八日定法也。[49]（以下略）

六位の後に「小舎人」が見える。この小舎人は、行事次第を記載した箇所には、「女房これを灌ぐ、〈但殿上小舎人不灌。而去寛平年中、小舎人依仰、男房之後、女房之前、灌仏之〉」[50]とあるから、小舎人は「殿上小舎人」とも呼ばれており、天皇の近臣・近習によって行われる灌仏会に参加できる童たちだったこと、[51]寛平八年の布施銭を決める以前の寛平年間にはすでに参列出来ていたこと、六位と同じ処遇だったこと等が知られる。では、この殿上小舎人が、灌仏会に参加する事ができるようになったのはいつであろうか。

貞観元年（八五九）四月八日、この時に布施銭を施す事が決められた。

天子於内殿灌仏、親王公卿及殿上六位已上各奉嚫銭多少有差、他皆效此（『三代実録』）

この時には、小舎人も殿上小舎人も、童も記載がない。六国史では、これ以外参列者が詳細にわかる記事はないので確定はできないが、寛平年中に小舎人が灌ぐ事が許可されたことからして、寛平以降参加するようになった可能性が高いと考えてよいであろう。

さらに、『新儀式』巻四、天皇元服には、天皇の元服の際に一緒に元服を遂げ、内裏に参入し天皇に拝謁できる者たちが規定されている。

又勧学院藤氏児童高四尺五寸已上者十余人加冠参入引見御殿前庭（割註略）、又越親王加冠叙品（割註略）、又殿上

小舎人等同有加冠者〈承平。有加冠者三四許人是也〉[52]

この殿上小舎人は、『西宮記』臨時七天皇元服では、「殿上童於便所加元服召御前給禄」[53]とあり、「殿上小舎人＝殿上童」となっている。『新儀式』の承平とは、承平七年（九三七）正月四日に行われた朱雀天皇の元服儀である。『北山抄』四天皇御元服儀が引く『承平記』では、「先是仰殿上童子等、各在禁中便所、令加元服合六人也、入夜召御前、給禄有差〈公卿息二人御衣、共外黄衾一条〉」[54]と「殿上童子」となっており、承平頃には「殿上童子」とも呼ばれていた。とすると、九世紀の末から殿上童の文言が見える事から勘案して、天皇元服儀に見える殿上童＝殿上小舎人としてよいであろう。

では、天皇元服後、同日内裏の便所で元服がなされ、天皇の御前に参入し、禄を賜与される殿上童たちの元服はいつまで遡れるのだろうか。天皇元服は幼帝清和に始まるが、貞観六年（八六四）正月一日、天皇と同日加冠され、「内殿に引見」されたのは勧学院児童十三人だけであり、「殿上童」の言葉はない[55]。次は、元慶五年（八八一）十二月十一日の陽成天皇元服であるが、この時は弟の貞保親王と勧学院藤原氏十余人であり、ここにも「殿上童」あるいはそれに代わる文言は見られない[56]。次の天皇元服は先述の朱雀天皇であるが、殿上童子の元服史料が見えるのである。すなわち、九世紀には天皇元服に同伴できるのは勧学院の子弟のみであり、殿上童はいなかったのである。

十世紀においては勧学院の子どもたちの加冠は、内蔵寮穀倉院から布銭が禄として与えられるが、加冠そのものは私邸において行われる。それに対し、殿上童の場合は、禁中の便所において加冠儀が行われるという相違があり[57]、殿上童が特権的要素を持っていたことがわかるのであり、勧学院児童たちと殿上童は明確に相違する概念である。

先述の灌仏会における殿上小舎人（殿上童）が存在しないこととも勘案すると、清和、陽成ともに殿上童の名称も制度も、特権も成立していなかったとしてよかろう。

清和期には、「帝近侍児童」（『三代実録』貞観五年五月二十日条）「帝左右年少」（『三代実録』貞観十八年七月十四日条）と天皇に近侍・近習する児童たちが恒常的に存在した事がうかがえたが、その児童たちには、「殿上童」という名称も、灌仏会に参加し、天皇元服と同日元服、拝謁という特権なども決定していなかったといえよう。

以上、殿上童成立時期を確定する関連史料を検討してきたが、元慶二年頃は未成立らしいが、宇多天皇の仁和四年から寛平三年までには確実に成立しており、殿上童、殿上小舎人、殿上小童、小舎人等、様々な名称で呼ばれていたことが明らかになった。

仁和四年、童殿上と関連する政策として注目されるのは、十一月二十七日の蔵人所の機構整備である。[58] この時、従来の蔵人八人を位階によって五位蔵人二人、六位蔵人六人に分けている。[59] すなわち無位では蔵人になれなくなったのである。従来「蔭孫無位」で蔵人になった者たちはどうなったのか。これに対し、渡辺直彦氏は、「従来「蔭孫無位」で蔵人に補せられた公卿の子息（例えば藤原基経・同常行など）は、寛平以降にあっては、蔵人八人の枠外にいわゆる「童殿上」として昇殿を聴され、ここに蔵人を位階によって分け、「五位蔵人」「六位蔵人」という、すっきりした体制に整備したものではないか」とされ、これが『寛平遺誡』に継承されるとしている。[60] たしかに、仁和四年の蔵人機構改革時期前後に、童殿上が成立したことは、従前の用語検討からして、首肯されるところである。しかし、かつての「蔭孫無位」が「童殿上」になったとする点については従えない。まずこの点の検討をおこないたい。

仁和四年以前の「蔭孫無位」は、市川久編『蔵人補任』（続群書類従完成会）によれば、

承和十二年「無位源舒〈十八　正月、日補〉」

仁寿二年「無位藤原基経〈十七　正月、日補、蔭孫〉」

仁寿三年「無位藤原常行〈十八　正月、日補〉」

の三人である。まず三人とも十七歳以上であり、元服後である事が推察される。元服事例がわかるのは、基経だけであるが、基経は十六歳で東宮で元服している(61)。源舒も、常行も元服年は不明であるが、当時の貴族層の元服年齢からして十六歳以下での元服として良いと思われるから、三人とも童ではなく、元服後の成人である(62)。ところが、後述するように十世紀以降に史料が明確になる童殿上許可年齢は元服以前の童であり、成人後も童殿上あるいは殿上童と呼ばれている史料は管見の限りではない。残念ながら宇多朝にみえる殿上童と考えられる藤原繁時も源敏相も生没年は不明であるが、寛平二年に童舞をした忠平は十歳だった。また、童と付く以上、元服以前の児童だったと推察される。

さらに、寛平年間から殿上童は元服するとそのままでは昇殿できないことが判明する。『西宮記』殿上人事は、『寛平遺誡』と推断されているが(63)、以下のような部分がある。

其四位・五位・六位加㆓新階㆒叙□改㆓朝服色㆒者、自㆓内官㆒遷㆓外官㆒者、自㆓無官㆒預㆓有官㆒者、自㆓小童㆒為㆓冠者㆒例、除目給㆓後宣旨㆒、其去留之間、必選㆓要否㆒

すなわち、四位や五位六位の者が新たに昇叙されたとき、内官から外官に遷った者、小童が冠者になった時などは、後に宣旨を給い、去留の要否を必ず選ばなければならないのである。小童つまり殿上童は、冠者つまり元服した時には、去留が問題にされるのであり、そのまま殿上童として昇殿を許されないのである(64)。仁和四年の段階で、六位が五位に、五位が四位に加階された時には留まれないのが原則であったから、殿上童の規定も仁和四年の段階で成立していたとしても矛盾しない。

私見では、仁和四年の蔵人所機構改革前後において、従来から「帝近侍児童」「帝左右年少」等として存在した、児童の人数や任命次第を決定して制度化したのではないかと推察する。こう考えれば、仁和四年以降、殿上童や殿上小舎人などの天皇側近の童たちが儀式などに参列している背景や、成人名を保持し記載される背景が理解できるからである。『西宮記』殿上人事所引『寛平遺誡』には、童に関して以下のように規定している。

殿上侍臣、親王を除く公卿、一世源氏及び外国受領吏等御簡に付す数三十人〈童子十人〉[65]

「童子」は、後段には「小童」ともあり、「殿上小童＝殿上童」であるから、宇多天皇時代に規定されたことが確実な殿上童の人数十人も、仁和四年段階で決定していた可能性も考えられよう。いずれにしても、仁和四年の蔵人機構改革前後で、童殿上が成立したのはほぼ確定的と思う。

では、この殿上童成立の意義と背景にはどのような要因が考えられるだろうか。宇多朝には、殿上の間が成立し、日給簡が設けられ、殿上人という用語が成立した。[66]昇殿制は、王朝国家宮廷社会における天皇への人格的身分的臣従関係にもとづく、直接的奉仕集団の形成を示すものであり、[67]公卿、殿上人という特権貴族が創設されたことでもあった。この貴族制的な体制は、蔵人や八省からまず門地の低い文人達の締め出しが徐々に進行し、ついには文人の左遷事件まで引き起こされ[68]達成されたのである。

嵯峨・淳和・仁明時代は、天皇の権威が高揚し、唐風の移植と文章経国の風が重んじられ、才能豊かな中下級貴族官人、とりわけ文人が活躍した。故にこそ、幼少から嘱望された文人層の子ども達が天皇の近辺に侍奉しており、天皇の意志によって成人後の昇進に様々な配慮がなされていたのである。しかし、承和の変を境に、中級文人系貴族や中級能吏官人の衰退が始まると、[69]このような童たちが文人達の排除と同時に排斥されたのである。基経から以降、九世紀後半の天皇近侍児童に公卿層の子弟が多くなるのも、軌を一にしていよう。それがより徹底したのが宇多朝であり、少人数の特権的童殿上制の成立は、まさに天皇側近侍奉童たちの貴族化である。童殿上が許可されると名簿が作成され、名簿奉呈が行われる。まさに、童時代から天皇との人格的身分的臣従関係の確認儀礼がなされるのである。

このような童たちは、九世紀の天皇側近の童たちとどの点が相違するのか、次節では十世紀の殿上童たちを具体的に分析することとしたい。

二　殿上童の実態

1　殿上童の昇殿儀次第

この節では、主として十一世紀中頃までの、昇殿を許され、日給簡が付され、天皇の童側近として侍奉する特権的童である殿上童たちの具体的規定や手続き、資格等を、史料に即し考究したい。まずは、具体的手続きの検討である。

①名簿奉呈

「はじめに」では、七歳の鶴君（頼通）が昇殿を許されたことをみたが、寛弘三年（一〇〇六）三月十六日、藤原行成の日記『権記』にも次のような記事がみえる。

今日、犬殿上せしむ。辰剋蔵人右中弁（経通）来臨し、名簿を奏すべきことを示す。弁参内す。暫くして名簿を書き、之を弁の許に送る〈実経年九〉。三位中将（兼隆）入座す。右中弁来りて云はく、名簿を奏し了りぬ。大和前守〈景春〉をして理髪せしむ。□小舎人豊延来りて召す。両に盃を勧めしめ、禄の疋絹、仕人には布を給ふ。新中将過られ、主殿助景能来り、率いて参内す。右中弁これを簡に付す。

犬とは、九歳の実質的長男実経の幼名である。[70] まず右中弁の藤原経通が行成の家にやってきて、「名簿奏」を示す。行成は（犬の）名簿を書き、右中弁に送る。右中弁が再度来臨し、名簿奏の完了を知らせる。童は理髪し参内の用意を整える。小舎人の豊延が仕人を従えやって来たので、酒肴でもてなし禄を与える。その後主殿助景能が（犬を）連れて参内する。右中弁は（名簿を）簡に付す。これが行成の息実経童殿上儀次第であった。

蔵人弁が名簿提出催促を伝える前提には、天皇あるいは摂関により童殿上の許可が出された故と思われるが、父や義父から童の名簿が提出された後、許可が検討される場合もあった。道綱養子兼綱の童殿上は長徳三年（九九七）七月三十日に行われたが、まず童名簿が道綱から蔵人頭行成に出されたので、その由が藤原道長に伝えられ、「早く奏すべき也」との道長の仰せを得て、天皇に名簿が奏され、天皇は「昇殿を聴すべき」と仰せている。(72) また、公任の場合も同様で、「早朝左衛門督（公任）来たりて、子の童殿上の名簿を付す、広業を以て奏せしむ」(73)と『御堂関白記』にみえ、公任が息定頼の童殿上名簿を道長に提出し、そこから蔵人広業によって天皇に奏されている。さて、許可が出されると、名簿が作成される。(74) 頼通の名簿は「はじめに」で記したように

蔭孫藤原頼通

故前太政大臣□（孫ヵ）(75)

長徳四年　月　日

と書かれていた。「蔭孫」と書かれており、祖父との関係で昇殿が聴されることに注目しておきたいが、名簿の書式について、蔭を書くべきかどうか議論になることもあった。寛弘三年（一〇〇六）十一月二十日、左兵衛督藤原懐平の息経任が七歳で昇殿を許された際、「无位藤原朝臣経任」と注した名簿に疑義を挟んだ行成は、

件の名簿先例にあらず。よりて武衛（実資）に問ふに、左金吾（公任）の説と答ふる也。童には蔭は書かずと云々。宅に還り、旧宣旨を見るに、童は位を書かず、ただし蔭は書くなり。近きは則ち彼の一家高遠、実資、懐平卿童殿上名簿ならびに公任卿名簿皆蔭を書く、況や他門人は皆書く也

と記している。(76) 先の兼綱の場合も、「右大将（道綱）、蔭孫兼綱の名簿を被り」(77)と「蔭孫」と記しており、本来的には

位階授与の資格がない童ゆえに、「无位」ではなく、「蔭孫」と祖父との関係が重要だったのであろう。ただし父（養父）の官職を明記する場合もあった。時代は降るが、久安五年（一一四九）十月十六日、頼長次男師長が内や院等の五ヵ所から昇殿を許されたが、その名簿は、次の書式であった。

　蔭子藤原朝臣師長
　入道前太政大臣子
　　久安五年十月十六日(78)

師長は祖父忠実の養子になっていたからであるが、翌年正月一日の三男隆長の名簿は、

　蔭子藤原朝臣隆長
　　左大臣子
　　　久安六年正月一日(79)

と、左大臣頼長の子として記載されている。この名簿の肩書きは童殿上の資格とも関連するが、その点については次項で検討したい。

童の父や養父から献じられた名簿は、蔵人に提出され、蔵人弁から天皇に奏上される。すなわち、名簿奉呈である。頼通の場合は、蔵人頭行成から天皇に奏上された。童殿上名簿の初見史料は、天暦二年（九四八）三月二十日の在衡息の童昇殿時である。

　按察中納言（在衡）息童昇殿す。名簿を申し給ふと云々(80)

この殿上童の名前は不明だが、十世紀中期にすでに童殿上名簿が見えることから、童殿上制の成立と同時に名簿奉呈が始まったのではないかと推察しておきたい。名簿奉呈は、主と奉呈者との間の主従関係を象徴するものであり、中

世社会では頻繁であった。[81]

名簿奏上により正式に童昇殿が聴されると、名簿が蔵人から出納に下され（頼通の史料）、宣旨が作成される。童殿上の場合も、昇殿人と同じように宣旨が出された。『侍中群要』巻九には次のように記述されている。

凡昇殿を聴さる者、別当奉勅し、蔵人宣伝し、頭即ち宣旨を書く。しかる後に慶賀を奏せしめ、拝舞し昇殿す。即ち以て簡に付す。〈小舎人の宣旨は、別当必ずしも之を奉ぜず、慶賀は奏せず〉[82]

この条には、『天暦蔵人式』と推定されている[83]「式」の頭注があり、小舎人は、昇殿を聴される小舎人であるから、第一節で検討したように「殿上童＝小舎人」と解してよく、とすると小舎人にも宣旨が出されたことになる。『西宮記』臨時雑宣旨では、

蔵人頭以下の事、所の別当御前において之を定め、蔵人に下し、蔵人は出納に仰せ、宣旨を書き続ぐ〈旧例、宣旨を左近陣に下す。或いは内侍宣〉。殿上人、之に同じ。童は名簿を以て下賜す。其の身参入の日、簡に付す。[84]

この童は殿上人と同格の、昇殿を聴された殿上童であるが、宣旨は作成されず、名簿が蔵人に下されるだけとなっているようにも思える。たしかに、頼通の場合も、他の童昇殿の場合も宣旨が作成されたとの記述はない。しかし、先の兼綱の場合、

即ち出納允政に下し、例により宣旨を書き、即ち加署しをはりぬ。[85]

とあり、宣旨が作成されている。また、前述の行成が先例を調べた際には、「旧宣旨」とあり、かつての童殿上宣旨がファイルされていた。[86] この宣旨が正式な童殿上勅許といえよう。

なお、童殿上が許されるもう一つの場合がある。算賀や供養等に際して、天皇御前で童舞を舞う童に昇殿が許される場合である。延喜四年（九〇四）三月二十六日、仁和寺円堂院で、宇多法皇による供養が行われた。それに先立ち、

二十四日、内裏において試楽があり、大納言国経の子が陵王を舞い、中納言有穂の子が納蘇利を舞った。

大臣〈源光〉奏す。此の両舞童、宜しく昇殿を聴さるべし。勅、請ひに依れ。大臣即ち両父に仰せ、殿庭に拝舞せしむ。侍臣禄を持ち之に給ふ。(87)

天皇御前で童舞を舞う童には童殿上が聴されたが、その初見史料である。(88) 名簿が奉呈されたかどうか記述はなく、大臣によって童殿上申請が口頭で奏上され、聴された例である。(89) ただし、後に名簿献上、宣旨作成過程は想定される。

昇殿許可の宣旨が出されると、このことを正式に持参する使者が、行成の家にもやってきた小舎人である。蔵人に補任されたり、昇殿が許可されたとき、出納が宣旨を書き、左近陣に給い、御蔵小舎人一人と下部一人が召遣わされ参内が命じられ、「只今参入の由申せしむ。酒肴、禄〈疋絹　近代不定〉(90)」と御蔵小舎人や供人には禄が与えられ、酒肴のもてなしを受けるが、殿上童の場合も同様であった事が実経の例等からわかる。

さて、使者小舎人の来訪により殿上を許された童は、童装束を着け参内する。

其の身参上の日、蔵人簡に付す。慶は奏さず。或いは父祖殿上に候ずれば、相替はりて慶を奏せしむと云々。(91)

先の頼通の場合も、実経も、名簿が奉呈された同日、殿上を聴された童が参内し、蔵人によって名簿が日給簡に付されている。しかし、名簿が献じられても本人が参内しない場合は簡に付されなかった。行成の息男良経の名簿は、寛弘八年（一〇一一）六月十三日、内と東宮に献じられた。

鴨院児名簿書二通を書き、一を左府に献じ東宮の簡に付せしめ、一を頭弁に付し内の簡に付す。〈中略〉、内裏に献ずる名簿は簡に付さず、八月十一日に之を付す、本意無き事也(92)

この日東宮の簡には付されたが、内の簡に付すのは八月十一日となった。これは六月十三日に一条天皇が譲位し三条天皇が即位したためである。

件童は六月十一日著簡の為に名簿を以ならびに内と東宮に献ぜしむ。東宮は即日簡に付す。内は今月十一日に付すと云々。理須く宮は初め札に付さず、初参を待ちて之に付す也。(93)

とあり、八月十一日、三条天皇が東三条院より新造成った内裏へ移った日に簡に付されている。この日は三条天皇の昇殿人が決められているので、その際童の昇殿人である殿上童も決められ、正式に日給簡に付されたのであろう。(94)童の場合は、内裏への初参以後簡に付すとの規定は、儀式書等に見え、また実際の初参例も多い。(95)

②日給簡

殿上童の日給簡は、前述の『西宮記』等の十世紀中期史料からみえる。日給簡は、殿上の間が設けられ、昇殿制が整備された宇多朝からだろうと推察されているから、(96)童殿上の日給簡も殿上制が成立したと推測される宇多朝に設置されたと思われる。

ところで、殿上童の日給簡の序列について興味深い史料がある。長元八年(一〇三五)五月十六日、関白頼通の賀陽院水閣において、歌合が行われた。後述するように歌合には殿上童が参加し、重要な役割を果たし、なおかつ歌合に彩りを添えていたが、この歌合も準備過程で殿上童が左右に分けられることになった。五月四日、関白第において歌合に参加する方人が左右に分けられた。その後、以下のような会話がなされている。

頭弁〈経輔〉進み申して云はく、殿上人を分かつ時、先例は皆童を分かつ、この度然らざるは如何、就中若君は右(左カ)方が然るべき也。その故は非蔵人右に有り、簡一に付し給ふにより、左に給ふべき也、と者り。右中宮権亮〈兼房〉、即ち進み申して云はく、簡一は東宮亮行任朝臣の子也、若君は二也。しからば、男は已に臈次に任せ分けられ、童は何ぞその次第に違ふやと云々。弁申して云はく、二に付し奉るは失也、法家の申す如くんば、一に付し奉るべき也。仰せて云はく、両方の申すところは、共に理を得ると云ふなり、後に一定すべきとここでは、童たち、なかんずく、若君、すなわち頼通の長男道房をどちらの方人にするかが議論されたが、その際、簡一か二かの議論がなされたのである。この議論は『賀陽院水閣歌合』にもあり、

経輔朝臣、賢郎を方人に為すべき由を進みて申す。この間、右方申して云はく、簡次第に依り定め仰せられるべきかと者り。理非相分れ、許不未だ明らかならず(98)

云々(97)

と記されている。経輔は、「簡の一番に付すべき道房は左方」と主張し、兼房は「実際の日給簡の順番通り先ず一を左に、二番を右にと分けるべきで、二番の道房は右方であるべきだ」、と主張したのである。関白息男を左右が取り合ったのは、権威の象徴としてであろう(99)。家柄が童の価値まで規定している時代背景が見て取れるが、それはさておき、結局は天皇の仰せによって、五月九日に小舎人の左右組分けが決定され、道房は左方になった。

右方君達が来向されて云はく、殿の若君、勅により、左方に給ひ了りぬ、と云々、これを如何せん(100)。九日蔵人藤原貞章を里第に遣はし、藤原道房を左方人と為すべきの由を仰せらる。又自余の小舎人を相分け、左右に賜ふべきなり〈左、源高房。平経章。藤原範定。右源行家、藤原兼宗。源頼綱〉勅定に従ふべきの状奏達了りぬ、と者り(101)。

藤原道房は、源憲定二女との間に誕生した、待望の長男で、当時十一歳だった。残念ながら、左右の小舎人には他の史料との異同があり(102)、しかも年齢が判明する人物は一人もいない。したがって、日給簡の順番は推測できないが、殿上童に任じられた順序による序列と、摂関の子息を最前列に位置する序列との拮抗があり、結局、後者の家柄主義が天皇によって決定されたことが判明するのである。序列について二つの意見が存在すること自体、当初から家柄主義序列ではなく、新しく台頭してきたイデオロギーということができ、童殿上成立当初は、むしろ「任の臈次」による

序列だったと推断できよう。
以後、任順に関係なく摂関家嫡男は、殿上童日給簡の最前列に付された。康和五年（一一〇三）十二月九日、忠実嫡男威徳に七歳で昇殿が聴され、大江匡房によって撰進された名前から一家親族の評議のもとに忠通と決定し、名簿作成、参内、日給簡付与等の一連の儀礼が行われたことが詳細に判明する。[103]その際、日給簡について次のような記述が見える。

五位蔵人為隆簡に付す〈他の童の上に付す[104]〉

蔵人中宮大進為隆、簡に就かしむ〈封しをはり披袋を重ね簡に付し、殿上童の上に付し申す[105]〉

と、すでに任じられている殿上童の上に付していることがうかがえる。十一世紀中期以降、童殿上にも家格主義が徹底したことが名簿順位から明らかになる。

さて、日給簡の名の下には、成人殿上人と同様に、放紙が貼られ、上日が記録され、翌月の朔日には月奏として奏上されていた。[106]少し時代が降るが、長治三年（一一〇六）正月一日、蔵人頭が奏じる殿上月奏には、蔵人頭を筆頭に四十七名の蔵人や昇殿人の前年十二月の上日が記載されているが、最後尾には、

小舎人蔭孫藤原忠通　上日夜无　夜无[107]

と、殿上童だった忠通の上日が記されている。先に見たように、日給簡付与の際、わざわざ他の殿上童の最前列に付すと明記されていることからして、他にも殿上童が存在したと推察されるのに、月奏には忠通しか記されていない（なお、蔵人所に所属し、出納の下で雑用を担当する小舎人は、殿上童とは呼ばれないので、検討外である）。[108]このことは、従来は全殿上童の上日月奏がなされたのに、十二世紀初頭の院政期には摂関嫡男だけになったのか、従来から摂関嫡男だけが月奏の対象だったのか、両者の可能性が考えられるが、決定するに確たる史料はない。ただ、家格主義が後発のイデ

オロギーと推測されることからして、後者の可能性が強いことを指摘しておくに留めたい。

以上、童昇殿の手続きを検討したが、

童昇殿の許可↓名簿作成・奉呈↓蔵人弁奏↓勅許↓蔵人弁↓出納↓宣旨↓小舎人使者↓童参内↓日給簡付与

という手続きによって童殿上が許可され、以後童は殿上童として殿上の間に伺候し得たのである。

2　殿上童の資格

では、殿上の間に伺候を聴される殿上童とは、どの様な階層の子どもたちであろうか。この項では殿上童の資格を検討する事にしたい。

表1は十一世紀中期までの殿上童の一覧表である。小舎人の場合は、殿上童としての小舎人であると推断し得る者だけを摘記した[109]。又、父の位階、役職は史料年を主として表示したが、祖父の場合は最終役職を主とした。この表から知られるのは、まず、童昇殿の際に作成された名簿の記載事項であった蔭孫がほとんどを占めていることである。蔭孫とは、祖父の蔭によって出身する官人であるが、律令の蔭位規定では三位以上の孫が基本的に祖父の蔭位を得られたが、延暦十九年（八〇〇）四月十日の官奏によって、四位まで蔭位を得られることになった[110]。後の『江家次第』でも四位までの孫が蔭孫の中に入っている[111]。童殿上に際して献上された名簿に蔭孫の文言が多く見られたのもその為であろう。十歳前後の童にとって、三十歳前後の若い父の位階より、祖父の位階が高い場合が多かったから、父の蔭位を継承するより祖父の蔭位を利用する方が当然有利であり、従って蔭孫を書くことの方が一般的だったのであろう。

蔭孫ではない童、すなわち四位以上の孫以外は、父が四位以上の場合がほとんどである。延喜四年（九〇四）三月二十四日、天皇の前で童舞を舞ったのは、「大納言国経朝臣之子舞陵王、中納言有穂朝臣之子舞納蘇利」とあった[112]。

表1　殿上童一覧

童の名前	父の名前	祖父の名前	年齢	童殿上史料年月日	行事	史料
藤原繁時	従五上弘蔭	参議家宗	不明	仁和四頃(八八八)	内裏菊合	平安朝歌合大成
小立君	不明	不明	不明	仁和四頃(八八八)	内裏菊合	平安朝歌合大成
藤原忠平	太政大臣基経	贈太政大臣長良	一〇歳	寛平元・四・一九(八八九)	殿上賭射	宇多天皇日記
源敏相	不明	人康親王	不明	寛平元・四・一九(八八九)	殿上賭射	宇多天皇日記
藤原有穂子	中納言有穂	従五上直道	不明	延喜四・三・二四(九〇四)	宇多院仁和寺供養	扶桑略記・西宮記
藤原国経子	大納言国経	贈太政大臣長良	不明	延喜四・三・二四(九〇四)	宇多院仁和寺供養	扶桑略記・西宮記
源蔵俊	不明	不明	不明	延喜一六・七・七(九一六)	庚申	西宮記
源相平	参議当時	右大臣能有	不明	延喜一六・七・七(九一六)	庚申	西宮記
藤原敦忠	故左大臣時平	太政大臣基経	一二歳	延喜一七・二・一五(九一七)	聴昇殿	西宮記
藤原近光	参議玄上	中納言諸葛	不明	延喜一九頃(九一九)		新儀式
源兼光	不明	不明	不明	延長四・三・二六(九二六)	殿上賭射	西宮記
平忠孝	平希世	雅望王―本康親王	不明	延長四・三・六(九二六)	殿上賭射	西宮記
藤原伊衡子	左近衛中将伊衡	中納言長谷雄	不明	延長六・八・九(九二八)	東宮童相撲	扶桑略記
今阿子	右衛門督恒佐	左大臣良世	不明	延長七・一・一四(九二九)	男踏歌	河海抄・李部王記
菖蒲町	従五上平貞文	従四上平好風	不明	延長七・一・一四(九二九)	男踏歌	河海抄
源重信	敦実親王	宇多天皇	一三歳	承平四・一二・二八(九三四)		公卿補任
藤原兼家	中納言師輔	摂政忠平	一〇歳	天慶元(九三八)		公卿補任
在衡息	中納言在衡	従五下有頼	不明	天暦二・三・二〇(九四八)		貞信公記
藤原高光	右大臣師輔	関白忠平	一〇歳	天暦二・八・一九(九四八)		九暦・三十六人歌仙伝
藤原為光	右大臣師輔	関白忠平	一〇歳	天暦五・一・五(九五一)		九暦
橘如信	右衛門佐公輔	不明	不明	天暦七・一〇・二八(九五三)	内裏菊合	歌合大成・九条殿記
藤原佐理	左大臣実頼	関白太政大臣忠平	不明	天暦八前後(九五四)		重之集
藤原伊尹子	参議伊尹	右大臣師輔	不明	天徳元・四・二二(九五七)	師輔五十算賀	記略

藤原為義	元輔	右大臣顕忠	不明	天徳四・三・三〇(九六〇)	内裏歌合	殿上日記
藤原義理	不明	不明	不明	天徳四・三・三〇(九六〇)	内裏歌合	殿上日記
藤原保命	不明	不明	不明	天徳四・三・三〇(九六〇)	内裏歌合	殿上日記
藤原実明	不明	不明	不明	天徳四・三・三〇(九六〇)	内裏歌合	殿上日記
藤原朝光	従四下兼通	右大臣師輔	一〇歳	天徳四・三・三〇(九六〇)	内裏歌合	殿上日記
藤原実正	右大臣顕忠	左大臣時平	不明	天徳四・三・三〇(九六〇)	内裏歌合	殿上日記
藤原延正	従五下安親	従四上中正	不明	天徳四・三・三〇(九六〇)	内裏歌合	殿上日記
平保遠	時経	従五上貞文	不明	天徳四・三・三〇(九六〇))	内裏歌合	殿上日記
藤原景舒	国章	参議元名	不明	天徳四・三・三〇(九六〇)	内裏歌合	殿上日記
藤原宣頼	不明	不明	不明	天徳四・三・三〇(九六〇)	内裏歌合	殿上日記
藤原道隆	少納言兼家	右大臣師輔	八歳	天徳四・三・三〇(九六〇)	内裏歌合	殿上日記
藤原時光	従四下兼通	右大臣師輔	一三歳	天徳四・三・三〇(九六〇)	内裏歌合	殿上日記
藤原元明	不明	不明	不明	天徳四・三・三〇(九六〇)	内裏歌合	殿上日記
源時明	従四下仲舒	正五下当季	不明	天徳四・三・三〇(九六〇)	内裏歌合	殿上日記
藤原朝光	従四下兼通	右大臣師輔	一一歳	応和元(九六一)		公卿補任
藤原実正	右大臣顕忠	左大臣時平	不明	応和元・八・二四(九六一)	駒牽	西宮記
三善興光	浄蔵	参議清行	不明	応和二・八・一六(九六二)	相撲	西宮記
藤原景舒	国章	参議元名	不明	応和三閏一二・二(九六三)	御仏名	西宮記引所村上日記
藤原実資	斉敏・養父実頼	左大臣実頼	一〇歳	康和三・一〇・一(九六六)	臨時奏楽	西宮記・古今著聞集
藤原親光	従四下兼通	右大臣師輔	不明	康和三・一〇・七(九六六)	臨時奏楽	西宮記
藤原正光	正四下兼通	右大臣師輔	一三歳	安和二・八・一三(九六九)		公卿補任
藤原道綱	摂政兼家	右大臣師輔	一五歳	安和二・八・一三(九六九)		公卿補任
藤原道綱	摂政兼家	右大臣師輔	一六歳	天禄元・三・一五(九七〇)	内裏賭射	蜻蛉日記・日本紀略
藤原中清	為雅	参議文範	不明	天禄元・三・一五(九七〇)	内裏賭弓	蜻蛉日記・日本紀略
藤原金剛	河内守景斉	従三位国章	不明	正暦四・二・二九(九九三)	殿上賭弓	小右記
藤原?	摂津守為頼	従五位下雅正	不明	正暦四・三・二九(九九三)	殿上賭弓	小右記

藤原兼綱	兼通・道綱養子	摂政兼家	一一歳	長徳三・七・三〇(九九七)		権記
藤原頼通	左大臣道長	摂政兼家	七歳	長徳四・一一・一九(九九八)		権記・小右記
藤原忠経	道頼・養父道長	摂政兼家	不明	長保元・八・二(九九九)		御堂
藤原兼経	大納言道綱	摂政兼家	七歳	寛弘三・一・一一(一〇〇六)		御堂・小右記
藤原経任	参議懐平	参議斉敏	七歳	寛弘三・二・二〇(一〇〇六)		権記
藤原実経	参議行成	従五下義孝	九歳	寛弘三・三・一六(一〇〇六)		権記
藤原定頼	参議公任	太政大臣頼忠	一六歳	寛弘四・一二・一〇(一〇〇七)		御堂
藤原良経	権中納言行成	従五下義孝	不明	寛弘八・六・一一(一〇一一)		権記
藤原兼頼	権大納言頼宗	関白道長	一〇歳	治安三・一〇・一三(一〇二三)		小右記・権記・左経記・栄
藤原経季	参議経通	参議懐平	一四歳	治安三・九・一二(一〇二三)		小右記・権記・左経記・栄
藤原信家	内大臣教通	関白道長	八歳	万寿二・三・二三(一〇二五)		小右記
藤原範永息	正四下範永	正四下中清	不明	長元六・二・二九(一〇三三)		小右記
大江定経息	正四位下定経	従四下清通	不明	長元六・二・二九(一〇三三)		小右記
藤原兼宗	大納言道綱	摂政兼家	不明	長元八・五・一六(一〇三五)	歌合	高陽院水閣歌合・栄花
源頼綱	正四下頼国	正四下頼光	不明	長元八・五・一六(一〇三五)	歌合	高陽院水閣歌合・栄花
源行家	基任	従四下高雅	不明	長元八・五・一六(一〇三五)	歌合	高陽院水閣歌合・栄花
平経章	前甲斐守範国	行義	不明	長元八・五・一六(一〇三五)	歌合	高陽院水閣歌合・栄花
源高房	行任	従四高雅	不明	長元八・五・一六(一〇三五)	歌合	高陽院水閣歌合・栄花
藤原通房	関白左大臣頼通	関白道長	一一歳	長元八・五・一六(一〇三五)	歌合	賀陽院水閣歌合・左経記
藤原範定	正四下範永	正四下中清	不明	長元八・五・一六(一〇三五)	歌合	高陽院水閣歌合・栄花
藤原敦敏	実頼	太政大臣忠平	不明	不明		西宮記
藤原佐理	実頼	太政大臣忠平	不明	不明		重之集
藤原高遠	参議斉敏	摂政実頼	不明	不明		権記
藤原懐平	参議斉敏	摂政実頼	不明	不明		権記
藤原公任	頼忠	摂政実頼	不明	不明		権記

大納言国経の父は贈太政大臣長良であるから、国経の子は蔭孫であるが、中納言有穂の父は従五位上直道であり、従って有穂の息子は蔭孫ではない[113]。この二人の童は前項で述べたように昇殿を聴されており殿上童である。有穂息の場合は、蔭孫とは記載できないはずであるから、父従三位中納言の「蔭子」と名簿に記載したと思われる[114]。天徳四年（九六〇）三月三十日、天徳歌合に参加した殿上童源時明の場合は、父が従四位上源仲舒であり、祖父は正五位下源当季である[115]。この場合も名簿記載は父の蔭子だったと思われる[116]。

以上、昇殿を聴される殿上童の階層は、祖父が四位以上だった蔭孫か、もしくは父が主として四位以上の蔭子といえよう。かかる階層は、殿上の間への伺候が許された殿上人に重なる。すなわち、殿上童は、天皇側近として奉仕し、公卿の予備軍でもあった殿上人の子弟のみに聴された特権だったと思われる[117]。これは、九世紀の五位クラスの文人官僚の子弟が元服以前から天皇に侍奉していたのと大きく相違する点である。十世紀以降、中下級官人層の子どもは、幼少から公卿層への道程を断ち切られていたのである。まさに、貴族層としての家格形成過程における第一段階であった。子どもの貴族化である。

さて、では蔭孫と蔭子であれば、全ての童に昇殿が聴されたのであろうか。

寛仁三年（一〇一九）二月十六日、藤原資平息資基の元服儀が資平宅において行われたが、前日資平が実資のもとに来訪し、以下のように述べている。

左中弁経通・資平元服の時、行成卿蔵人頭たるに蜜々御冠を下し送るなり。彼の例を思ひ、頭弁経通に示して云はく、両人元服の時御冠を下すこと、已に覚うる所なり。仍りて昨日御冠を下し送るなり。あるいは云はく、昇殿者には御冠を下し給ふ、と者り。然れども両人昇殿せず、彼の時猶御冠を下す、其の例はなはだよきと者り[118]。

昇殿者が元服する時天皇から下賜される御冠を、昇殿が聴されていなかった経通と資平の元服の際、蔵人頭だった行成が、密かに送ってくれたので、今回も蔵人頭経通に言って御冠を密かに送ってもらうことになった、という。元服以前の昇殿者とは、殿上童をさすことは、縷々述べてきた所である。殿上童が元服をする時天皇から御冠が下賜されることは後述するが、経通・資平と、前項名簿記載事項を検討した際提示した『権記』寛弘三年十一月二十日条で列挙された童殿上の人物、高遠・実資・懐平・公任の関連人物を系図にすると左記のような図になる。線で囲った人物は殿上童だったことが史料から明らかになる人物である。図中の敦敏は『西宮記』殿上童元服事例の一つに列挙されており、[119]佐理は「三位の大弐は、故小野宮の大殿の御子なり、わらはより殿上なとし給ひけり」[120]から、童殿上が確認できる。では、経通が殿上童でなかったのはなぜなのだろうか。経通は、天元五年（九八二）に出生、父は懐平、祖父は斉敏であり、斉敏は康保四年（九六七）に参議になり、天延元年（九七三）四十六歳、従三位で薨じているから、経通は蔭孫である。[121]童殿上を聴される資格は持っていたと思われるのに童昇殿者ではなかった。ただ、経通は永祚元年（九八九）正月七日、九歳で叙爵しており、したがって殿上童として内裏に参入する期間がなかったからと推定される。[122]資平は経通の同母弟であり、実資の養子になるが、これも蔭孫であり、長徳三年（九九七）正月七日十二歳で叙爵するとき、養父実資はすでに従三位中納言である。

　こうしてみると、昇殿を聴される資格を持つ童でも全員が殿上童になったのではなく、時と場合によったと思われる。その選択基準については今後の課題としたいが、先の行成息良経にしても、八月十一日に日給簡が付され、八月二十三日には元服しており、童殿上としての実際行動はまったく行っておらず、

図1

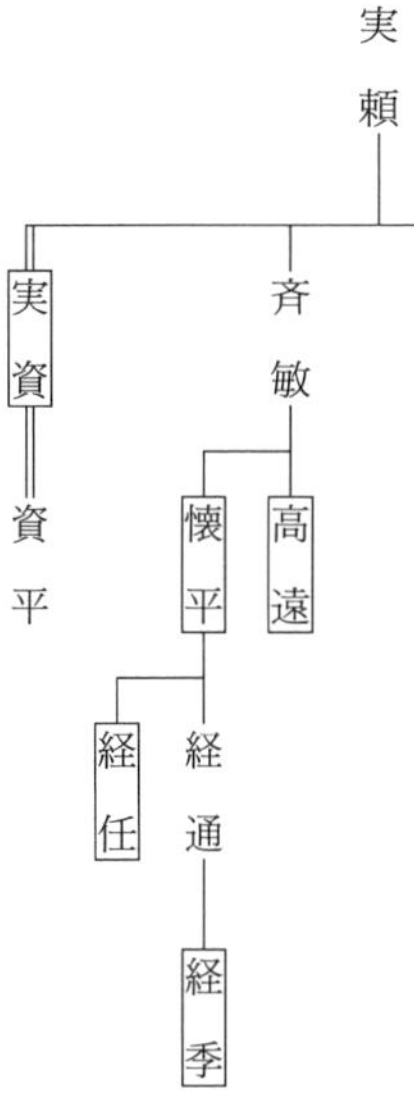

元服に際して、天皇から御冠や衣服等の下賜という特権を得るために名簿が提出された、短期的殿上童であった。これは殿上童制が「貴族子弟の見習い」だけであった訳ではない証左になるが、具体的任務や成立背景とも関わる点であるので、項を改めて検討したい。

3 殿上童の任務

昇殿が聴されて殿上童になると、日給簡が付され、殿上の間に伺候する事が可能になる。さらに様々な年中行事への参加が可能になる。四月の灌仏会への列席は既に指摘したが、儀式書等によると、上野諸牧駒牽[123]、天皇等の御賀等の儀式へは、以下に述べる童舞や算刺等の任務記載ではなく、「列立」等の参加が記載されている。さらに、『西宮記』の服装規定では、次のように規定されている[124]。

童子、青赤色の外、元三日・十六日の間、黄衣を着す〈黒半臂〉。除・節会・行幸・初参〈三日〉・相撲召合の日は総（角）を着す〈或いは総結の形は無し〉（下略）[125]。

この「童子」は、黄衣の項に、「無品親王・孫王・〈綾源氏〉・及び良家の子孫の弱冠の者、これを着す[126]」とある事とも勘案すると、「良家の子孫の弱冠の者」すなわち殿上童と考えて良く、したがって、殿上童たちは元旦の節会から、行幸等でも参加し得る資格を持っていたと言うことができる。

では、儀式等に参列する以外の具体的任務は何であったか。前掲の童殿上表に分類した行事で、一番多いのは内裏での歌合である。大変著名で史料も残存している、村上天皇主催で天徳四年（九六〇）三月三十日に行なわれた清涼殿歌合における殿上童の分担をみてみる事にしたい[127]。

右方（中略）小舎人藤原実正、金銀花柳枝を執り玉砌の傍らに下し居う〈員指なり〉。次いで小舎人二人〈藤原実明、三善興光、総じて三人皆青色柳襲を著すなり〉、員指州浜を担ぎ、実正の前に置く（中略）左方（中略）小舎人藤原宣頼、紀延方等〈皆赤色襲を著す〉砌下において伝へ取り、員指の座の前に置く。[128]
そののち殿上童しろかねこがねのふちのおりえだをとりてかずさすすべきすはまをわらは二人かきてつつきたり[129]
殿上小舎人小庭刺算の座に著す[130]
かすさしの殿上わらははこかねのやなきのえたをとりて[131]

「小舎人」は「殿上小舎人」とも表記されているから、殿上童である。殿上童の重要な役割は、先ず洲浜を所定の場所にかついで来て据える役であり、もう一つは「算刺（員指）」である。本来の設営は「当日早旦、蔵人所雑色以下参上し、御装束を供奉す[132]」とあり蔵人所で設置するが、歌合開始に際して天皇の召しに応じ童女が地敷を持参し、其の後、小舎人たちが洲浜をかついで持参し、算刺座の前に置くのである。右の小舎人は青色柳襲、左の小舎人は赤色柳襲を着ており、左右各組の色の対照が鮮やかであり、金銀で出来た洲浜を、着飾った童たちが会場に設営することで華やかな彩りを添えたのであろう。前述の仁和四年頃の宇多天皇内裏菊合には、「殿上童小立君を女につくりて花に面かくさせてもたせたり[133]」とあり殿上童を女装させている。各儀式における殿上童の役割として、華やかな演出、彩りも重要な要素だったのである。

つぎに、算刺とは、員刺・員指・員差・籌刺とも書かれ、竹の矢を刺して数を数える事をいい、左右一人ずつおかれ、各勝ち数を計算する役である。[134]「員指なり」と記述されている小舎人藤原実正は、翌年応和元年（九六一）九月十日、

本殿において、後院小笠原御馬を覧じ、親王及び右大臣子小舎人実正に賜ふ[135]

と史料に見える右大臣顕忠の子息である。[136]年齢等一切不明であるが、天徳歌合の参加殿上童では父の官職が一番高い

ようである。参加した殿上童の名は、写本によって少しづつ相違しているが、比較精査した萩谷朴氏の研究成果を参照に確実な人名を挙げると次のようになる。(137)

左　平保延・生没不明、父主殿頭時経（左方人）、祖父故従五位上定文。源時明・生没不明、父右少将仲舒、祖父従四位下当季。藤原道隆・八歳、父正五位上少納言兼家（右方人）、祖父右大臣師輔。藤原景舒・生没不明、父国章、祖父参議元名。藤原時光・十三歳、父従四位下中宮亮兼通、祖父右大臣師輔。藤原為義・生没不明、父従四位下右中将元輔（右方人）、祖父大納言顕忠。藤原宣頼・伝不詳。紀延方・伝不詳。

右　藤原実正・生没不明、父大納言顕忠、祖父故左大臣時平。藤原朝光・十歳、父従四位下中宮亮兼通、祖父右大臣師輔。藤原元明・伝不詳。藤原保名（命）・伝不詳。藤原実明・伝不詳。三善興光・生没不明、父浄蔵、祖父故参議従四位上清行。藤原義理（能正）・伝不詳。藤原延正・生没不明、父従五位下摂津守安親（右方人）、祖父従四位上中正

以上の左右各八人の殿上童が参加していたと思われる。その中で右の算刺を勤めた藤原実正の父が大納言で最高官位者である。残念ながら実正の年齢が不明であるので、殿上童のうち最高年齢者がなるのか、或いは父や祖父の地位が最高位ゆえに分担するのか不明であるが、いずれにしても、身分の高い子息の殿上童がその役務を果たすことは確実であろう。金銀財宝で象られた洲浜を前に、着飾った高位貴族の子息が、算刺を務めたのである。長元八年（一〇三五）五月十六日に行われた、賀陽院水閣歌合でも、「小舎人平経章〈二藍の指貫、赤色の細長を着す〉（中略）左方員刺小舎人平経章、右方員刺義清着座」(138)、「童を召して員指となす」(139)とあり、殿上童である小舎人が務めている。

歌合に参列した他の殿上童たちの任務は不明であるが、歌合の場の華やかな彩りになったことは間違いないであろう。

ところで、算刺は、内裏での御遊的競技では不可欠の存在であり、他の場合でも殿上童が務める事が多かった。儀式書に挙げられるのは、まず殿上賭弓である。『西宮記』殿上賭射には

籌刺着座〈多くは童を用ふ（後略）[140]〉

と注記されており、『侍中群要』には

前後判籌、籌矢を取り着座〈（前略）若しくは殿上小舎人之を用ふ[141]〉

と、殿上小舎人を用いる事を明記している。相撲節でも同様で、応和二年（九六二）八月十六日、滝口での相撲では、「籌刺殿上小舎人」とある[142]。どの御遊でも美しく着飾った童が、矢を数えている光景がうかがえる。蔵人などが果たす場合もあるから[143]、成人していない童が「聖なる存在」などの象徴的記号的な意味を持ち任務を遂行したわけではけっしてなく、儀式の彩りと考えるべきであろう。

この意味では、正月踏歌後宴に、天皇が矢を射る際、「殿上小舎人御矢を取り[144]」とある殿上童の役務なども華やかで可愛い彩りであろう。

さて、もう一度表1に立ち返ってみると、殿上童の役割で最も注目されるのは、童舞である。これも御遊的儀式の場合に多い。『新儀式』「天皇上皇の御算を奉賀する事」では、

音声を発して舞童進む。御厨子所御肴を供す。舞訖りて、舞童に禄を給ふに差あり〈納言已上の子、綾紫色小掛、参議已下の子、絹紫色小掛、親王もし舞童の中にあらば、舞了はらば即ち殿上に召し、或いはその師に別に禄を給ふ。又或いは納言已上の子召しありて殿上に候ず（後略）[145]〉

と童舞が詳細に記載されている。実際の算賀でも殿上童が舞っている史料は多い。御賀での童舞の初見は、元慶六年（八八二）三月二十七日、陽成天皇が清涼殿で「秘宴」を設けた、皇太后高子の四十算賀であるが、

童子十八人遞出し、殿前で舞ふ。宴より先、二十ばかりの日、五位以上の容皃有る者を撰び取り、左兵衛府において舞を習はしむなり。貞数親王は陵王を舞ふ。上下観る者感じ涙を垂る[146]

と、五位以上の子息で容貌の良い童が選ばれ、童舞を舞っている。五位以上とは、第一項で検討したように殿上童の資格を持つ童たちが含まれる。前述したように、この時は未だ殿上童との名称は無かったと思われるが、いわゆる貴族以上の子どもが算賀に童舞を舞ったのは九世紀までさかのぼるとしてよかろう[147]。

村上美紀氏は、「一条朝までは、舞が奏された記録のある算賀が七例あるが、宴の場で舞が奏されており、そのうち五例は童舞である[148]」とされているが、一条朝までの算賀で、童舞が行われたのを列挙すると以下のようになる。寛平四年（八九二）三月十三日、宇多天皇が常寧殿において、中宮班子女王の六十算賀を行った時、「良家総角の者に命じ舞人とな」している[149]。延喜十六年（九一六）三月七日、醍醐天皇は、宇多法皇の五十算賀を行っているが、「童親王及び五位以上の子を舞人と為す[150]」とあり、この場合も童親王と並んで記載されていることから童としてよいであろう。いずれにしても童舞が奉じられたことは確かである。承平四年（九三四）三月二十六日、朱雀天皇が皇太后穏子の五十算賀を常寧殿で行ったが、二十人もの童が童舞を舞っており[151]、同年十二月九日、左大臣忠平が行った際にも「殿上童、舞を奏する」とある[152]。承平七年（九三七）十二月十七日、陽成上皇の七十算賀が行われたが、「童舞五人」の記事が見える[153]。天徳元年（九五七）四月二十二日、女御藤原安子が父右大臣師輔の五十賀算を行い、天皇も列席したが、このときには「大臣嫡孫小童舞を奉仕〈伊尹朝臣の子〉」とあり[154]、童舞が奏されている。先の皇太后高子の例も入れると、村上氏の指摘する一条朝以前の七例の内、六例は童舞なのである。算賀には童舞が不可欠だったといえよう[155]。

童舞は、他の年中行事の中でも重要な役割を果たす。前述の御遊的行事の宴で、童舞が舞われることは多い。算刺の役目を果たす殿上賭弓でも、童舞が華やぎを添える。『侍中群要』の殿上賭弓には次のように記されている。

勝方舞を奏す、もし勝負なくんば即ち各之を奏す〈各方の中、少将予め本府に仰せ、件の楽を設け令む。或いは殿上小舎人を以て舞人と為す〉[156]

この文には「式」と注記があり[157]、十世紀中頃には勝方が奏する舞は、「殿上小舎人」が舞う規定だった。『西宮記』や『北山抄』における舞楽については荻美津夫氏の検討があり、他の勝負舞と同様、殿上童によって龍王（陵王）と納蘇利が舞われる規定だった[158]。延長四年（九二六）三月六日、行われた殿上賭射では、前方は羅陵王を「小舎人平忠孝」が、後方は納蘇利を「小舎人源兼光」が舞っており[159]、引き分けだったのか前後とも童舞を奏している。十世紀初頭から殿上童が舞っているのが確かめられるから、殿上賭弓が始まった頃から童舞ではなかったかと思われる。正暦四年（九九三）三月二十九日の殿上賭弓では、前方が勝ち、摂津守為頼の子の「殿上小舎人」が龍王を舞っている[160]。実際にも「殿上小舎人」が童舞を分担している記事は多い。

他にも、童相撲[161]、御庚申[162]、外国からの賓客接待[163]、踏歌[164]、臨時楽舞[165]、行幸時等[166]、童舞は宴において極めて重要な役割を果たしている。童舞については別に詳細に検討する予定である。

童舞以外にも、殿上童は、様々な儀式に参列している。殿上賭射では矢を射り[167]、大酒器を泉に擬して仙室を象った山洞中に置くという趣向を凝らした御仏名では、「小舎人景舒」が醴泉を施す役をしている[168]。小舎人景舒は、参議元名の孫であり[169]、天徳四年の歌合にも列席しており、殿上童と考えてよい。

こうしてみると、昇殿を聴された殿上童は、成人の殿上人と同じく年中行事に参列でき、身を以て未来の殿上人としての見習いをする期間であった点は間違いない事実といえよう。では見習いだけであったのか、節を改めて考えてみたい。

三　殿上童の意義

1　殿上童道綱

宇多朝に成立した童殿上制によって撰進された殿上童は、十世紀には賭弓や童相撲等の年中行事や歌合、御遊等に、華やかな装束を身につけ参列した。では、特定の童たちがこのような任務を果たす背景にはどのような意義があったのだろうか。まず、貴族たちにとっての童殿上意識を探ってみる事にしたい。

天禄元年（九七〇）三月十五日、殿上賭弓が行われた。[170]

今日殿上賭弓、天皇出御す。親王以下参入、楽を奏す。兼家卿息の童舞の態已に骨法を得たり、よりて主上紅染単衣を給ふ。[171]

この日の賭弓では、兼家の息男童が舞ったとあるが、この息男は道綱である。十五日前後の道綱の童舞をめぐる喧噪は、道綱母が『蜻蛉日記』に生き生きと描写している。

三月十日のほどに、内裏の賭弓のことありて、いみじくいとなむなり。幼き人、しりへの方にとられて出でにたり。「方勝つものならば、その方の舞もすべし」とあれば、このごろは、よろず忘れて、このことをいそぐ。舞ならすとて、日々に楽をしののしる。（中略）十日になりぬ。今日ぞ、ここにて試楽のやうなることとする。（中略）また、十二日「しりへの方人さながら集まりて舞はすべし。ここには弓場なくて悪しかりぬべし」（中略）その日になりて、まだしきにものして、舞の装束のことなど、人いと多く集まりて、し騒ぎ、出だし立てて、また弓の事を念ずるに（中略）内裏よりはやがて車のしりに陵王も乗せてまかでられたり。ありつるやう語り、わが面をおこしつること、上達部どものみな泣きらうたがりつることなど、かへす〳〵も泣く〳〵語らる。（中略）その夜も、後の二三日まで、知りと知りたる人、法師にいたるまで、「若君の御よろこびきこえに〳〵」とおこせ言ふを聞くにも、あやしきまで嬉し。(172)

この賭弓は、『蜻蛉日記』中巻の中で、随一の華やかな明るい記事である。東三条殿が完成しても迎えてはもらえず、暗鬱な日々を送る道綱母にとって、心弾む愛児の晴れ舞台であり、夫兼家に息子のがんばりを認めさせる機会ともなった。(173)道綱は、前年の安和二年（九六九）八月十三日、円融天皇即位の日に、十五歳で童昇殿が聴されていた。(174)その道綱が、三月十五日の賭弓の後手組の射手に選ばれ、勝った場合、勝舞の童舞をも舞うことになった。道綱は弓や舞の練習に連日精を出し、十日には、道綱母の邸宅で予行演習の「試楽」が行われ、舞師の多好茂が侍女や男連中からこぞって衣服を与えられている。「殿は物忌なり」との連絡で兼家は来てはくれなかったが、「をのこどもはさながら来た」もので作者も気を良くしている。十二日には後手組が集まって、兼家の東三条殿で舞の練習をする。その日兼家は道綱を送って来て、作者の帳に入ってきて、舞がいかに上手かと話す。当日、道綱は射手としても的を当てることが出来、その結果負けていた後手は盛り返し、結局引き分けになった。「まづ陵王舞ひけり。それも同じほどの童にて、わが甥なり」と、作者の甥の中清は先手組の童として陵王を舞い、後手の道綱は納蘇利を舞った(175)のである。

道綱の舞いは、『日本紀略』にも記載されるように、「骨法」に則った出来の良い舞だったようである。天皇からの紅衣下賜は、作者にとっても誇らしい出来事だったのであろう。作者よりも、父兼家の歓喜に注目したい。「泣く〳〵語った」文にはもちろん文学的誇張はあるにしても、手放しの喜びは、間違いあるまい。さらに、多くの人が道綱の喜びを言上した、とあるのも父母のみならず、貴族社会にとって、童舞と天皇からの御衣の下賜が、如何に晴れがましい出来事か想像出来よう。兼家は正三位中納言四十三歳であり、兄の伊尹は右大臣、従兄弟の頼忠は権大納言、競争相手は犇めきあっていた。殿上賭弓にも当然列席していたであろう。その中での天皇からの誉め言葉と御衣の下賜、しかも童舞は列席者が納得する出来映えであった。

ここでは、まず、殿上賭弓という天皇出御の行事に参加できること、そこで優秀な成績を上げ天皇から御衣を下賜されること、これが童にとっても、その父にとっても重要であったことがうかがわれる。天皇からの衣服の下賜は、王権への帰属意識を強化し特権の授与であったとされる。(176) 官人以前の童段階で、居並ぶ公卿や他の殿上人の前で、天皇から特権を授与されることは、まさに天皇の権威を背景にした貴族社会での地位の上昇・安定化であり、将来の朝廷内での転昇を約束するであろう。

こう考えると、長保三年（一〇〇一）十月九日、天皇行幸のもとで行われた東三条院の四十算賀の時、龍王は嫡妻腹頼通が、納蘇利は次妻腹頼宗が舞ったが、頼宗の納蘇利は「極めて優妙なり。主上感ぜしめ給ふの気有り、上下感嘆し、涙を拭ふ者衆」かったため、天皇が頼宗の舞師多吉(好)茂に栄爵を与えたことに対し、道長が「忿怒」した事(177)の意味も容易に推察し得よう。実資は、

龍王は兄なり、既に愛子にして、中宮の弟、当腹の長子なり。納蘇利は外腹の子、その愛猶浅し、今、納蘇利の師賞せらる。よりて忿怨するところと云々(178)

と伝聞を伝えてくれているが、道長にとって、嫡妻長子と次妻腹男とが同時に天皇や殿上人の前で舞った時、実質的な舞の出来如何ではなく、道長の直接的後継者である嫡妻長子が、権威と栄誉を披露されなければならなかったのである。ゆえにこそ、嫡妻長子頼通が七歳で内と東宮に童殿上を聴されたのに対し、次妻頼宗は、内の童殿上がこの算賀頃であり、東宮への童殿上は十三歳でやっと聴されたのである。(179) 嫡妻腹と次妻腹の子どもの待遇の相違も、家筋成

立過程における歴史的一過程であった。

ところで、先の道綱は、同年七月末、相撲召合に参加している。

おほやけに相撲のころなり。幼き人まゐらまほしげに思ひたれば、装束かせて出だし立つ。「まづ殿へ」とてものしたりければ、車の後に乗せて、暮には、こなたざまにものし給ふべき人の、さるべきに申しつけて、我はあなたざまにと聞くにも、ましてあさまし。(180)

相撲節会に参加出来たのは、殿上童だったからである。父兼家と同車して参内することにも、父の官職等威勢の継承という意義も込められているのであろうか。ただし、帰りは同じ方向に帰宅する人の車に道綱を託し、翌日も、「昨日のごと、まいるままに、えしらで」、父兼家はあまりかまってくれず、帰りは蔵人所の雑色に送り届けさせている。既に夫婦の仲は大きく亀裂が入っており、道綱を作者の家まで直接送り届けてくれなかった。作者のほのかな期待は裏切られ、いっぽう、道綱は父母の仲を再確認し悄然としている。しかし、帰参ではなく、参内の際に同車することこそ意義があったのではないだろうか。

天皇の出席のもと、全官人が参列していた古代的儀礼構造を象徴する相撲節会は、十世紀以降、天皇と王卿を観覧者とし、近衛府が相撲人を率いて奉仕する行事へと変容するとされる。(181)公卿や殿上人たち貴族が特権的に朝廷儀礼に参列するのである。かかる特権的朝廷儀礼の場へ、童段階で参列出来得ることこそ特権的童を示すものと考えられ、父の政治的威勢を伴い参内することにも早期からの特権付与が見て取れる。

いづれにしても、道綱の童舞や相撲節会への参列等から、殿上童が、王権の権威を背景に、祖父や父の政治的威勢をより早く身につけ、成人後の上昇を確実にすることに大きな意義が推察されるのである。嫡妻腹と次妻腹の子どもの昇進に差別が始まっていても、同腹の場合、長子が優位であっても、兄弟はさほど序列の差はなかった。ゆえにこそ、祖父―父―子への家筋を確実にし、家格を作り上げていくこの時期、童からの王権への接近は、家の確立過程の一時期にとって極めて重要だったと思われる。

2　殿上童の元服

殿上の間に昇殿を聴される殿上童の意義を考察するとき、最も興味深いのは、元服儀である。殿上童の元服が儀式書に登場するのは、第一節でも指摘したように、『新儀式』である。天皇元服の際には、「殿上小舎人等、同じく加冠者あり」と規定され[182]、これは『西宮記』でも、「殿上童便所において元服を加え、御前に召し、禄を給ふ〈黄衾一条、公卿子孫は御衣〉」[183]とされている。この「便所」とは、承平七年（九三七）正月四日に挙行された朱雀天皇元服儀において、「殿上童子等に仰せ、各々禁中便所に在り、元服を加へしむ、合はせて六人なり。夜に入り、御前に召し、禄を給ふこと差あり〈公卿息二人御衣、其の外、黄衾一条〉」[184]とみえ、「禁中」すなわち内裏の空間である。天皇元服と同時に、内裏で元服し、成人となった天皇に召され、禄を賜り、最高礼の「拝舞」[185]を行うのである。天皇と同日の成人儀、天皇との対面は、当然ながら今後の昇進にとってじつに有利な位置を占めよう。残念ながら天皇と同日元服を果たした童の名前は不明であるが、朱雀天皇の時は六人[186]、円融天皇元服の際は四人[187]、後一条天皇は一人[188]と殿上童の存在が史料から確かめられる。

さらに、『新儀式』には、以下の規定がある。

殿上小舎人元服を加へる事

殿上童に元服を加ふるは、孫廂の南第一間に菅円座を鋪き座となす。侍臣一人を召し、其の理髪となし、事をはれば退下す。装束を改め換へ、仙華門より庭中に参入し、拝舞し退出す〈雨湿は仁寿殿西砌下において拝舞〉南長橋下において召し還し、禄を賜ふ。更に庭中に到り拝舞し退出す。〈(中略)又、私第において元服を加え参入の時は、拝舞禄を賜ふこと、これに同じ(後略)〉[189]

殿上童は、内裏の清涼殿の孫廂で元服を挙行でき、天皇の侍臣が理髪の役を行い、元服儀が終了すると、成人装束で天皇と対面し、禄を賜り、拝舞を行うことになっており[190]、天皇御前での元服儀である。私第で元服を行った場合も、殿上童は参内し同様な処遇を受ける。『西宮記』では、「私家に於て元服を加へ参入の時〈禄拝舞〉、御前に召し参上す[191]」と明記されており、同様な特権であった。実際には清涼殿での元服儀のみならず、天皇が引入の役を担った藤原仲平[192]元服の例、加冠役を行った公任元服の例[193]等がある。

さらに、第二節で述べたように、十一世紀初頭には「昇殿者には御冠を下し給ふ[194]」慣例が成立していたが、私第での元服に際しては、天皇から冠の下賜が行われるようになる。これは、清涼殿や内裏便所での元服の際、天皇から冠が下賜される慣行を背景に成立したのではないかと推察されるが、儀式書にはない[195]。元服における天皇からの御冠下賜については、拙稿で検討したが[196]、本章に関連する史料を再論すると、まず、私第元服儀での御冠下賜は、天暦六年(九五二)十二月二十八日、源高明息元服儀に「右相(藤原師輔)内裏に奏し、御冠を下[197]」した記事が管見では初見である。以後、寛弘八年(一〇一一)八月二十三日、行成の息良経元服に際し「小舎人秋成、御冠を持ち来向す〈先日頭弁に示す也。例により疋絹を給ふ[198]〉」例等が見える。

なお、この天皇からの御冠下賜で興味深いのは、天皇からの御冠下賜を望めない中下級貴族は、摂関や公卿層等、各自が奉仕する主人から元服に着用する冠を貰う慣例が出来ていることである。たとえば、長和元年(一〇一二)十二月二十五日、藤原斉信養子、源俊賢子、源経房子、藤原兼隆子の四人が元服したが、道長は四人の親から「笏と冠」を乞われたので、「朝服一襲、冠等各送」、経房子だけは元服叙爵されておらず無位の黄衣が、外は五位の朝服が冠に添えられている。[199] 殿上童ではないので天皇から冠をもらえず、臣下の統括者としての道長にそれを所望しているのである。さらに、長和二年（一〇一三）正月二十六日、高遠男で実資の養子になっている資高が実資第で元服をしたが、冠は「予の冠なり」[200]とある。

ではこの天皇からの御冠下賜は、元服者たち、あるいは親達にとってどの様な意義があったのであろうか。前掲のように、童昇殿を聴されていなかった実資養子資基の元服には、蔵人頭経通によって密々御冠が送られていた。[201] 長保二年（一〇〇〇）十二月十三日、行成宅で行われた従兄弟成房舎弟薬寿の密々の加冠でも「左府に申し、御冠を此の料に充て」ている。[202] 長久二年（一〇四一）二月二十日には、伊勢斎宮から斎宮乳母子が上京し、蔵人頭資房宅で元服したが、「冠は内の御冠を下し申すなり」とあり、しかも頼兼が伴って「密々参内し了りぬ。内々に三位曹司辺りに到り、主上密々御覧すべきなりと云々」とあり、後朱雀天皇は所生の斎宮良子内親王の乳母子の元服姿に対面している。[203] 斎宮乳母子クラスにとってはなおのこと天皇からの御冠下賜と対面は大きな意義があったのであろう。ところで、『今昔物語集』二十八巻第四十三話には、大納言道綱の家人内藤が、ネズミに齧られた烏帽子の替わりにと主道綱から貰った冠を同僚達の前で、「寺冠・社冠ノ得テセムヤハ、一ノ大納言ノ御旧烏帽子ヲコソハ、給ハリテセメ」と自慢した話が載っている。主からの冠を頭に着けることを誇る心性が見て取れよう。主からの命名と同時に冠の下賜はまさに主従関係強化や主との可視的関係の表示として認識され始めていたのである。元服儀にとって重要な象徴的モノとしての冠を媒介に重層的な主従関係が見て取れるのである。この歴史的発展の上に中世の擬制的烏帽子親子関係を媒介にした主従関係の強化が確立するのであろう。

私第で元服する殿上童は、初めて着る成人衣服を身に纏い、参内し、天皇との対面を行う。御前に召されると天皇から禄が下賜されるが、これもまた、殿上童にとって貴重なモノであった。承平五年（九三五）十二月二日、源重信十四歳は、「御前に召し御衣一襲を給ふ〈青色〉」と、天皇から御衣を下賜され、関白兼通の息用公も、元服後参内し、御衣を賜っている。[205] 七歳で童殿上を聴された頼通も、長保五年（一〇〇三）二月二十日、枇杷殿で元服した後参内し天皇に慶賀を申し、御衣を下賜されている。[206] 摂関家の嫡妻長子にとっても天皇との対面は、王権との人格的主従関係を可視的に表象する貴重なパフォーマンスであり、御衣の下賜は象徴的モノであった。[204]

おわりに

九世紀から十一世紀中頃までを主たる対象に、昇殿が許される童、すなわち童殿上制の成立と役割、さらに意義等を考察してきたが、まずはまとめてみる。

(1) 九世紀以降天皇の周辺には、元服以前の童が侍奉していたが、彼らは、天皇やキサキたちの親族、あるいは文人の子弟たちであり、親たちは五位クラスの中下級官僚が多かった。

(2) 宇多朝に侍臣の再編としての昇殿制が整備され成立したのに対応して、従来から天皇に侍奉していた童を再編・制度化した童殿上制も成立したと見られ、以後は蔭孫と四位以上子に限定されるようになる。いわば子ども達の貴族化が成立したのである。

(3) 殿上童の手続きは、まず童への昇殿許可が口頭で知らされると、名簿が作成され、蔵人を通じて天皇に奏上される。名簿奉呈である。正式に天皇の許可が下りると、宣旨が作成され、童殿上装束を調えた童は参内し、天皇と対面し、童の名前が日給簡に付される。童からの名簿奉呈は王権との主従関係を強化する。

(4) 殿上童は、朝廷で行われる年中行事への参加が聴され、しかも算刺、童舞等儀式にとって華やかさを添える任務が課されていた。

(5)　童殿上制は、童たちの見習的教育的要素のみならず、天皇や殿上人列席のもと開催される儀式において童舞等の任務を果たすことで、父や祖父の政治的威勢を誇示し継承する示威行動であり、天皇からの御衣等の下賜は、王権への帰属意識を強化するとともに特権の付与であり、主従関係の確認・強化であった。これが殿上童の元服における御冠下賜にもうかがえた。

すなわち九世紀末にはじまる殿上童制は、四位以上の貴族階層の子どもたちが、天皇と同じ空間を共有でき、しかも御衣や御冠下賜等を通し、王権への帰属意識を強化されることで、祖父−父−子と継承される身分的特権を早期から取得し、誇示するためのものであり、家筋ラインの強化・安定化と対応している。十世紀から十一世紀中葉、いわゆる王朝社会はまさに殿上童たちの時代であった。家格の上昇と定着にとって童期の朝廷出仕は大きな意義をもったのである。だからこそ、家格がほぼ相対的に固定化した院政期になると、もはや童殿上は意義を失い、ゆえにこそ摂関子弟のみに儀礼的象徴的に残存するのみになるのであろう。貴族宮廷社会の変化が子どもに、より端的に表象されるのである。

以上、たいへん大まかに童殿上制について史料分析をくわえてきた。ただし、小舎人・御蔵小舎人と殿上童・殿上小舎人との相違、童舞については別稿を用意しており(207)、また、仁和四年段階で十人と人数制限された殿上童の実態はどうであったのか、昇殿が聴される童の人数の変化は如何なるものであったのか、天皇と東宮のみならず、院や女院にも大人の昇殿人と同様に童殿上が決められるがその実態等、のこされた課題は多いが、今後のさらなる分析を加えたい。

さらに、院政期になると、七歳で昇殿が聴され、名簿を奉呈する儀式は、摂関やそれに準ずる童のみになり、他は算賀等で天皇御前で童舞を行う童が聴され殿上童になるように変化していく。院政期以降の殿上童の考察も今後の課題である。

注

（1）史料纂集『権記』（以下同書より）長徳四年十一月十九日条。
（2）増補史料大成『中右記』嘉承二年四月十日条。
（3）飯沼賢司「人名小考」（『荘園制と身分制』東京堂出版、一九八四年）、同「女性名から見た中世女性の社会的地位」（『歴史評論』四四三号、一九八七年）。
（4）IIの第二章。
（5）高橋秀樹「京の子ども、鎌倉の子ども」（『鎌倉』七四号、一九九四年）。なお、加藤理『「ちご」と「わらは」の生活史』（慶応通信㈱、一九九四年）では、童殿上のことを論じているが、先行研究をほとんど検討しておらず、史料も文学作品の事例を何例かあげるだけであり、詳細な分析ではない。一般向けと思われるので、本章では詳細な批判は行わない。
（6）摂関家の正妻と次妻腹の子どもの昇進等待遇が大きく相違する点については梅村恵子氏の「摂関家の正妻」（『日本古代の政治と文化』吉川弘文館、一九八七年）が詳細に検討されている。ただし、童殿上に関して正妻腹と次妻腹の待遇差の指摘はない。
（7）『大日本史料』第二編之四、長保三年十月九日条。算賀については、村上美紀「平安時代の算賀」（『寧楽史苑』四〇号、一九九五年）参照。
（8）古瀬奈津子「昇殿制の成立」（『日本古代の政治と文化』吉川弘文館、一九八七年）。
（9）今正秀「王朝国家宮廷政治の編成原理」（『歴史学研究』六六五号、一九九四年）。
（10）拙著『家成立史の研究－祖先祭祀・女・子ども』（校倉書房、一九九一年）。
（11）弥永貞三「菅原道真の前半生」（『日本人物大系』第一巻古代、朝倉書店、一九六一年）。なお菅原道真については、川口久雄『平安朝日本漢文学史の研究』（上三訂上、明治書院、一九七五年）参照。菅原道真三代の父祖については、坂本太郎著作集第九巻『聖徳太子と菅原道真』（吉川弘文館、一九八九年）等を参照。
（12）当時史料からして、少年は元服以前の子どもと思われる。

(13)『一代要記』、角田文衛『日本の後宮』(学灯社、一九七三年)等参照。
(14) 藤原有貞については、角田文衛「小野小町の実像」(『王朝の映像』東京堂出版、一九七〇年)。西山良平「王朝都市の王権と《色好み》」(『日本史研究』三六四号、一九九二年)参照。
(15)『続日本紀』延暦四年十一月二十五日条。父種継は桓武天皇に信任されていたが、同年九月二十三日射殺され、二十四日には、贈正一位左大臣が贈与されている(『続日本紀』同年九月二十三・四日条)。
(16) 緒嗣の元服や初叙については拙稿「元服と家の成立過程」注(10)参照。以下五人の十代叙爵については、加納宏志「9世紀における蔭位制度の実態的考察」(『金城短期大学紀要』六号、一九八二年)。
(17)『続日本後紀』承和九年七月五日条継業薨伝。
(18)『公卿補任』貞観十四年藤原仲統尻付。
(19)『文徳実録』斉衡元年十月十一日条。
(20)『三代実録』貞観六年八月三日条貞子薨伝。
(21) 服藤前掲書注(10)参照。
(22) 訓等については保坂弘司「『大鏡』の訓注とその考察」(『大鏡研究序説』講談社、一九七四年)参照。
(23)『続日本後紀』承和十一年十月十八日条。
(24) 日本古典文学全集『大鏡』(橘健二校注、小学館、一九七四年)では、『大鏡詳解』説を受け、承和十四・五年か、とされているが、根拠はない。なお基経に関しては、目崎徳衛「藤原基経」(『平安王朝』東京堂出版、一九六五年)参照。
(25)『大日本史料』第一編之二、寛平二年五月十六日条。
(26) これが時平であることは『儀式』『西宮記』などで時平が童殿上と記されていることなどから確定できる。
(27) この点に関しては服藤前掲論文注(16)参照。
(28)『公卿補任』『一代要記』等の卒年より逆算。
(29) 山下克明「平安時代初期における「東宮」とその所在地」(『古代文化』三三―一二、一九八一年)。
(30) 坂本太郎前掲書注(11)参照。
(31) 御霊会については、西山良平「御霊信仰論」(『岩波講座日本通史』第五巻、岩波書店、一九九五年)が研究史と問題点を網羅している。
(32) 清和天皇の元服については、服藤前掲書注(10)参照。
(33) 岡崎裕子「橘氏公考」(『国史学』八七号、一九七二年)。
(34) 『日本後紀』弘仁六年七月十三日条。
(35) 『続日本後紀』承和十四年六月十六日条。
(36) 『公卿補任』延暦二十五年条。
(37) 『公卿補任』承和六年菅原清公尻付。
(38) 『公卿補任』元慶八年橘広相尻付。
(39) 『公卿補任』延喜二年平惟範尻付。
(40) 『三代実録』貞観六年二月二日高橋朝臣文室麻呂卒伝。
(41) 『公卿補任』。
(42) 紀長谷雄作『紀家集』については、川口久雄前掲書注(11)参照。『紀家集』も『扶桑略紀』も史料は『大日本史料』第一編を使用。
(43) 萩谷朴『平安朝歌合大成』(第一巻、私家本、一九五七年)より甲本。開催年代等もこの著書による。
(44) 増補史料大成『歴代宸記』村上天皇御記(当該条は『小野宮年中行事所引』)。
(45) 童舞については、土谷恵「中世醍醐寺の桜会」(佐藤道子編『中世寺院と法会』宝蔵館、一九九四年)、同「中世寺院の児と童舞」(『文学』六巻一号、一九九五年)、同「舞楽の中世―童舞の空間―」(五味文彦編『中世の空間を読む』吉川弘文館、一九九五年)、同「舞童・天童と持幡童」(藤原良章・五味文彦編『絵巻に中世を読む』吉川弘文館、一九九五年)等中世の童舞に関して精力的な研究がなされているが、成立期についてはさほど研究がない。IIの第三章参照。
(46) 基経の息子で時平は貞観十三年(八七一)生まれで八歳、同母弟仲平は貞観十七年(八七五)生まれで四歳、異母弟兼平も仲平と同年誕生で四歳であり、時平と推察される。
(47) 殿上童の命名についてはIIの第二章。
(48) 山中裕『平安朝の年中行事』(塙書房、一九七二年)参照。

(49)『群書類従』巻八十三、『九条年中行事』。
(50)注(13)に同じ。
(51)古瀬奈津子「昇殿制の成立」(『日本古代の政治と文化』吉川弘文館、一九八七年)に指摘がある。
(52)群書類従『新儀式』天皇元服。
(53)神道大系『西宮記』。
(54)神道大系『北山抄』。なお、『承平記』。
(55)『三代実録』貞観六年正月一日条。
(56)『三代実録』元慶五年十二月十一日条。
(57)『新儀式』『西宮記』『北山抄』等の天皇元服条。
(58)渡辺直彦「蔵人所の研究」(『日本古代官位制度の基礎的研究』吉川弘文館、一九七二年)。
(59)『職事補任』宇多院、五位蔵人分註。
(60)渡辺直彦前掲書注(58)四四八頁。
(61)『公卿補任』貞観六年基経尻付には「家伝云。年十八、於東宮内寝殿上加冠天皇覧、生年承和三年丙辰」とあるが、『尊卑分脈』には「仁寿元年於東宮内殿加冠天皇覧」とあり、当時の元服慣行からして仁寿元年十六歳での元服の方が可能性が高い(服藤前掲書注(10)参照)。ゆえに十六歳での元服、十七歳での蔵人補任となる。
(62)服藤前掲書注(10)参照。なお、元服後の青年をすべて成人と称したかどうかは検討の必要があるが、少なくとも童とは云っていないので、元服後を成人とした。
(63)所功「『寛平御遺誡』の復元」(『平安朝儀式書成立史の研究』国書刊行会、一九八五年)。
(64)渡辺直彦前掲書注(58)四四八頁。
(65)神道大系『西宮記』臨時六、殿上人事。
(66)古瀬前掲論文注(51)。
(67)今正秀「王朝国家宮廷社会の編成原理」(『歴史学研究』六六五号、一九九四年)。
(68)弥永貞三「仁和二年の内宴」(『日本古代史論集』下巻、吉川弘文館、一九六二年)、同前掲論文注(11)。

(69) 玉井力「承和の変について」(『歴史学研究』二八六号、一九六四年)。
(70) 藤原行成の家族については、黒板伸夫「藤原行成の子息たち」(古代学協会編『後期摂関時代史の研究』吉川弘文館、一九九〇年)、同『藤原行成』(吉川弘文館、一九九四年)参照。
(71) 『権記』長徳三年七月三十日条に「故二条右丞相(道兼)之三男、為将軍養児也」とある。
(72) 『権記』長徳三年七月三十日条。
(73) 『御堂関白記』寛弘四年十二月十日条。
(74) なお、名簿作成以前に成人の名前が命名されるが、この点に関しては、IIの第二章参照。
(75) 『中右記』嘉承二年四月十日条。なお嘉承二年は忠通が院と東宮に昇殿を聴されたのだが、内の昇殿は康和五年十二月九日七歳で聴されている。両度の名簿作成に関し、「故太政大臣孫」と書くか、「前関白孫」と書くか等、名簿記載文言について議論が為されている(『殿暦』『中右記』当該条)。
(76) 『権記』寛弘三年十一月二十日条。
(77) 『権記』長徳三年七月三十日条。
(78) 『兵範記』久安五年十月十六日条、『本朝世紀』久安五年十月十六日条。
(79) 『台記』久安六年正月一日条。
(80) 『貞信公記』天暦二年三月二十日条。
(81) 中田薫「コムメンダチオと名簿奉呈の式」(『中田薫論集II』一九三八年、再版岩波書店、一九七〇年)。中村吉治『日本封建制の源流』(下、刀水書房、一九八四年)。服藤前掲書注(10)。なお、童殿上における名簿奉呈は天皇と貴族層との人格的主従、奉仕関係において重要な要素を持つと思われるが今後の課題にしておきたい。
(82) 目崎徳衛校訂解説『侍中群要』(吉川弘文館、一九八五年)。
(83) 森田悌『日本古代官司制度史研究序説』(一九七七年)。
(84) 神道大系『西宮記』。ほぼ同文が『侍中群要』巻一補頭以下事にあるがここには「式」の頭注はない。
(85) 『権記』長徳三年七月三十日条。
(86) 注(76)、高遠、実資、懐平、公任等の童殿上の時、行成は幼少で関与していなかったので、案文であろうか。

(87)『扶桑略記』醍醐天皇延喜四年三月二十六日条、尚『西宮記』臨時八もほぼ同文。
(88)童舞についてはIIの第三章参照。
(89)此の場合も殿上童として以後殿上の間に伺候できる。このことについては別に詳細に論じたい。
(90)『侍中群要』第一。
(91)『侍中群要』巻一。前述の『西宮記』注(78)。
(92)『権記』寛弘八年六月十三日条。なお、『権記』同年八月二十三日条では、六月十一日に名簿を内と東宮に献じたとある。
(93)『権記』寛弘八年八月二十三日条。ただ、八月十一日条では、行成は鴨院に行き、良経の元服の雑事を申し合わせているが、良経が参内した様子は無い。
(94)『大日本史料』第二編之七、寛弘八年八月十一日条、『小右記』『権記』等。殿上童は成人の昇殿人と同様、代替りごとに許可がおりるが、このことは、別の機会に検討したい。
(95)例えば、延喜十七年二月十五日敦忠の昇殿許可と内裏参入(『西宮記』臨時一)、天暦二年八月十九日高光が「童殿上事」とあり、右大臣師輔は高光を引率して参内している(『九暦』)。
(96)古瀬奈津子前掲論文注(51)。
(97)『左経記』長元八年五月四日条。
(98)『賀陽院水閣歌合』(群書類従和歌部)。
(99)萩谷朴氏は、『平安朝歌合大成』(第三巻、同朋社、一九五九年)、一一二三「長元八年五月十六日関白左大臣頼通歌合」で、頼通長男道房を方人する方が優勢に決まっていたから、左右を議論しあったとされている。
(100)『左経記』長元八年五月九日条。
(101)『賀陽院水閣歌合』(前掲本)。
(102)『栄花物語』巻三十三歌合とは異同がある。
(103)『殿暦』『中右記』康和五年十二月九日条。なお殿上童の命名については、IIの第二章で詳論したので参照してほしい。
(104)『殿暦』康和五年十二月九日条。
(105)『中右記』康和五年十二月九日条。

(106) 月奏については、縣和恵「蔵人の職務としての日給と月奏」（聖心女子大学大学院機関誌『文学・史学』第六集、一九八四年）参照。
(107) 『朝野群載』巻五朝儀下。
(108) 従来、例えば『国史大辞典』小舎人項には「蔵人所に属して殿上の雑任に使われた者、納殿の御物を出納する役であるため御蔵小舎人といい、また殿上童ともいった」（笹山晴生執筆）とされるが、御蔵小舎人と殿上童は、任命仕方も待遇も違っており、殿上童は昇殿を許された童たちである。この点に関しては、本章では紙数の都合もあり、詳細な検討は別稿を用意している。
(109) 前述のように小舎人と記載されても、昇殿を聴された殿上童と蔵人所に所属する小舎人とは、出身階層も序列も任命方法も役務も相違するので、別稿で詳細に検討したいが、簡単に述べておくと、小舎人とあっても昇殿が聴された童、殿上童とも記載がある童、内裏儀式に参列した童、童舞を天皇の前で舞った童等は、童殿上を聴された殿上童と考えられる。
(110) 『令集解』選叙令五位以上子条、日本思想大系三『律令』（岩波書店、一九七六年）選叙令頭注、補注参照。
(111) 『江家次第』叙位「蔭子・蔭孫次第」。
(112) 『扶桑略記』延喜四年三月二十六日条、前項参照。
(113) 『尊卑分脈』。
(114) もっとも口頭での昇殿勅許の後、名簿が献上されたとした場合であるが、次の源時明の場合は名簿は存在したと思われる。
(115) 『尊卑分脈』。
(116) 五位以上の子は蔭子であることは、注(110)参照。
(117) 『平安時代史事典』殿上人項では（大津透執筆）、殿上の間に伺候する殿上人に、「名門貴族の子弟のみに認められた、元服前に宮中作法見習いの為に昇殿を許す童殿上という待遇もあった」とされている。
(118) 『小右記』寛仁三年二月十六日条。
(119) 『西宮記』殿上童元服。
(120) 『重之集』。
(121) 以上『公卿補任』、槇野廣造編『平安人名辞典』参照。
(122) 『公卿補任』、九歳での叙爵は当時としては早く、経通の元服年齢は史料的に不明であるが、元服以前の叙爵かもしれない。この時期から元服以前の叙爵が存在する事は、高橋秀樹『日本中世の家と親族』（吉川弘文館、一九九六年）参照。
(123)『西宮記』恒例第三、八月駒牽。『政事要略』巻二十三、年中行事八月下。『北山抄』第二、年中要抄下、八月牽上野御馬等事。なお、他の駒牽への記載はないのに、上野御牧のみ殿上童が列立し、勅旨牧の馬を下賜される場合もある。この点に関しては、王権と殿上童との関連を示唆する興味深い実態であり詳細に検討する必要があるが、紙数の都合もあり今回は割愛した。
(124)『新儀式』第四。
(125)『西宮記』臨時四、衣。
(126)『西宮記』臨時四、衣。
(127)天徳四年内裏歌合については萩谷朴前掲書注(99)参照。
(128)『内裏歌合』所引『殿上日記』（群書類従巻百八十一）。
(129)『内裏歌合』（同書）。
(130)『内裏歌合』所引『御記』（同書）。
(131)内閣文庫本『内裏歌合』。
(132)『内裏歌合』所引『殿上日記』（同書）。
(133)『内裏歌合』（同書）。
(134)この点についても萩谷朴前掲書注(99)参照。『平安時代史事典』の算刺項も萩谷朴氏執筆。
(135)『西宮記』八月駒牽次。
(136)ただし『尊卑分脈』や当時の史料には見えない。
(137)萩谷朴前掲書注(99)第一巻参照、私見との異同もあるが、煩雑なので詳細は省いた。『尊卑分脈』等参照。
(138)『賀陽院水閣歌合』（『群書類従』和歌部）。前述のように藤原頼通息道房も小舎人とされており、小舎人は間違いなく殿上童のことである。天喜四年四月三十日の皇后宮和歌合でも、「員指は俊家の二位中納言の子太郎（宗俊）、次郎（師兼）二人ながらひづら結ひておはす」（『栄花物語』巻三十六）と、算刺はみづらを結った童である。また、十二世紀成立の歌学書『袋草子』にも「内裏歌合員刺多小舎人也」とある。
(139)『左経記』長元八年五月十六日条。

(140)『西宮記』殿上賭弓。
(141)『侍中群要』第九。
(142)『西宮記』恒例相撲。
(143)「数刺着座〈多用童、持矢不取弓、承平七年三月二十八日以蔵人俊為員刺、天慶七年三月十一日、大蔵丞源国光、後蔵人藤原仲棟天暦元年、前少将為善、後童為員外刺〉」(『西宮記』殿上賭弓)等他にも蔵人等が務めた例は多い。
(144)『西宮記』正月踏歌後宴。
(145)『新儀式』第四、天皇奉賀上皇御算事。
(146)『三代実録』元慶六年三月二十七日条。
(147)算賀については、村上美紀「平安時代の算賀」(『寧楽史苑』第四〇号、一九九五年)参照。童舞の指摘もあるが、殿上童については述べていない。
(148)村上前掲論文注(147)、四二頁。
(149)『日本紀略』寛平四年三月十一日条、『西宮記』臨時八皇后御賀事。このときには童親王も舞っている。
(150)『日本紀略』延喜十六年三月七日条。『新儀式』四臨時上、天皇奉賀上皇御算事もある。
(151)『西宮記』皇后御賀事。
(152)『西宮記』皇后御賀事。
(153)『花鳥余情』二十、若菜下。十二月十七日であったことは、『一代要記』『三十六歌仙伝』伊勢、他参照。
(154)『日本紀略』天徳元年四月二十二日条。
(155)一例は、天長二年(八二五)十一月二十八日、嵯峨上皇の四十算賀例であり群臣が舞っている(『類聚国史』二八)。童舞がはじまった後はすべて童舞と言えよう。IIの第二章参照。
(156)『侍中群要』巻九。
(157)前述のように、『天暦蔵人式』と考えられている。
(158)荻美津夫『平安朝音楽制度史』(吉川弘文館、一九九四年)第二章、八三〜八四頁。
(159)『西宮記』殿上賭弓。

(160)『小右記』正暦四年三月二十九日条、実資と親しい藤原景斉が息子金剛丸が後方の納蘇利を舞うことになり、実資が童の時使った衣装を借りに来たので貸し与えたが、後方は負けたため、金剛丸は舞わなかったようである。
(161)『新儀式』童相撲事、荻美津夫前掲書注(158)八〇～八一頁参照。
(162)『西宮記』宴遊、御庚申御遊。
(163)『扶桑略記』延喜十九年十二月十六日条。
(164)『河海抄』十、玉鬘並一初音。
(165)『西宮記』臨時楽。
(166)『小右記』長和二年九月二十七日条。
(167)『蜻蛉日記』中巻、第三章参照。
(168)『西宮記』御仏名所引、村上天皇日記。
(169)『尊卑分脈』。
(170)殿上賭弓については大日方克己『古代国家と年中行事』(吉川弘文館、一九九三年)参照。
(171)『日本紀略』天禄元年三月十五日条。
(172)上村悦子『蜻蛉日記』(中、講談社学術文庫、一九七八年)。
(173)注(172)解説。岡一男『道綱母』(有精堂、一九七〇年)参照。
(174)『公卿補任』道綱尻付、永延元年条。
(175)道綱が何を舞ったかは記述されていないが、第二節第三項でも検討したように、陵王と納蘇利が賭弓等の番舞であった。
(176)梅村喬「饗宴と禄－かづけものの考察」(『歴史評論』四二九号、一九八六年)。
(177)多好茂については、荻美津夫前掲書注(158)第四章参照。当時の舞の第一人者であった。
(178)以上『小右記』長保三年十月九日条。
(179)『権記』長徳四年十一月十九日条。『御堂関白記』寛弘元年七月二十九日条。
(180)『蜻蛉日記』中巻。
(181)大日方克己前掲書注(170)。

(182)『新儀式』巻四。
(183)『西宮記』天皇元服。
(184)「承平記」(『北山抄』四、拾遺雑抄下、天皇加元服儀)。
(185)『西宮記』天皇元服勘物。
(186)『新儀式』巻四では「三四人許」とあるが、前掲の「承平記」には六人とある。
(187)『日本紀略』天禄三年正月三日条。
(188)『左経記』寛仁二年正月三日条、ただし『小右記』同日条では「今度依無殿上童、不加元服」とあるが、『西宮記』臨時七、天皇元服にも「寛仁二人」とあるので、一人いた可能性を取った。
(189)『新儀式』巻五。
(190)『西宮記』殿上童元服、『侍中群要』巻八「凡殿上童加元服」もほぼ同様な規定である。
(191)注(190)『西宮記』。
(192)『西宮記』殿上童元服、寛平二年二月十三日条。
(193)『扶桑略記』天元三年二月二十五日条、公任が殿上童であったのは、『権記』寛弘三年十一月二十二日条参照。
(194)『小右記』寛仁三年二月十六日条。
(195)『江家次第』第二十、一人若君元服事では、「自内裏遣御冠」とあり、摂関家の元服のみに限定されている。
(196)拙稿「転換期における王権と国家」(『歴史学研究』大会特集五八六号、のち服藤前掲書注(10)所収)。
(197)『天暦六年御元服記』。
(198)『権記』寛弘八年八月二十三日条。
(199)『御堂関白記』長和元年十二月二十五日条。
(200)『小右記』長和二年正月二十六日条。
(201)『小右記』寛仁三年二月十六日条。
(202)『権記』長保二年十二月十三日条、成房と薬寿は、行成の叔父義懐の子ども達であるが、義懐は花山天皇譲位に伴い出家しており、行成が従兄弟として何かと面倒をみている。成房は少将であり、薬寿は童殿上が聴されていない。なお、この場合「御冠」とあり、内からの冠である。

(203)『春記』長久二年二月二十日条。乳母子時房が元服後「加冠をはり前庭で拝す。是は若しくは父子の義か。彼の母此の旨を存ず。但し実子に非ず、実は是上毛野成経の子なり」とあるところからして、斎宮乳母が資房と男女関係があったのであろう。しかし、実子ではなかった事が強調されている。

(204)『西宮記』殿上童元服。ここでの勘物であり、源重信が殿上童だったことが推察される。

(205)『親信卿記』天延二年十一月十一日条。

(206)『日本紀略』長保五年三月二十日条。

(207)童舞についてはIIの第二章。

第二章 童殿上の成立と命名——王権と童——

はじめに

個人を他者から区別し、指称する識別符号としての名前は、氏や家などの集団の名を示す姓と、個人名で構成されることが多く、後者のみを名という場合もある。本章で考察する名は後者の意味である。名前には古代ほど宗教的呪術的意味が内包されており、廃絶した古語が保有・痕跡をとどめている場合もあり、また命名過程には当該社会集団の規範や秩序が象徴的に込められてもいる。(1) 近年、名前の研究が盛んになり、研究者の興味を引く所以である。(2)

名前の歴史に関しては多くの研究が提出されているが、本章で検討する平安時代の個人名については、まず飯沼賢司氏が、命名の歴史的変容を指摘されている。氏によれば、八世紀までは誕生時に命名された後成人になったという理由によって改名されるような慣習はなかったが、九世紀の中頃、元服時に誕生時の幼名から成人名へと改名する慣例が上層貴族から定着し、十世紀には一般百姓にも浸透すること、(3) いっぽうこの「幼名→成人名」は主として男性の場合であり、女性は朝廷等の公的な場へ出仕する者以外、童名のまま生涯を送る、とされている。(4)

かつて、筆者は貴族層の元服や儀礼などについて追究した際、元服と同時に成人名が命名されることを指摘したが、(5) すでに飯沼氏も指摘されているように、元服以前の童殿上の際成人名の命名がなされる場合もあった。(6) 童殿上については、高橋秀樹氏が、①十世紀には成立していたこと、②その際大人社会のメンバーシップの象徴の一つとして命名が行われたこと、③平安末期の摂関家では七歳で童殿上、十一歳で元服というのが家例であったこと、等を指摘されている。[7]高橋氏は概略の論述であり、詳細な分析ではないので、童殿上や命名については、成立時期、摂関家の元服年齢、命名儀式過程等、具体的検討が必要不可欠であると思われ、また、前述の指摘についても疑問なしとしない。

童殿上の成立と展開については詳論を用意しているので、本章では、童殿上が聴された時の命名過程や童殿上時期の成人名の意義、命名から見た童殿上成立時期などについて検討する。[8]その際、成人名が当該期の朝廷でどの様な機能を果たしていたのか、天皇との関連、すなわち王権と名前や殿上童との関連なども課題である。

一　殿上童の命名

1　命名儀式

長徳四年（九九八）十一月十九日、左大臣藤原道長息鶴君が童殿上を聴された。藤原行成の日記『権記』同日条には次のように記されている。

次いで左□（大カ）殿に詣る。鶴君〈田つ〉、昇殿すべきによるなり。相府の命により、名簿二枚を書く〈□（一カ）枚東宮料、一枚内料□、即ち予に給ふ、奏聞せんが為なり〉。大臣参内し給ひ、御共に候ず。即ち名簿を奏す。□□下し給ひ、即ち出納允政に下し、権左中弁〈蔵人〉をして、簡に付せしむ〈小舎人蔭□（孫カ）藤原朝臣頼□〉[9]

この日の名簿は、『中右記』嘉承二年（一一〇七）四月十日条に引かれており、童殿上名簿としては初見史料であり、以下のような名簿である。

長徳四年宇治殿童殿上時名簿書様〈行成之を書く〉

　蔭孫藤原朝臣頼通

　故前太政大臣□（孫カ）

　長徳四年　月　日

　大殿ならびに二条殿の時の名簿は之に同じ(10)

行成が、上記の名簿二枚を書いて、それを内に奏聞した史料である。二枚の名簿とは内すなわち天皇と、東宮すなわち皇太子の両方に奉呈したものであるが「蔭孫藤原朝臣頼通」と七歳の幼名鶴君にいわゆる「成人名」が付けられているのが確認できる。内裏での名簿奉呈儀式は後述することにし、まずは命名の具体的あり方を見ておきたいが、この頼通の史料では、残念ながら命名過程は不明である。

摂関家の童殿上における命名過程が具体的にわかる初見史料は、頼通の曾孫忠実の場合である。(11)師通の日記『後二条師通記』応徳元年（一〇八四）八月二十二日条には、次のように記されている。

殿上初めの事、殿下上達部、名を定むる事、左大弁匡房名二を注し進上す。次いで名（各カ）候ず。先ず名を書留むるにより、了（弓カ）場殿に童立ち、簡に付す後に殿上に登る。次いで御前に参る。次いで宮に参る小児名字を上達部、見に撰申し定めらる。左大弁匡房名字二を注付し、之を献上す。書きて簡に載す。その後小児参内、殿上を聴さる。次いで御前に参り、しばらくして退出す(12)

この日、師通の小児幼名牛丸(13)の成人名は、大江匡房が二例の名字を献上し、その中から上達部たちが撰び決定し、名を書留め（名簿作成）、日給簡に付された後、童は参内し、天皇の御前に参り、その後太皇太后藤原寛子の宮にも参入した、とある。当時の碩学が献上した名を上達部たちが撰ぶ「名字定」が行われ、その名を書き名簿奉呈が行われたことがうかがえる。碩学による名字撰進や大殿（師実）と上達部などによる名字定などの一連の儀式は、親王や内親王の名字勘申、奏上、名字定の儀式を模倣したものであろう(14)。

では、命名撰進に関与したこの上達部たちとは誰なのであろうか。これが詳細にわかるのは、次の忠通である。忠実の日記『殿暦』では、康和五年（一一〇三）十一月二十五日から、忠通の童殿上に関する記事が詳細に出てくる(15)。まず、十一月二十五日、「殿上童の装束をたち始」める。二十七日には、「明後日、童殿上料に、江中納言匡房、名を択申すべきに、穢気の由を申し、正家朝臣の許に択申すべき由を仰せをはりぬ」と、大江匡房に撰申の予定であったが、穢により正家に変更する。ところが、二十九日にはその正家も穢になり、名を撰ぶ人がいないので、十二月九日に延期することになった。十二月九日の記事は以下のように記されている。

今日威徳殿上、早旦重仲を以て中宮大夫の許に名字を見合はす〈件の名字、江中納言匡房択する所なり。兼日に為隆に付し、進むる所なり。忠通、兼実〉。重仲帰り来たりて云はく、忠通が吉き由申さるなり。辰剋ばかり、為隆名字を持ち来る〈今朝中宮大夫の許に送る事は密々の儀なり〉

幼名威徳の名字を撰申したのは、忠実の時と同様大江匡房だった。中宮大夫師忠に選択を依頼した際、すでに忠通と兼実の二例の名が進められていたが、正式には為隆が辰の剋に持参しており、吉日に撰進するのが儀式次第だったことがうかがえる。

この名字を決定したのは、誰なのだろうか。まず師忠の意見を聞いたことが記されている。実際の決定次第がうかがえるのは、『中右記』同日条で、次のように見える。

午時ばかり、右大臣殿〈東三条〉に参る。若君昇殿〈生年七歳〉せしむべきによるなり。先ず民部卿〈俊明〉、治部卿〈俊実〉直衣を着し参られ、御名の事を沙汰せらる。江中納言の撰申するところは忠通、兼実（中略）なり。予申して云はく、兼実に於いては、右馬頭の名なり。久しく三代殿上人となり、年六旬に及ぶ人なり。天下上下皆知る所なり。頗る便なかるべし。忠通が宜しかるべきか。文字反又宜しきなり。人々、同じくこの旨を申さる。忠通を用ふるべきの由、議定しをはりぬ

当日「名字定」の議定に参加したのは、源俊明と源俊実、藤原宗忠と右大臣忠実の四人だった。六十歳の源俊明は、忠実の外祖母源隆国女の兄弟であり、宗忠にとっては祖母の弟で「一家の長」として尊敬しており[16]、交流は盛んだった。五十八歳の源俊実は、俊明の甥であり、俊明を「一家長」とする親戚関係の交流による人選であろうか。宗忠は四十二歳、「殿下誕生の昔より、執柄の今に及んで二十六年間、まことに二心なく仕へ奉るところなり[17]」とあるように、忠実の近習として信任されていた一家関係者だった[18]。事前に密々名を問い合わせた中宮大夫源師忠は、忠実の祖母であり養母でもある源麗子の兄弟であり、これも大切な一家親戚だった。

こうして見ると、碩学が撰進した名を最終的に選択し議定するのは、最も親密な親戚達であったといえよう。これは次の頼長の命名からも知られる。以下簡単に頼長とその子どもたちの命名定参加者を見ておきたい。

忠実の庶子頼長幼名綾君は、大治五年（一一三〇）正月三日、十一歳で童昇殿が許されたが、同日式部大輔敦光の撰進した、隆平・師長・頼長の三例から頼長が撰ばれた。この名議定に参加したのは、父前関白忠実、兄であり養父である関白忠通、権大納言藤原宗忠の三人であった[19]。

天養二年（一一四五）正月四日、童殿上儀式を行った頼長嫡子で忠通の猶子だった兼長幼名菖蒲の場合は、まず前年の十二月二十八日に、猶父忠通の主催により名字議定がなされた。頼長は、

皇太后大夫〈宗能〉参入し、見合さるべきか。小臣童殿上の時、故入道右府〈宗能父〉見合さる、先例に相かな

ふ者なり

と忠通に伝え、宗能も議定に預かっている。しかし、忠通と宗能の意見が合わず、大殿忠実と院に選択してもらうことになった。正月二日、「忠経」を撰んだ忠通が、大殿忠実に申し送ったところ、「忠経は謀反人の名前ではないか。風月に長じている忠通も、経史に通じている頼長も謀反人の名前を知らないとは情けない」と返事があった。再度議定し直すことになったが、忠通は「自分には見合する能力がない。頼長がしかるべき人に聞いて議定するように」と拒否したので、けっきょく明経博士などに問い合わせ、また宇治の忠実にも問い合わせ、兼長に決定し、摂政忠通に伝えている。[20]この場合は、頼長の先例に則り宗能を名議定の一人に加えたことがうかがえる。

久安五年（一一四九）十月十六日、十二歳の頼長次男の童殿上の事が行われた。[21]忠実の養子となっているゆえに、[22]名議定から昇殿まで「入道殿御沙汰」すなわち忠実が名目上の主催者となり、実質は父左大臣頼長により一連の儀式が執り行われた。大学頭維順が「実家・家教」の二字を撰進したが、頼長の気に入らず、「左府有議定、被奉仕師長」と、師長に決まっている。[23]この時期の『台記』が遺っていないこともあり、具体的議定過程は不明だが、碩学の撰進名を否定し、頼長自身が決めた点が興味深い。

久安六年（一一五〇）正月一日、頼長三男十歳の今麻呂の童殿上が聴された。成佐が撰進した「光長・隆長・親長」の中から隆長が撰ばれたが、その具体的過程は不明である。[24]

さて、以上が十一世紀末から十二世紀中期にかけての摂関家子息達の命名過程が判明する史料であるが、まず、父親・養父が主催者になり当代の碩学により名撰進(申)が行われ、一家長や親密な親族により「名字定」である名議定が行われ、決定されたことが判明する。これらの一連の儀は、親王や内親王の命名過程を模倣した臣下の首長としての権門摂関の儀であろうが、名前が父子関係のみではなく、親族達にとって重要な意味を持っていたことが推察されるのである。

2 童と成人名

摂関家子息の場合、童昇殿が聴されると、碩学に名字の撰進を要請し、その候補から親族の主だった数名を招き意見を聞き、名前が選択され決定されたこと、それは父や養父が主催する儀式で挙行されたことを見てきた。頼通の童殿上史料に立ち戻り、童殿上儀を見ると、まず道長の家司でもあり、当時著名な能筆家であった藤原行成[25]により東宮料と内料のために二枚の名簿が作成された。この名簿は当時蔵人頭だった行成から奏上され、許可が下りると、出納允政に下され、蔵人だった権左中弁説孝によって日給簡に付された。[26]童でありながら、大人と同じ名前を持ったのである。

では、この成人名は、殿上童たちにとってどのような意味をもっていたのであろうか。大人でない童たちがこの成人名で実際に呼ばれていたのであろうか。ここでは、その点を検討することとしたい。

まず、藤原頼通を見てみよう。長徳四年（九九八）十一月十九日、童昇殿が聴され殿上童となった頼通、幼名鶴君は、長保五年（一〇〇三）二月二十日、元服をする。[27]この間の五年間、童でありながら成人名を持っていたことになる。では、この間、頼通はどのように呼ばれていたのであろうか。父道長の日記『御堂関白記』には、頼通が殿上童だった間、長保元年（九九九）七月十八日「田鶴悩事」、同年九月二日「上野守頼信奉馬五疋、一疋田鶴析駒也」、同二年一月四日「彼家田鶴至、得馬一疋返来」の三回登場する。すべて幼名田鶴で記述されており、元服後の最初の記事寛弘元年（一〇〇四）正月七日には「頼通叙四位」とあり、以後頼通や官職名で記述されているのとは対照的である。[28]

元服以前の殿上童時代の呼び名の特徴をきわめて明瞭に示すたいへん興味深い史料が、長保三年（一〇〇一）十月九日に行われた東三条院四十御賀である。『権記』では、十月六日、「鶴君、巌君、陵王と納蘇利の拍子合わせ」、七日「鶴、巌〈龍王、納曽利〉」「納蘇利〈巌君〉舞腰天骨を得る、神妙といふべきか」、とこの行事中に出てくる名前はすべて幼名である。(29) 前述のように、童殿上儀の際、名簿を書いたのは行成その人であり、名前が不明である故ではなかろう。『小右記』には、七日「龍王、納蘇利を召す。左大臣の息童なり〈歳十〉」「納蘇利、同大臣の息童〈歳九〉、舞曲はなはだ妙也。之を見る者感嘆せざるはなし」、九日「龍王は兄なり、既に愛子にして、中宮の弟、当腹の長子なり。納蘇利は外腹の子、その愛猶浅し」と、これは幼名も記載がない。九日の記事は、『栄花物語』や『大鏡』にも載るたいへん著名な事件であるが、幼名さえ書かれていない。

いっぽう、『日本紀略』七日条には、「彼の童舞、左は頼通〈幼名鶴君〉、右は頼家（宗）〈幼名岩君〉と云々」と記述されている。すなわち成人名と幼名が共に記載されており、幼名しか記さない貴族層の記録類と『日本紀略』の対比が鮮明である。『日本紀略』当該時期は、『外記日記』等、公的な史料から抄出されたものと考えられている。(30) とすると、朝廷等の公的な場では成人名で呼ばれ記録されるのに対し、貴族層の日記などの私的な場においては、成人名を持った特権的な童たちであっても、あくまでも童であり、幼名で呼ぶべきである、との認識が存在したことが推察されるのである。

十一世紀頃、私的な場においては、あくまでも元服以前の童は幼名が主である、との慣行は他の史料にも見られる。頼宗幼名巌君は前述の長保三年の童舞から見て、内の童殿上が聴されていたことは確実であるが、(31) 寛弘元年（一〇〇四）七月二十五日東宮に名簿が奏され、二十九日には東宮に昇殿している。(32)

行成の実質的長子実経幼名「犬」は、寛弘三年（一〇〇六）六月十六日、「名簿を奏すべき」事が蔵人によって通告され、名簿が作成され、その日に参内、日給簡に付された。九歳だった。この犬は実経であり、寛弘六年（一〇〇九）十二月十四日元服するが、それまでの間、『権記』ではほとんど「犬」で通している。(33) 行成のもう一人の子息良経幼名「宮犬」は、寛弘八年（一〇一一）六月十一日に名簿を内と東宮に献じたが、十三日条には、「鴨院児名簿二通を書き、一を左府に献じ東宮の簡に付せしむ。一を頭弁に付し内の簡に付す（中略）内裏に献じる名簿簡に付さず、八月十一日に之を付すと。本意なきことなり」とあり、十三日に一条天皇が譲位し三条天皇が即位することになり、結局八月十一日に簡に付された。(34) 六月十一日には名簿が奏されているのであるから、成人名が付けられていたのが確実だが、以後も八月二十三日に元服するまで、『権記』の記事は「宮犬」である。行成の子どもたちの場合も、成人名を付けられた後も幼名を使用し成人名で記述されていないことが判明する。

この殿上童が持つ成人名の使用については、十一世紀以降、ほぼ慣例になっていたようである。忠実は、前述のように応徳元年（一〇八四）八月二十二日、成人名が付けられ、童殿上儀が行われた。以後、寛治二年（一〇八八）正月二十一日元服するまで、『後二条師通記』には「牛丸」「小児」の用語が使用されている。(35) 忠通のことを記した父忠実の日記『殿暦』もおなじである。(36)

『台記』も同様で、久安元年（一一四五）正月四日童昇殿が聴された兼長は、久安四年（一一四八）四月二十七日元服するまで、幼名菖蒲で記述されている。(37) 師長は久安五年（一一四九）十月十六日に童殿上が聴され、十月十九日に元服が行われたが、(38)『台記』が遺っておらず不明である。隆長は、久安六年（一一五〇）正月一日、童殿上が聴され、翌仁平元年（一一五一）二月十六日に元服する。その間たびたび『台記』に登場するが、すべて今麻呂であり、元服以降隆長と記述される。頼長は厳密に記述していることがうかがえる。

ただし、まったく成人名を使用しないわけではなく、例えば藤原宗忠の場合は、「小童」と付けつつ名前を使用している。宗忠の息子の内、童殿上が聴されたのは、康和四年（一一〇二）三月十八日、白河法皇五十御賀で龍王を舞うことになり昇殿が聴された宗重のみであるが、嘉承元年（一一〇六）正月十日元服するまでは「小童宗重」「殿上童宗重」と名前が記述されている。[39]ただ、名前のみの使用はない。やはり私的な場では、童であり、幼名で呼ばれていたのではなかろうか。

もっとも十世紀においては、記録に名前が記述されている場合もある。天暦二年（九四八）八月十七日、右大臣師輔の息高光が昇殿を聴された。『九暦』では「高光を随身」し参内となっている。[40]天暦七年（九五三）正月五日、師輔の右大臣大饗が行われたが、その時の『九条殿記』には、「式部卿親王、高光・為光両小児を召しだし、勧盃せしむ」とあり、成人名が記載されている。いっぽう、当の式部親王である重明親王の『吏部王記』同日条には、

息男町長を召し、堅夫記・為不賦・格式序を頌せしむ。また同息猛雄を召し、年代及び諸司・諸国号・藤氏本系を頌せしむ。また筆と硯を町長に賜ひ数句を書かせしむ。二童聡察抜嶷の者なり[41]

とあり、高光の幼名「町長」[42]と、為光の幼名「猛雄」で記載されている。『吏部王記』は幼名が多い。[43]たしかに『九暦』では成人名で記されているのに、『吏部王記』では幼名である。こうしてみると『九暦』の記事はあるものの、すなわち記主の書き方による可能性も考えられるが、一般的には、私的場では主として幼名を使用していた、としてもよいのではなかろうか。

私的場では幼名が通用していたのと比較して象徴的なのは、天皇の日記である。寛平元年（八八九）四月十九日、殿上賭射が行われたが、宇多天皇の日記には、次のように記されている。

小舎人源敏相舞ふ。骨と称すべきなり。よりてこれに禄を賜ふ。又、太政大臣息忠平齢始めて十歳。納曾利舞を為す。騰躍迅逸、節を錯違せず。又禄を賜ふと云々[44]

この小舎人源敏相は殿上童のことであり、忠平も殿上童であるが[45]、童でも成人名で記されているのである。醍醐天皇の日記でも同様で、たとえば延喜十一年（九一一）正月二十五日、

小舎人敦忠元服を加ふ[46]

等、殿上童である小舎人の名前を記していることが多い。『歴代宸記』で見る限り、殿上童達の幼名記述事例はない。すなわち、天皇との関係では、童であっても成人名で対応しており、したがって天皇の日記には名前が記されたものと考えられるのである。これは、公的記録を基にした『日本紀略』には成人名が記載されることと対応していよう。

私的場では幼名でありながら、公的場では童でも成人名で呼ばれ、しかも天皇との関係では成人名しか通用しないとの事実は、名前そのものが奉呈される主との関係で機能していることを示しており、昇殿を聴された童が名簿を奉呈するのは、まさに天皇との人格的関係を結合するためだったといえよう。とすると、童でも成人名をつけるのは、大人社会のメンバーシップの象徴としてというより、王権との人格的結合を象徴するためであり、成人名を持っているからといって大人社会のメンバーシップを得たことにはならないはずである。なぜなら、名前を持つ殿上童でも、衣服は童装束であり、元服ではじめて成人の象徴的頭髪としての帽子をかぶり、大人装束を着し始め、この時から大人として認識されるのである[47]。元服後に成人名が貴族社会で機能し始めるのは前述した通りである。このように考えられるとすると、いわゆる成人名とは、本来天皇との関係、王権との関係で成立し、改名が要請されたのであり、社会的身分を象徴する可視的姿、いわゆる頭髪や装束とは、位相を異にするものではないか、と思われる[48]。

以上の考察から、童殿上の際には、殿上を聴す「主」（内殿上であれば天皇、東宮殿上であれば皇太子等）に名簿を奉呈するために、名簿に記す成人名が必要とされ、元服以前であっても命名が行われたこと、この成人名は、殿上という公的場で簡に付されたり、公的場で呼ばれたこと、いっぽう、（必ずしも確固とした慣例ではないにしても）、私的場では幼名

が機能する場合が多かったこと、童の成人名は天皇との人格的関係結合の象徴であり、王権と童との関係が童における成人名保持からうかがえること、等が明らかになった。

二　成人名からみた童殿上の成立

九世紀から、元服以前の童が、天皇の周辺に「侍奉」しており、その結果成人した暁には、昇進が早くなるという特別待遇があり、「侍奉」する童は、天皇の外戚のみならず文人の子弟たちが多かった。公卿層の貴族化と文人層勢力の衰退に対応して、(49)仁和四年（八八八）頃、十人の限定された特権的童だけが天皇の周辺に昇殿することができる「童殿上制」が成立する。詳細な検討は別稿に譲り、ここでは成人名の所有如何という視点から、童殿上制の成立時期を見てみることにしたい。

童昇殿が聴されると、成人名が付けられる。その後、名簿が作成され、天皇に名簿奉呈が行われ、日給簡へ記載され、以後殿上への侍奉が正式に機能する。日給簡への名前表示は、その童の正式名が公示されることであり、記録類に残されることになる。逆に、公的文書に記録された時、成人名が記述されていないということは、名前がなかったか、公表されていなかったことになろう。ここでは具体的な史料を検討しつつ童殿上の成立時期を探っていくことにする。

承和元年（八三四）八月三日、嵯峨太上天皇と太皇太后の為に、仁明天皇は、「源氏の児童を殿上で舞は」せた。(50)以後、中宮での宴、(51)「帝の近侍児童及び良家の稚子を舞人」とした初めて公的に開催された御霊会、(52)あるいは右大臣藤原良相第での桜花宴、(53)また貞観寺での大斎会など、(54)宴を彩る華やかな童舞が行われた。(55)

元慶二年（八七八）十一月十一日、清和太上天皇が太皇太后の宮に献物を行った。[56]

太上天皇、童親王を舞はせしむ。右大臣藤原朝臣男児一人預かる（『三代実録』）

右大臣は基経であり、当時八歳だった時平が舞った記事である。時平は童殿上制が確立する以前ではあるものの、童として天皇に近侍していたことが確かめられるが、[57]名前は記載されていない。ところが、元慶六年（八八二）三月二十七日、陽成天皇が母皇太后高子の四十御賀を行った際、「五位以上の容皃有る者を撰び取り」、舞を教習させ、「童子十八人」により童舞が行われたが、他に八歳の「貞数親王」は陵王を舞った、とある。[58]この「貞数親王」の場合は、八歳の童であるにもかかわらず、固有名詞としての名前が記述されているのである。また、仁和二年（八八六）正月二十日の時平の加冠を祝う宴にも、「貞数親王」が童舞を行い、翌日には帯剣が聴されている。[59]すなわち、《名前を持っている親王の場合は、公的史料に名前が記載されるのに、時平の場合は「男児」と記されるのみ》、なのである。

いっぽう、仁和四年（八八八）十月二日の『日本紀略』には次のように記されている。

雅院において殿上侍臣をして詩作せしむ。小童時望詩をたてまつる

平時望は元慶元年（八七七）生まれであるから、[60]十二歳であった。前述のように公的史料から編纂された『日本紀略』では、童でも名前をもっている。また、寛平元年（八八九）の宇多天皇の日記には十歳の忠平の名前が記されていたことは、すでに指摘した。

こうして見ると、仁和四年（八八八）の童殿上制成立頃を境に、公的史料でも名前が記されないそれ以前と、公的文書や天皇の日記に成人名が記される以降とは、まさに対照的なのである。

ということは、童殿上制が成立し、名簿奉呈、奏上、日給簡への付与等の儀式が成立する以前は、童名のまま、

「殿上童」「殿上小舎人」等という名称もなく、天皇に近侍する童として「侍奉」していたのではないか、と推察することはあながち誤りとは言えなかろう。

このことを示すのではないかと思われるのは、大鏡裏書の「昭宣公幼童の時、作爪を求め出すの事」である。承和天皇（仁明天皇）が芹河に行幸した日に、「昭宣公童名手古、この日扈従すなり」とある。(61) 裏書は十二世紀初期には成立していたとされ、この部分は「古老伝えていはく」で始まる部分ではあり、どこまで遡るか疑問であるが、伝承が伝えられたとしても、幼名で伝承されていることは、当時の童が幼名しか持っていなかったことを示すのではあるまいか。

いずれにしても、仁和四年以降は、公的文書や天皇日記においては、童でも成人名で記されることが多いのに、それ以前は、名前が付けられている親王は名前が記載されるのに、最上層貴族の童でも名前が記されていないことは確かなのである。童の成人名記載という視点から見ても、仁和四年の童殿上制が推察されるのであり、第一節で検討した童殿上の許可、命名、名簿作成、名簿奉呈、日給簡記載、等の童殿上儀も同時に成立したとの可能性も示唆されるのである。

おわりに

仁和四年から始まると推察される童殿上制では、内裏、東宮、院などの殿上への昇殿が許可されると、名簿を奉呈するために成人名が付けられる。摂関家の場合は、親王や内親王の命名に準じて、命名定儀が行われ、当代の碩学が二、三例の名前を撰進し、有力近親者たちによって、名前が決定された。しかし、この名前は公的な場で機能するのみであり、私的な場では、元服まで幼名が通用していた。いっぽう、天皇の日記や公的文書においては、この成人名が記されたことをみた。

成人名は、公的場、すなわち天皇との関係によって要求され、機能していたのであり、童でも天皇との人格的結合が成立したことを象徴するために成人名が付けられたのである。公的場での必要から成人名が付けられ、上層階層から順次浸透していき、王臣家への出仕の下層貴族や庶民にも間接的な公的関係を象徴的に示すために必要とされ、採用されるようになったのであろう。すでに飯沼氏も指摘されるように(62)、女性の場合は、幼名から成人名への改名の慣行は成立しなかった。命名されるのは、公的場である朝廷への出仕やそれに準ずる権門家への出仕の場合、あるいは公的人格的結合を象徴する叙位の場合であった。久安四年（一一四八）七月十五日、頼長は妻の叙位にあたって「夫人の名字」を成佐に能子・専子・幸子の三例を撰進させ、十六日には宗能や忠実などに意見を聞き、十七日には幸子に決定している(63)。また養女の叙位に当たっても同様に同年八月七日、成佐が名字を撰進し、忠実、摂政忠通、成通、師安などに検討を依頼し、八日には多子と決定し、九日には従三位に叙せられている(64)。摂関家の場合は、女性でも男性と同様な碩学による名字撰進が行われているが、意見聴取のみであり、会合しての名字定儀などはないようである。さらに、このように叙位の為に付けられた名前は、女性の場合実際には通用していなかった。たとえば、長徳四年（九九八）十月二十九日、道長正妻倫子が従三位に叙されることになったが、道長家司で著名な行成は、

御名を知らざるにより、彼の殿に詣で案内す。相命じていはく、名倫子元従五位上なり(65)

と記している。元従五位上とあるから、その際命名されたことは確かである。頻繁に道長家に出入りしている行成でさえ正妻の名前を知らないのであるから、天皇から叙位される際名前が必要であっても、日常的には機能していなかったことが知られるのである。このように女性の名前は別に詳細に検討する必要があろう。紙数もつきたので今後の

課題としておきたい。

注

(1)『歴史学事典　第二巻　からだとくらし』(弘文堂、一九九四年)、「名前」項。
(2) 例えば朝日百科日本歴史・別冊『歴史の読み方8名前と系図・花押と印章』(責任編集網野善彦、朝日新聞社、一九九二年)には、名前の歴史に関心が高いことが指摘されている。
(3) 飯沼賢司「人名小考」(竹内理三先生喜寿記念論文集『荘園制と中世社会』東京堂出版、一九八四年)。
(4) 飯沼賢司「名前からみた中世女性の社会的位置」(『歴史評論』四四三号、一九八七年)。
(5) 拙著『家成立史の研究―祖先祭祀・女・子ども』(校倉書房、一九九一年)。
(6) 飯沼賢司前掲論文注(4)。
(7) 高橋秀樹「京の子ども、鎌倉の子ども」(『鎌倉』七四号、一九九四年)。
(8) IIの第一章参照。なお、加藤理『「ちご」と「わらは」の生活史』(慶応通信㈱、一九九四年)にも、童殿上について記述があるが、先行研究を殆ど検討していないゆえ、詳細な検討は最小限度としたいが、命名については言及していない。
(9) 史料纂集『権記』(第一、続群書類従完成会、一九八三年)。
(10) 史料大成『中右記』(臨川書店、一九六五年)嘉承二年四月十日条。
(11) なお、頼通の当初の嫡男扱いを受けた道房の場合も殿上童だったことは判明するが(『賀陽院水閣歌合』群書類従和歌部)、儀式や命名日時は不明である。次の師通も延久二年七月二十八日、九歳で殿上小舎人になったことがわかる(『本朝世紀』『中右記』等)が、これも詳細は不明である。
(12) 大日本古記録『後二条師通記』(岩波書店、一九五六年)。
(13)『後二条師通記』応徳元年八月二十日条頭注に「牛丸殿上」とあり、牛丸の記は多い。たとえば、応徳三年十二月十日の白河院童殿上儀式では「参大炊殿、牛丸初着殿上、無名簿、書□付簡了」とある。
(14) 橋本義彦「〝名字〟雑考―皇子女の命名を中心として」(『平安貴族』平凡社、一九八六年)。
(15) 大日本古記録『殿暦』(岩波書店、一九六〇年)、以下『殿暦』はこの十一月から十二月条である。

（16）戸田芳実『中右記―躍動する院政時代の群像』（そしえて、一九七九年）、鷲見等曜「平安時代末期貴族の「家」」（『岐阜経済大学論集』一八―三・四、一九八四年）、高橋秀樹『日本中世の家と親族』（吉川弘文館、一九九六年）。
（17）『中右記』長治二年十二月二十七日条。
（18）戸田芳実前掲書注（16）。
（19）『中右記』大治五年正月三日条。
（20）史料大成『台記』天養元年十二月二十四日から二年正月四日条。なお、すでに八歳だった兼長を「大殿も摂政殿も七歳でこの事があったのに、菖蒲は八歳だが、節分以前だから七歳としたい」と忠通に申しおくった記事から、高橋秀樹前掲書注（16）では、「平安末期の摂関家では七歳で童殿上、十一歳で元服というのが家例であった」とされているが、七歳童殿上は摂関家嫡子のみであるが、必ずしも家例ではない。先述の様に師通は九歳で童殿上、基房は十三歳で元服である。この点については別稿で詳論の予定である。
（21）橋本義彦『藤原頼長』（吉川弘文館、一九六四年）に考察されているが、本来は兼長より二ヵ月早く誕生したが、嫡子は兼長で、師長は次男扱いになっている。
（22）新訂増補国史大系『本朝世紀』久安五年十月十九日条。
（23）以上、史料大成『兵範記』久安五年十月十六日条。なお、入道殿が沙汰をしたことに対し、「左府御重服之故」とあるが、私見では本文のように、入道殿の養子の故と考える。
（24）『台記』久安六年正月一日条。
（25）黒板伸夫『藤原行成』（吉川弘文館、一九九五年）参照。
（26）Ⅱの第一章参照。
（27）『大日本史料』第二編之四、長保五年二月二十日条に詳しい。
（28）大日本古記録『御堂関白記』（岩波書店、一九九二年）、各当該条。
（29）以下、この行事に関連する記事は、『大日本史料』第二編之四、長保三年十月九日条による。以下の『小右記』『日本紀略』も同様。
（30）木本好信『平安朝日記と逸文の研究』（桜風社、一九八七年）。『国史大辞典』（吉川弘文館）「日本紀略」の項参照。

(31) IIの第一章参照。
(32) 『御堂関白記』寛弘元年七月二十五日、二十八日、二十九日条。
(33) 『権記』寛弘五年十二月八日条、寛弘六年正月一日条、二日条、三日条など。
(34) 『権記』寛弘八年六月十三日条、八月十二日条、十三日条、二十三日条。
(35) 例えば、応徳二年正月二日条では、「牛丸」「小児」が使用されており、同三年十二月十日条では、「大炊殿に参る。牛丸初めて殿上に着す。名簿はなし。□を書き、簡に付しおわんぬ」とある。これは前月堀河天皇の即位により、改めて昇殿が聴されたものであるが、「牛初めて宿直なり」と、同日内裏での行動にも幼名が記されている。
(36) 忠通は康和五年十二月十九日童殿上、嘉承四年二月二十六日元服であるが、その間『殿暦』では「威徳」「若君」などが使用されている。
(37) 『台記』久安元年正月五日、二十一日、二月七日など例は多い。
(38) 『兵範記』『本朝世紀』久安五年十月十六日条、十九日条。
(39) 『中右記』康和四年十一月二十九日条、同十二月一日条など。
(40) 大日本古記録『九暦』天暦二年八月十九日条。『三十六人歌仙伝』高光条。
(41) 披雲閣本大鏡裏書所引『吏部王記』。天暦七年正月五日のことである。高光は、天暦九年叙爵されており、この前年頃元服したと思われる。
(42) 高光の幼名がまちおさであることは、『栄花物語』に詳しい。
(43) たとえば、史料纂集『吏部王記』延長七年正月十四日条には、男踏歌の日に「童子二人舞人列に有り〈右衛門督児今阿子、故貞文菖蒲町〉」とある。
(44) 増補史料大成『歴代宸記』宇多天皇御記。
(45) IIの第一章参照。
(46) 注(44)醍醐天皇御記。
(47) この点については、黒田日出男「「童」と「翁」」(『境界の中世　象徴の中世』東京大学出版会、一九八六年)、網野善彦「童形・鹿杖・門前」(『異形の王権』平凡社、一九八六年)、保立道久「中世民衆のライフサイクル」(『岩波講座　日本通史』第7巻

中世1　岩波書店、一九九三年）、服藤前掲書注(5)参照。

(48)　この点に関して、本章では詳論する用意はない。ただ、中世の大人の肉体を持っている「牛飼童」が童装束と同時に童名しか持たないという中世的身分体系は（黒田日出男・網野善彦、前掲論文注(47)）どの様に成立したのか、王権との関連で具体的に追究することが必要と思われる。

(49)　弥永貞三「仁和二年の内宴」（『日本古代史論集』下巻、吉川弘文館、一九六二年）。

(50)　『続日本後紀』承和元年八月三日条。

(51)　『三代実録』貞観四年七月十七日条。

(52)　『三代実録』貞観五年五月二十日条。

(53)　『三代実録』貞観八年三月二十三日条。

(54)　『三代実録』貞観十六年三月二十三日条。

(55)　中世の童舞については、土谷恵「中世醍醐寺の桜会」（佐藤道子編『中世寺院と法会』宝蔵館、一九九四年）、同「中世寺院の児と童舞」（『文学』六―一、一九九五年）、同「舞楽の中世―童舞の空間―」（五味文彦編『中世の空間を読む』吉川弘文館、一九九五年）の一連の研究があるが、主に院政期以降の考察であり、成立期の童舞についてはほとんど研究が無い現状を鑑み、平安時代の童舞については別稿で検討する予定である。IIの第三章。

(56)　この時期の献物については、目崎徳衛「平安時代初期における奉献」（『日本文化史論』桜楓社、一九六八年）参照。

(57)　『西宮記』巻十一、「殿上童元服」に時平の元服史料が記載されているから、童昇殿が許されていたことが確実になる。

(58)　『三代実録』元慶六年三月二十七日条。

(59)　『三代実録』仁和二年正月二十日、二十一日条。

(60)　『大日本史料』第一編之七、天慶元年二月二十五日条掲載史料。

(61)　最も古くかつ完全に近い東松本裏書を底本として訓注を付けられた保坂弘司「『大鏡裏書』の訓注とその考察」（同著『大鏡研究序説』講談社、一九七四年）による。

(62)　注(4)に同じ。

(63)　『台記』久安四年七月十五日、十六日条、十七日条。拙著『平安朝の家と女性―北政所の成立』（平凡社選書、一九九七年）。

(64)『台記』久安四年八月七日、八日、九日条。

(65)『権記』長徳四年十月二十九日条。

〔補記〕寛弘元年（一〇〇四）正月六日、十三歳の藤原伊周の息道雅（幼名松）が中宮御給で叙爵された（『御堂関白記』『権記』）。元服は翌年正月四日であり、元服以前に位を持っていた史料であるが（高橋秀樹『日本中世の家と親族』吉川弘文館、一九九六年）、『小右記』同日条には、「童名松」と記述されており、童叙爵の場合も、元服以前は朝廷外では幼名が機能していたと思われる。

第三章 舞う童たちの登場——王権と童——

はじめに——舞う童たちの研究——

長保三年（一〇〇一）十月九日、土御門第では、一条天皇や中宮藤原彰子などの列席のもと、天皇の母東三条院詮子の四十歳を祝う算賀が華やかに開催された。最上の酒肴が振る舞われ、貴公子たちの舞が次々に繰り広げられたが、祝宴も酣になり、東三条院の弟藤原道長の二人の童による舞が、本日のメイン・イベントとして演じられた。まずは、十歳の鶴君（頼通）が左舞として龍王（陵王・蘭陵王）を、次いで九歳の巌君（頼宗）が右舞として納蘇利を舞ったのである。ここまでは順調に事が運んだが、その後のことである。

巌君の童舞納蘇利が実にみごとで天皇はじめ列席者は感嘆した、との理由で、巌君の舞師多吉茂（好義）が叙爵された。ところが、機嫌を損ねた道長は座をたって臥内に入ってしまった、というのである。叙爵の手続きにも問題があったようだが、藤原実資によると、本当の理由は、

龍王は兄なり、既に愛子にして、中宮（彰子）の弟、当腹の長子なり。納蘇利は外腹の子にしてその愛なほ浅し。今納蘇利の師に賞せらる、よりて忿怨のところなり、と云々

とある。つまり、中宮と同母で長子である鶴君（頼通）の舞師を勧賞しないで、次妻腹の巌君（頼宗）の舞師を勧賞したからだ、というのである（『小右記』同日条）。本来は、二日前の試楽の日に、鶴君には天皇から御衣が与えられてい

たから（『小右記』『権記』同月七日条）、当日は巌君の方に褒賞をあたえたのであろう。一番気の毒なのは、重い仮面を付け軽妙で勇壮かつ絶妙な舞を舞ったのに、父に誉められ自慢されるどころか、母違いという理由で、満座の中で父の退席という忿怨のパフォーマンスを目の当たりにした巌君だったのではなかろうか。また、当日の算賀宴には、「とのゝうへはひんがしの対におはし」（『栄花物語』巻七）、すなわち鶴君の母源倫子が見物に訪れていたことも、道長の行動の背景にあったと思われる。大人の思惑は常に童たちの身に降り注いでいたのである。

それはさておき、右舞師多吉茂は寛弘七年（一〇一〇）七月十七日の敦実親王元服の際、

右兵衛尉多吉茂年七十余にして、当時の物の上手なり。右衛門権少尉に加任す

とあり（『御堂関白記』）、当時六十余歳で、しかも舞の第一人者だったこともあり勧賞されたのであろう。ちなみに頼通の師は狛光高で（『教訓抄』）、当時四十歳だった（『体源抄』卒年より）から、多吉茂の勧賞は道理でもあったろう。いずれにしても、たかが童舞と片づけられない政治的・身分的秩序が見て取れるのである。

さて、本章では、九世紀から十一世紀中頃までを主たる対象として、元服前の童たちが朝廷や貴族の邸宅で華やかに舞った雅楽としての童舞の成立と、具体的な様相をみていこうとするものである。童舞の成立については、芸能史で簡単に触れられるものの、詳細な専論はほとんどないのが実状である。院政期以降の寺院での童舞については、近年土谷恵氏が精力的に研究されており、中世の寺院は童舞の世紀とも称される時代であったことが明らかになっている。(1)では、それ以前の童舞はいかなる実態だったのか。IIの第一章で、殿上童たちの任務の一環として、童舞について簡単にふれたが、詳細な検討はできなかった。(2)本章の課題は、第一章より詳細に検討し、童舞の成立を跡づけることにある。

ついで、朝廷内や年中行事で華やかに舞う児童たち、すなわち童たちの身分や規定、特権などにも言及してみたい。

当時は数え年であるから、九歳といえば今の八歳、小学校一、二年生の年齢である。彼らは猛烈な特訓のもと、天皇はじめ当時の最上層貴族の男女が見守る中、重い装束をつけ、舞ったのである。そうとうな緊張を強いられたに違いない。では何故、そのような努力を重ねるのだろうか。童舞の担い手とその意義についても探ってみたい。

一　童舞のはじまり

1　九世紀の童舞

童舞が初めて史料に登場するのは、承和元年（八三四）八月三日、前年即位した仁明天皇が、父嵯峨上皇と母太皇太后橘嘉智子をもてなすために、冷然院で宴を催した時の記事である。

上、先太上天皇および太皇太后の為に、冷然院に置酒す。上自ら玉卮を奉り、伶官楽を奏し、源氏児童をして殿上に舞はしむ（『続日本後紀』）

これは、太上天皇と太皇太后が嵯峨新院に遷御するための、いわば引っ越し祝いだという。たしかに、二人は、八月九日に冷然院から嵯峨院に遷御しており（『続日本後紀』）、以後ここを住まいとする。没後、この嵯峨院は皇女正子内親王に伝領され、後に大覚寺になる。(3) 当日は、五位以上と院司に禄を下賜しているから、五位以上と冷然院の院司が宴会に列席していたことが知られる。

この仁明天皇による父母への酒宴を嚆矢として、九世紀には十数例の童舞史料がうかがえるが、まずは初見史料に「源氏児童」と記述される童たち、すなわち、華やかな童舞の担い手たちを見ておきたい。

承和元年の「源氏児童」は、「賜姓源氏である児童」というほどの意味と、「賜姓源氏の子どもたち」すなわち二世源氏という意味が想定される。しかし、賜姓源氏が弘仁五年（八一四）五月八日（『類聚三代格』巻十七他）の嵯峨天皇の皇子たちを最初とし、天長九年（八三二）二月十五日には淳和天皇の皇子たちにおよぶが、それにしても二十年程であり、主として前者の賜姓された源氏たちによって舞われたのであろう。当時の一世源氏では、嵯峨の皇子源生は数え年十四歳、融は十三歳、同母弟勤は十一歳、童舞の担い手は大勢存在した。

九世紀の史料上での童舞の担い手たちは、次項で述べる童舞の場とも関連するが、ほとんどが皇親や五位以上の貴族子弟たちである。貞観五年（八六三）五月二十日、朝廷の主催による初めての御霊会が神泉苑で開催されたが、舞人には児童たちが選ばれている。

帝に近侍の児童及び良家の稚子を以て舞人となす（『三代実録』）

二日後の二十二日には、

天皇雅院に御し、神泉苑御霊会の舞童を召見す。雅楽寮は音楽を奏す（『三代実録』）

と、天皇の前で舞っている。「帝近侍の児童」とは、後には殿上童と呼ばれる児童たちであるが、この時期は、天皇の意志にまかせて選ばれた児童たちである。(4) 良家の稚子とは、文字通り皇親や上層貴族の子弟であろう。

九世紀中期は、未だ政治的御霊の段階であり、神泉苑御霊会は、「それを鎮魂し、朝廷の安定と正統性を主張した」ものであった。(5) その儀式の場で、天皇に近侍する児童と良家の稚子が童舞を舞うのは、天皇の近臣予備軍たちによる政治的意義を内に秘めた天皇の正統性を誇示する政治的儀式にふさわしいパフォーマンスであろう。

源氏児童や良家の稚子と同じ位相で登場するのが、童親王たちの童舞である。元慶二年（八七八）十一月十一日、清和太上天皇は母皇太后藤原明子の宮に献物をし、鬱病に悩む母を慰めたが、宴には親王や公卿、および五位以上の官人たちが参列を許された。「太上天皇の童親王に舞をせしむ。右大臣藤原朝臣の男児一人預かる」（『三代実録』）とあり、童舞が舞われている。生年が判明する清和の親王たちの中から探索すると、陽成天皇と母藤原高子を同じくする九歳の貞保親王と推察される。右大臣藤原基経の男児は、八歳の時平である。皇太后明子にとっては、貞保親王は孫、時平は甥（義理）であった。

元慶六年（八八二）三月二十七日、陽成天皇の主催により、母皇太后藤原高子の四十算賀が、清涼殿で「秘宴」として行われた。

童子十八人遞出し、殿前で舞ふ。宴より先、二十ばかりの日、五位以上の容皃有る者を撰び取り、左兵衛府において舞を習はしむなり。貞数親王は陵王を舞ふ。上下観者、感じて涙を垂る（『三代実録』）

殿前の舞台で舞ったのは、五位以上の子弟で選りすぐられた美貌の童たち十八人だった。その中の一人、公事曲であり軽快で華麗さに富む陵王を舞った貞数親王は、清和太上天皇の第八子、八歳だった。この貞数親王は、四年後に仁寿殿で開催された太政大臣基経主催の時平元服の宴にも、「四位以上の子童丱の者十許人」と一緒に童舞を舞っている。この時も、翌日、舞衣装にちなみ、天皇から帯剣を聴されている（『三代実録』）。容姿端麗で童舞の名手、貞数親王は母在原文子の父行平や一族にとって、氏門を広げる掌中の玉だった（『伊勢物語』七十九）。

後に詳しく検討するが、朝廷での算賀は、童舞が不可欠の慣例になっていく。寛平四年（八九二）三月十三日、常寧殿で行われた宇多天皇主催の、母太皇太后班子女王の六十算賀では、「良家総角の者を舞人となす」（『日本紀略』）、「五位以上の子童」（『伏見宮御記録』御賀記）、「総角を舞人と為す〈良家総角と云々〉」（『西宮記』）、と五位以上の良家の子息たちが童舞を舞っている。

また、寛平元年（八八九）四月十九日、殿上賭射の負態の饗応が行われた。小舎人源敏相と、太政大臣藤原基経息で十歳の忠平が舞い、敏相は「骨と称すべき」、忠平は「騰躍迅逸、節は錯違せず」と宇多天皇から賞賛され、禄を賜っている（『宇多日記』小野宮年中行事所引）。忠平は納蘇利を舞ったとあるから、敏相は番舞としての陵王を舞ったものと思われる。この小舎人は殿上童のことであり、忠平も同じく殿上童である。(6)

九世紀の朝廷での童舞は、親王から公卿層の童、大勢の場合は五位以上の童と、良家の童が選抜され舞ったことがうかがえる。この朝廷行事の童舞は、平安中期になるとより華やかな彩りを添える慣例になっていく。

いっぽう、九世紀においては、寺院の法会でも上層貴族の子弟が童舞を担っている。貞観十六年（八七四）三月二十三日、貞観寺において道場新成を賀す法会が、親王・公卿・百官を集め盛大に行われたが、そのときの舞は、「公子王孫年少者四十人」によるものだった（『三代実録』）。弘仁期には朝廷における節会音楽の一定化と対応して、寺院でも法会と供養舞楽の統一が行われたとされるが、(7) 当日の記録に見える雅楽寮の唐楽、高麗楽、大安寺の林邑、興福寺の天人等の楽と対比して考えると、この四十人は余興的な舞だったと思われる。院政期には、寺院での法会童舞が身分的にはさほど高くない楽家の童たちだったことからすると、(8) この時期には貴族子弟が選抜されたことが大きな特徴といえよう。

2　童舞の空間

九世紀、承和年間に初めて史料に登場する童舞の担い手は、朝廷のみならず、寺院においても五位以上の貴族子弟たちだった。では、童舞はどこで舞われたのか、九世紀の童舞の空間を見ておきたい。

九世紀の童舞、十二例の内、一番多く登場する場は朝廷である。前述したように、階層が記されている童舞では、貞観五年（八六三）五月二十二日、一昨日の神泉苑で行われた御霊会での童舞を清和天皇が観たのは雅院であった。

また、元慶六年（八八二）の太皇太后高子四十算賀は、清涼殿で行われ、貞数親王等の童舞が披露され喝采を浴びた。寛平四年（八九二）の中宮班子女王六十算賀は、常寧殿で行われている。仁和二年（八八六）、時平元服の祝宴には、仁寿殿が童舞の空間であった。

ほかにも、朝廷での童舞はいくつも見られる。貞観四年（八六二）七月十七日の童子による舞は、「中宮」で行われていた。

中宮に於いて、伶人舞童子等を喚び、音楽を奏す。童相撲の日の儀の如し（『三代実録』）

この「中宮」は、同じ頃の史料に「百二十僧を内殿、中宮、神泉苑三処に延し」（『三代実録』貞観五年三月二十三日条）とあり、大内裏内の場所をあらわしていることがうかがえる。伶人の演奏による童子の舞は、「童相撲日の儀の如し」とあって、同年七月五日・六日両日、清和天皇が前殿に御し、童相撲を見ており、「其の儀は一に去年の如し」とある（『三代実録』貞観四年七月条）。この童相撲は、去年、すなわち貞観三年に幼少の天皇のために始まったのであるが、(9)十七日条の「童相撲日の儀の如し」の文言からすると、昨年開始されたときから童相撲には、童子の舞、すなわち童舞が組み込まれていたと推察される。この童相撲のことは、後に詳しく見ることにしたいが、ここでは、童舞が中宮や前殿等、朝廷内で行われたことを確認しておきたい。

朝廷以外では、まず、次の史料がある。貞観八年（八六六）三月二十三日、右大臣藤原良相の西京第に行幸し観桜の宴が開かれた。当日、邸宅では、漢詩や賭弓の御遊とともに、伶官による奏楽と、「玄髫稚歯十二人、遞出し舞ふ」と、童舞が記されている。また、夜には女楽が奏されてもいる。両方とも、天皇を迎えての娯楽的な饗宴における童舞である。

翌月の閏三月一日には、太政大臣藤原良房の東京染殿で同じく天皇行幸のもと観桜宴が行われ、「童男妓女花の間に舞を送る」と、ここでも童舞と女楽が演奏されている（『三代実録』）。

当時、天皇と官人との個別的な政治的・人格的結合を強化結集するため、天皇は、律令制が貫徹しない空間である貴族邸宅に行幸し、宴が張られ、叙位が行われたことが指摘されているが[10]、その際華やかな童舞が導入されたことに注目しておきたい。

さて、朝廷や天皇を迎えた貴族邸宅以外での童舞空間は、これも前述した貞観十六年三月の貞観寺法会での童舞である。この時も詔によって大法会が挙行されたのであり、童舞は、まず、王権との関係で、王権と関わる場で導入されたのである。貞観寺での童舞が「公子王孫年少者四十人」によって担われたのもそれを裏付けている。

こうして見ると、九世紀から始まる童舞は、まずは王権の場である朝廷で始まり、上層貴族邸宅や寺院を童舞の空間として広がっていった。桓武朝に饗宴の儀式化が行われ、外来の雅楽が宴を荘厳化し、華やかさを演出するために導入され儀式化されると、宮廷に近侍している衛府の官人がしだいに余興的に音楽を奏するようになり、それも儀式化されるようになる[11]。衛府の奏楽とほぼ時を同じくして、雅楽を舞う童舞が王権の周辺から始まり、寺院などにも波及したのではなかろうか。

二　童舞の童たち

1　算賀の童舞

九世紀承和年間から、親王や上層貴族の子弟を舞手として、まずは宮廷から童舞が始まることを見た。ここでは、十世紀から十一世紀中葉までを主たる時代として、童舞の具体的なあり方を見ていきたい。

最初に取りあげるのは、当時老人の領域に足を踏み込んだと認識されていた四十歳をはじめとして、五十歳・六十歳と年齢の区切りごとに長寿を言祝ぎ、さらなる健康と延命を祈念する祝賀としての算賀である。算賀の童舞が最も華やかであり、注目される故に、まずは算賀から見ていくことにする。

八世紀から始まる算賀は、史料でのそれは「御賀」として十世紀には頻繁に登場する。平安時代の算賀については、村上美紀氏が、漢詩や和歌などにのこる算賀史料をも含めて博捜し、分析を加えている(12)。本章も村上美紀氏の先行研究によりつつ、童舞の実態を検討したい。

村上氏は奈良・平安時代の史料に出てくる算賀九十余例のうち、舞が奏された記録は十八例あることを指摘されている。この事例からは、史料上にのこる舞はさほど高い割合ではない。しかし、十世紀以降の、天皇の算賀を除く他の算賀では、基本的には童舞が一連の儀式次第に組み込まれていたのではないか、と思われる。そう考える理由は、村上天皇の命によって編纂された儀式書である『新儀式』には、奏舞が儀式中に組み込まれているからである。

簡単に見ていくと、『新儀式』「奉賀天皇御算事」には、雅楽寮が日華、月華両門から参入し、庭中で奏楽をすることになっている(群書類従本『新儀式』以下同じ)。この天皇のための算賀では、公的な雅楽寮が音楽を演奏するだけになっている。ところが、次の「天皇奉賀上皇御算事」、すなわち天皇が主催して上皇の算賀を祝う儀式では、以下のように記されている。

前二ヶ月、楽所行事人、(割註略)ならびに舞童を献ずべき人々〈親王公卿弁官もしくは近国受領息子有る者を以て、之に宛てよ。あるいは童親王別に勅有りて之を舞へ〉を定め調へよ(『新儀式』)

二ヵ月ほど前から、童舞を舞う童が、親王や公卿、あるいは弁官や近国受領、すなわち上層受領の子弟の中から選ばれ、教習されることになっている。天皇が皇太后などを奉算する場合にも「皆上皇御算の奉賀に同じ」とあり、童舞が儀式に組み込まれていた。

たしかに、十世紀から十一世紀中頃にかけて、「代々御賀記」(『伏見宮御記録』)などの詳しい記録がのこっている場合にも、天皇への奉賀儀で、童舞を行った記録はない。ところが上皇や皇后、摂関などの場合には童舞がたびたび行われている。

村上氏の作成された算賀一覧表によると、十世紀以降、算賀を祝ってもらった天皇は三人いる。延長二年(九二四)に四十歳を迎えた醍醐天皇は、正月十日には宇多上皇から(『日本紀略』)、十二月十八・二十二日には中宮穏子から(『貞信公記』ほか)奉賀の宴を行ってもらっている。康保二年(九六五)八月や十二月には村上天皇が(『西宮記』ほか)、長和四年(一〇一五)十二月二十七日には三条天皇が、それぞれ四十歳の算賀儀を受けている(『御堂関白記』ほか)。三例とも、大変詳しい史料がのこっているにもかかわらず、童舞はなされていない。儀式書の規定通り童舞はなかったものと思われる。この点は、童舞の意義を考えるとき、きわめて大切な点と思われるので強調しておきたい。

天皇算賀にたいし、上皇や皇后・皇太后等の算賀については、詳しい記録がのこる場合には童舞の記述は多い。儀式書の通り童舞が組み込まれていたと思われるのである。

しかし、この上皇や皇后・皇太后の算賀儀における童舞は、当初から組み込まれていたとは思われない。天皇が上皇の算賀を奉じた初見史料である、天長二年(八二五)十一月二十八日、嵯峨上皇四十算賀儀には、

雅楽は楽を奏し、中納言正三位良岑朝臣安世南階より下り舞ふ。群臣また率舞す(『類聚国史』巻二十八)

とあり、雅楽による音楽の伴奏で中納言以下の臣下が舞った記事はあるものの、童舞ではない。つぎに詳しい史料がのこり、舞が行われた記事は、第一節でも取り上げた元慶六年(八八二)三月二十七日の皇太后高子四十算賀儀であ

る。陽成天皇によって清涼殿で行われた「秘宴」では、親王・公卿たちが皆ことごとく宴に侍し、雅楽寮が鼓鐘を奏でるなか、五位以上の子息から選りすぐられた美少年十八人が華麗な舞を披露したのであった（『三代実録』）。以後、詳しい記事がのこる場合は、童舞が必ずといっていいほど記されている。したがって、九世紀後期より、天皇にたいする算賀儀以外では、童舞が不可欠になった、とみなしてよい。では、先の村上氏の算賀表において童舞が行われた史料の割合が少ないのはなぜか。その理由は、簡略な記述の『日本紀略』や和歌などの史料が多く、行事次第を網羅しているものではないから記述されていないだけである、と思われる。

では、その童舞はどのように行われたのだろうか。九世紀から十一世紀中頃にかけての算賀儀にみえる童舞十例を表2に示した（十一世紀中頃に絞ったのは、院政期になると上皇などの算賀が盛大に挙行されるようになり、童舞のあり方も変化するので、本章では時期を限定することにした）。なお、延喜六年（九〇六）十一月七日、醍醐天皇の行幸のもと、朱雀院において行われた宇多法皇四十歳の算賀では、「侍臣等の舞あり」（『扶桑略記』）とみえ、延喜六年史料をたびたび取り上げる『新儀式』「天皇奉賀上皇御算事」では、「第一親王童舞親王を召し」との文言があることから、この時も童舞が行われたと推測されるが、確たる史料がないので一応除外した。

この表からうかがえる第一の注目点は、天皇や皇后等が主催して行われた算賀儀では、あらかじめ五位以上の子弟から童が選ばれ、教習されて童舞を行った点である。『新儀式』には、親王や公卿・弁官もしくは近国受領子息から、二ヵ月前に選ばれる規定があったことは前述した。実際には、皇太后高子四十算賀では、五位以上の子弟であったことを先にみたが、皇太后班子の場合にも、「舞人は皆、五位以上の子童より簡定し」（『伏見宮御記録』・女御賀例母后御賀寛平四年三月十三日条）とあり、また、宇多法皇五十算賀の場合にも、「童親王及び五位以上の子を舞人となす」（『日本紀略』延喜十六年三月七日）とある。

表2　九世紀から十一世紀中頃にかけての算賀儀にみえる童舞一覧

被賀者	年月日	主催者	場所	童舞者	童舞曲	出典
皇太后高子 四十歳	元慶六・三・二七	陽成天皇	清涼殿	五位以上子弟童子 貞数親王		三実
太皇太后班子 六十歳	寛平四・三・一三	宇多天皇	常寧殿	五位以上子童良家総角	春鶯囀・酔胡楽・散手	紀略・西宮・伏見
	一四				万歳楽・陵王・打球楽	
宇多上皇 五十歳	延喜一六・三・三	醍醐天皇	左近衛府	童		紀略
	五	醍醐天皇	仁寿殿	藤原敦忠	散手	
	七	醍醐天皇	朱雀院	童親王・五位以上子		
皇太后穏子 五十歳	承平四・三・二四	朱雀天皇	仁寿殿	童	春鶯囀・万歳楽・散手	紀略・西宮
	二六	朱雀天皇	常寧殿	童二十人	皇麞・龍王・納蘇利	
	二七	朱雀天皇	常寧殿		喜春楽	
	十二・九	左大臣忠平	常寧殿	殿上童		紀略・西宮
陽成上皇 七十歳	承平七・一二・一七	親王・源氏	冷然院	童五人		一代・花鳥
右大臣藤原師輔 五十歳	天徳元・四・二二	女御安子	飛香舎	師輔孫伊尹小童		紀略・九暦
摂政藤原兼家 六十歳	永延二・三・二四	皇太后詮子	常寧殿	摂政孫児二人福足君		紀略・栄花
東三条院詮子 四十歳	長保三・九・一四	左大臣道長	東三条院			
	一〇・七	一条天皇	清涼殿	頼通・頼宗	龍王・納蘇利（他侍臣舞あり）	紀略・小右記・権記
	九	一条天皇	土御門第	頼通・頼宗		

源倫子	六十歳	治安三・一〇・一三	太皇太后彰子	上東門第	経季・兼頼	龍王・納蘇利（他侍臣舞あり）	小右記・権記・左経・栄花
源倫子	七十歳	長元六・一一・二八 二九	関白頼通 後一条天皇	高陽院 清涼殿			紀略・百・扶桑

また、表からうかがえるように、人物がわかる童はすべて公卿層の子孫である。さらに、この童たちは殿上童だったと思われる。殿上童とは、九世紀末に名称と制度が整った、殿上の間に伺候できる、すなわち昇殿が聴された童で、主として蔭孫と四位以上の子息たちであった。[13] 治安三年（一〇二三）十月十三日、太皇太后彰子によって上東門第において行われた母源倫子の六十算賀では、龍王を舞った藤原経季と納蘇利を舞った藤原兼頼はともに「殿上童」と明記されている（『小右記』治安三年十月十三日条）。延喜四年（九〇四）三月二十六日、宇多法皇による仁和寺供養の舞童が、内裏に召され天皇の前でも童舞を行ったが、そこで「両舞童、宜しく昇殿を聴すべし」との勅が出され、殿上童になっている（『扶桑略記』延喜四年三月二十六日条）。このことなどから勘案して、天皇や皇后等の前で舞う童は、殿上童だったことが推察されるからである。[14]

この選定された童たちは、九世紀末には二ヵ月から一ヵ月ほど前から、「左兵衛府」において教習を受けていた。皇太后高子の算賀では、「宴より先、二十ばかりの日」に「左兵衛府において舞を習はしむなり」（『三代実録』元慶六年三月二十七日条）とある。また、太皇太后班子女王の算賀では、「左兵衛庁において、先の一月、諸舞を教習す」（『伏見宮御記録』代々御賀記・女御賀例）とここでも左兵衛府で教習を行っている。

十世紀の算賀での童舞教習史料はのこっていないが、十一世紀になると、各家で舞師を招いて教習が行われるようになる。一条天皇による母東三条院詮子四十奉賀では、長保三年（一〇〇一）十月六日、道長邸において鶴君と巌君二人の拍子合わせが行われている（『権記』）。「はじめに」でも指摘したように、二人の舞師は別であるから、二人の童は、まずは母と同居する各家で舞師を招き習っていたと思われるが、道長の邸宅には楽事堪能者を集めて教習させ、摂関家の楽事に奉仕させる家楽所が設けられていたから、(15)当然ながら家楽所で童舞を学んだに違いない。治安三年（一〇二三）の太皇太后彰子による母源倫子六十算賀では、藤原実資は一家の一員である経季による龍王の拍子合わせに所労のため出席できないので、養孫資房を召して、経季の舞師右将曹多政方に厩の馬を与えている（『小右記』治安三年閏九月二十三日）。多政方は楽家多氏の嫡流として舞道第一の者であったが、(16)ゆえにこそ右大臣実資は馬を給わったのであろう。さらに、本番の十月十三日から半月以上も前に拍子合わせが行われていることからみて、九月十二日に童舞が決定した後には、二ヵ月間みっちりと練習していたに違いない。

かつては兵衛府において教習されていた童たちが、十世紀には各個人の邸宅で衛府の舞師をよび調習が行われるように変化したことはすでに荻美津夫氏の指摘がある。十世紀以降になると、舞童に選ばれた童たちは、各邸宅で童舞を教習するのが必修となったのである。

では、なぜ舞師を招き猛練習をするのだろうか。東三条院四十算賀での、九歳の次妻所生の巌君（頼宗）が絶妙の舞を披露し、天皇をはじめ満座の喝采を浴び、舞師が褒賞されたのに対し、正妻腹鶴君（頼通）の舞師ではなかったことに道長が立腹したことは「はじめに」でみた。天皇をはじめ親王、上層公卿たちの居並ぶ公的な儀式で、絶賛を浴びることが、まずは父や親族たちにとって名誉であり、父子関係を披露することになったのである。皇太后高子の算賀で、陵王を舞った八歳の貞数親王は、絶妙の出来映えであった。

上下観者、感じて涙を垂る。舞をはり、外祖父参議従三位行治部卿在原朝臣行平、舞台の下に候じ、親王を抱へ

持ち、歓躍す（『三代実録』元慶六年三月二十七日条）

貞数親王は清和天皇の第八皇子で、母更衣在原文子は在原行平の女子だった。貞数親王の誕生については、『伊勢物語』七十九段に、

むかし、氏のなかに親王生まれ給へりけり。御産屋に、人〳〵歌よみけり。御祖父がたなりける翁のよめる。

わが門に千尋ある影をうへつれば夏冬たれか隠れざるべき

とあり、いまだ氏的結合が強く、しかも双系的血縁意識が残っている九世紀においては(17)、外家にとっても孫の名誉は「氏」繁栄の一助と認識されていたのである。

ゆえに、天皇が行幸したり、あるいは皇后等の主催で公的に行われる算賀では、近親の童が舞うことが多い。東三条院詮子の算賀での童舞者、頼通と頼宗は詮子の甥だった。天徳元年（九五七）四月二十二日、天皇渡御のもと、女御藤原安子の主催で開催された右大臣藤原師輔の五十算賀では、「大臣嫡孫小童舞を奉仕〈伊尹朝臣子〉」（『日本紀略』）と、師輔孫の伊尹子が舞っている。童舞での父の栄誉を示す拝舞や、子どもにとっての童舞の意義については、第三節で見ていきたいが、いっぽう、童舞の失敗は、逆に大変なマイナス効果を生み出す。よく知られているのは、七日関白道兼の長男福足である。

永延二年（九八八）三月二十五日、天皇主催の摂政兼家六十算賀が、左右大臣以下の列席のもと、常寧殿で行われたが、「摂政孫児二人が舞を奏」した（『日本紀略』）。この兼家孫の一人が道兼長男福足だった。

幼き人はさのみこそはと思へど、いとあさましう、まさなう、あしくぞおはせし。東三条殿の御賀に、この君、舞をせさせたてまつらむとて、習はせたまふほども、あやにくがりすまひたまへど、よろすにをこづり、祈をさへして、教へきこえさするに、その日になりて、いみじうしたてたてまつりたまへるに、舞台の上にのぼりたま

ひて、ものの音調子吹き出づるほどに、「わざはひかな、あれは舞はじ」とて、鬢頬引き乱り、御装束はらはらと引き破りたまふ（『大鏡』中道兼）

腕白でたちが悪かった福足は、だだをこねて習うことを嫌がったので、ご機嫌をとりつつ、祈禱までして臨んだのに、童舞の当日、舞台の上で、舞うことを拒否し、結い上げた角髪を引きむしり、装束を破り棄てたのである。何しろ天皇の前でもあり、父兼家の手前もあり、父親の道兼は真っ青、父の面子は丸つぶれである。参加者一同固唾を飲みながら事の成り行きを見守るなか、伯父道隆は、舞台の上にのぼると、福足を抱き上げ、自分の腰のあたりに引きつけ、自分で手を下して立派に舞った、という。道隆の人柄を示す著名な箇所であるが、後世に伝えられるほど、貴族層には衝撃的な出来事だったのであろう。

福足は、翌年八月十一日腫れ物を患って死去する（『小右記』永祚元年八月十三日条）。『大鏡』は「蛇れうじたまひて、その祟りにより、頭にものはれて、うせたまひにき」と記している。幼名のままの死去である。舞を嫌がる子どもに強要し、祈禱までして算賀の童舞を舞わせたことからして、童舞は、童にとってよりも大人にとってより重い意味をもったと思われる。

九世紀後期から盛んになる算賀では、童舞が不可欠の演目となり、しかも、童舞の成功は、父をはじめ近親にとって、当の子ども以上の栄誉をもたらすものであり、ゆえにこそ、競って当代随一の舞師を招き、教習させたのであろう。もちろん、喝采を浴びた童はそれ以上の多大な利益を被るに違いない。この点は第三節で検討したい。

2　儀式と童舞

童相撲

史料にあらわれる童舞のうち、算賀儀に次いで多いのが童相撲である。童相撲の初見は貞観三年（八六一）六月二十八日、十二歳の清和天皇の出御により「前殿」で行われ、

左右互いに音楽を奏し、種々の雑伎、散楽、透撞、咒擲、弄玉等の戯は、皆相撲節儀の如し

とあって通常の相撲節と同じだとある（『三代実録』同日条）。しかし、当初から、相撲節には行われない童舞が、儀式の中に組み込まれていたと思われる。たしかに初見史料には童舞は見えないが、翌年、貞観四年七月十七日には、

中宮に於いて、伶人舞童子等を喚び、音楽を奏す。童相撲の日の儀の如し（『三代実録』同日条）

とあり、舞童子たちが喚ばれており、「童相撲の日の如し」とあるから、当初から童相撲には童舞があったと思われる。『新儀式』童相撲事では、「勝方奏舞」の註に、

各方中少将、あらかじめ本府に仰せ、楽を設けしむ。亦楽所および諸司所々の絃管に堪へる者両三人を召し用ふ。或いは舞人には童を用ふ

とあり、舞人には童を用いる規定になっている。当初から、童相撲には童舞が不可欠だったと思われる。

貞観期の童相撲は、幼帝のために行われたようで、清和天皇が元服し春宮から内裏に遷御する貞観七年以降は見えない(18)。清和天皇の時始まった童相撲は、十世紀から十一世紀にかけて行われたが、寛弘三年（一〇〇六）八月十七日、第一親王敦康親王のために行った童相撲以後、寛治六年（一〇九二）八月二十八日に行う予定だったが、伊勢神宮の社殿倒壊により結局中止になってしまい、以後史料には登場しない(19)。

ではこの童舞は誰が舞ったのだろうか。延長六年（九二八）八月九日、東宮の童相撲が弘徽殿の東庭で、「四尺五寸の童を用い」て行われた。

伊衡朝臣息男昇殿す。今日輪台を奏す。童時殿上となす故か（『扶桑略記』同日条）

伊衡は東宮亮だった故に、息子の東宮昇殿が聴されており輪台を舞ったのである。残念ながら、他には、童相撲で童舞を舞った人物が特定できないのだが、同じく娯楽的要素の強い滝口の相撲では、殿上童が舞っている。応和二年（九六二）八月十六日、村上天皇出御のもと、滝口で相撲があったが、「殿上人童等舞を奏す」とあり、小舎人興光が抜頭を舞っている（『西宮記』）。この小舎人は殿上童と思われる。[20]荻美津夫氏は、九世紀には衛府が中心であった舞人が、儀式次第の変遷がみられた十世紀頃から、滝口相撲では殿上人や小舎人（殿上童）が、童相撲では童殿上人が、主として勤めるようになった、とされている。[21]しかし、童相撲での舞人は前述のように当初から童だったと思われる。しかも、当初から、童舞は天皇に侍奉する殿上童たちが担ったと推察されるのである。

殿上賭射・競馬等

天皇の列席のもと、親王や公卿も射手として加わる娯楽的要素の強い臨時的に行われる殿上賭射では、勝方あるいは引き分けの時は双方が、舞を奉仕する。『西宮記』殿上賭射には「童代々前後ともこれを奏す」とあり、また『北山抄』殿上賭射事には、「殿上小舎人を以て舞人となす。或いは又勝方舞後、負方の儲くる所の舞童を召し之に舞はせしむ」とあり、当初から勝敗舞は童舞だった。[22]実際にも童舞の史料は多い。

天禄元年（九七〇）三月十五日に行われた殿上賭射では、「兼家卿息の童舞の態已に骨法を得たり、よりて主上紅染単衣を給ふ」（『日本紀略』同日条）と記録されている。この兼家息とは道綱であり、『蜻蛉日記』にこの童舞の教習や試楽、兼家や道綱母の喜びがきわめて詳しく描かれており、殿上賭射を検討する際には必ず取り上げられる著名な記事である。[23]

延長四年（九二六）三月六日の殿上賭射では、小舎人平忠孝が羅陵王を、小舎人源兼光が納蘇利を舞っている（『西宮記』殿上賭弓）。左右舞が行われているので、持、すなわち引き分けだったようである。この小舎人は殿上童である。[24]

正暦四年（九九三）三月二十九日、殿上賭射が行われた。その一ヵ月前の二十九日、河内守藤原景斉が藤原実資の邸宅に来訪し、息子の金剛丸が納蘇利に定められたため、舞装束を借りている。「下官の童稚の時の装束なり」とあり、後に述べる三十年程前、十歳の時納蘇利を舞った装束であろう（『小右記』同日条）。金剛丸は一ヵ月間猛練習したに違いないが、残念ながら三月二十九日の殿上賭射では負方だったらしく、勝方として龍王を舞ったのは「摂津守為頼朝臣子、殿上小舎人」だった（『小右記』同日条）。

こうしてみると、儀式書でも実際の記録でも殿上賭射の勝負舞は童舞だったことがうかがえる。正月十八日の賭射では大人が舞うことを勘案すると、やはりより娯楽性の高い臨時の私的な御遊的儀では童舞が行われたことが指摘できよう。

宮廷内での娯楽的儀式では、競馬・打毬などでも童舞が行われた。康保二年（九六五）六月七日、為平親王と守平親王が左右の頭となり、弘徽殿で競馬・打毬が行われた。この競馬にも、「騎小童天冠を着す」とあり、また打毬にも「打毬童〈歩行〉」と記されているが、勝方舞の陵王も「小童之を舞ふ」とあって童だった。天皇や皇太子、中宮等の見守るなか、競馬にも打毬にも、童舞にも積極的にかかわった童たちが記されている。この小童もまた殿上童たちだったと推察される。

御遊的競技といえば、十世紀から十一世紀にかけては、朝廷内で歌合や菊合などが頻繁に行われた。「日本」文化の隆盛、いわゆる「国風文化」の時代が背景にあった(25)。歌合や菊合等においても童舞が添えられることが多い。天暦七年（九五三）十月二十八日、清涼殿において殿上残菊合が行われた。左方右大臣師輔・大納言源高明・参議師氏、右方大納言顕忠・左衛門督師尹とトップレベルの公卿層による菊合だった。結局左が勝ち、「龍王を奏す〈舞童橘如信、右衛門権佐公輔息〉」（『九条殿記』）、と勝舞は童舞であり殿上童橘如信が舞っている。その後、左右から和歌が献上され、さらに天皇からの突然の仰せで左右の近衛将曹や舞師等により舞楽が奏された。ここでも勝負舞は童舞である。

御遊他

殿上侍臣の楽舞を天皇が見る行事もたびたび行われていた。中でも後世まで語り伝えられたのは、康保三年（九六六）十月七日、村上天皇による殿上侍臣や小舎人等の楽舞御覧である。村上朝には、歌合等の私的な遊宴がたびたび行われたが、楽所始が始まり、遊宴等には楽舞が彩りを添えていた(26)。この楽舞御覧でも、皇太子・左右大臣をはじめ公卿以下着座の中、左大臣の笙、右大臣の琵琶以下の伴奏で、佐理・高遠の万歳楽、兼家等の延喜楽、兼通等の賀殿、あるいは輪台・散手・太平楽・胡飲酒など殿上侍臣等による楽舞が次々に繰り広げられた。トリは童舞である。小舎人藤原親光が舞衣と天冠をつけ羅陵王を、小舎人藤原実資が同じく天冠舞衣をつけ納蘇利を舞ったが、実資は、天皇の床子に召され、「阿古女」が脱ぎ与えられた。最上の栄誉である。養父左大臣実頼は欣感し起って舞った（『西宮記』臨時楽）。時に、実資は十歳だった。前述のようにこの時の納蘇利舞装束が三十年ほど後に貸し与えられたものである。左大臣の歓喜と実資の誉れは、殿上童道綱の舞に兼家が感涙したのと同様の構造である。

御遊的行幸でも童舞が見える。延長四年（九二六）十月十九日、醍醐天皇の大井川行幸では、七歳の雅明親王が万歳楽を舞う。「舞の間曲節誤たず、主上半臂を脱ぎ親王に給ふ。拝舞。又勅有りて帯剣」が許される（『大鏡裏書』）。数え年七歳、すなわち満六歳の童が間違えることなく最後まで舞通したのである。この親王は天皇から衣を下賜された後、きちんと拝舞している。

庚申でも文人たちの賦詩の後、童舞が行われている。延喜十六年（九一六）七月七日、小舎人源相平が輪台を、蔭孫源蔵俊が皇麞を舞っている（『西宮記』御庚申御遊）。この小舎人も類述するように殿上童である。

こうしてみると、九世紀中頃から始まった童舞は、十世紀には娯楽的かつ私的な遊宴において、なくてはならない一演目になっていたようである。

女童の童舞

延喜十九年（九一九）十二月十六日、内教坊別当右近衛少将伊衡が内教坊に遣わされ、渤海客饗宴の日の舞人等が選定された。その内訳は、「舞人二十人、舞童十人、音声二十人」であった。「去八年は音声人三十六人なり。この度は定減し、この外に威儀二十人、例によりて、内侍所の女孺等を差すべきなり」とある（『扶桑略記』同日条）。内教坊は唐において内教坊が設置されたのを模して、八世紀初頭に創設された、女楽や踏楽を伝習した所である。[27] 外来客の饗宴には女楽が奏されることが多く、また、正月十六日の踏歌や白馬節会、内宴、九月九日節会などに奉仕した。この内教坊に舞童がみえるのである。当然ながら、童女であったろう。しかし、内教坊の童舞はこの史料のみであり、実態は不明である。

王朝時代における宮廷での女の楽舞は、内教坊の女楽と新嘗祭・大嘗祭の五節舞姫[28]であるが、内教坊では女童たちも教習されていたことだけは推察されるようである。しかし、年中行事や日常的な饗宴における童舞は男子である殿上童たちが舞うものであった。

3　供養舞

さて、十世紀にみえる童舞のもう一つの場は、寺院等での法会楽舞である。九世紀の寺院での法会童舞は五位以上の貴族子弟が奉仕していたことは、すでにみたところである。院政期の寺院童舞では、楽人の子たちによって担われていた。[29] では、十世紀の寺院法会童舞はどのような階層の子どもたちが演じていたのだろうか。

十世紀から十一世紀中葉にかけての寺院の法会でも童舞は華やかな彩りを添えていた。比叡山延暦寺で、天元三年（九八〇）九月三日に行われた中堂供養では、

大行動をはりぬ。次いで供花の菩薩八人、鳥舞童八人、胡蝶童八人、新作舞童廿六人、唐名夫人讃仏楽、高麗名仙童供花楽、梵音錫杖（『叡岳要記』群書類従）

とあり、献花作法での仏教舞楽中に童舞が演じられている。法会の舞楽には二種類あり、そのうち菩薩・鳥（迦陵頻）・胡蝶による一連の献花作法は純粋の仏教舞楽ともいうべき供養舞あるいは法会舞であり[30]、この供養舞を童が担っていたことがうかがえる。十世紀には、すでに寺院で行われる多くの法会で童舞が演じられていたのである。

寛弘二年（一〇〇五）六月七日に行われた観音院丈六不動尊開眼供養では、講師前大僧正観修や賛衆二十人等の入場、着座ののち、献花作法では鳥と胡蝶の供養童舞に加えて、法会終了後、「その後舞各一曲〈大唐・高麗・童舞〉、のち未だ舞終はらざる間、余座を起ち出る」（『小右記』同日条）と大唐・高麗楽の各童舞が演奏されている。これは法会終了後に参拝衆の法楽のために演奏されたいわば余興的な入調舞である[31]。

永祚元年（九八九）十月二十五日、円融法皇が渡御して行われた遍照寺供養では、大行道終了後、「大唐・高麗各二曲、皆これ童舞」とある（『小右記』同日条）。大行道の後行われているから、この大唐・高麗の童舞は、やはり余興的な入調舞である。十世紀、すでに仏教的な供養舞でも、余興的な入調舞にも童舞が重要な演目を演じていたことが知られる。

治安二年（一〇二二）七月十四日の法成寺金堂供養は、極楽の如き華やかさだった。

舞台の上にても、さまざまの菩薩の舞ども数を尽くし、又童べの蝶・鳥の舞ども「ただ極楽もかくこそは」（『栄花物語』巻十七）

たしかに供養舞では、「迦陵頻八人・胡蝶八人・菩薩十六人」（『諸供養類記』不知記）とあり、童舞だった。『栄花物語』には、「ここらの菩薩舞人どもに、例の童べのえもいはずさまざま装束きたる、舞ひたり」（巻二十二）など、他にも法会における童たちのえもいえぬ麗しい装束や尊い舞が記されている。

さて、ではこの童舞を担ったのはどのような子どもたちだったのか。延喜四年（九〇四）三月二十六日の仁和寺供養に先立ち、二十四日に法会童舞が内裏で演じられ、陵王を舞った大納言国経子と、納蘇利を舞った中納言有穂子が童殿上を聴されたことは前述したところである。この陵王も納蘇利も余興的な入調舞であるが、殿上童になりうる上層貴族層の子息たちが舞を担ったことがうかがえる。寛和元年（九八五）二月二十二日に、皇太后昌子内親王が山城大雲寺観音院で供養を行ったが、この法会の童舞は、二十九日の殿上賭射で舞っており、「前方勝つ、龍王を奏す〈皇太后宮御堂会の童に舞はしむ〉」（『小右記』各日条）、と記されている。殿上賭射での童舞は殿上童が演じることは既述したところであり、陵王か納蘇利であった。すなわち、大雲寺観音院供養で入調舞を担ったのは殿上童、あるいはそれと同等な童たちだったことが推察される。翌三月二日、円融上皇が童舞を召し「御覧」したのもこの法会の童舞の可能性が高い。同月三十日、また上皇の童舞「仰覧」があった。「春鶯囀・散手・太平楽・竜王・納蘇利」が演目だったが（『小右記』同日条）、どれも法会の余興的入調舞の演目である。(32)

天慶二年（九三九）三月二十七日に敦実親王が行った仁和寺八角堂供養会の童舞を（『日本紀略』）、四月二日天皇が「御覧」の例なども同様であろう（『貞信公記抄』）。

ただし、延暦寺中堂供養の童舞は五十人もの大人数だった。法成寺供養でも記載されているだけで三十二人の童が舞っていた。殿上童は、九世紀末成立当時は十人の規定があり、以後歌合等の殿上童をみると十五、六人の場合もあり、増加するものの、多くても二十人を越すことはない。(33)とすると殿上童だけでは当然賄えないはずである。そこで思い起こされるのが、法会童舞が、天皇や上皇・皇太后等の童舞御覧の場で舞ったり、あるいは殿上賭射の勝負舞を担ったりしたこと、その際、陵王（竜王）や納蘇利、あるいは春鶯囀・散手・太平楽等、すなわち余興的要素の入調舞だったことである。つまり殿上童あるいはそれに準ずる階層の童たちが担当した寺院法会における童舞とは、余興的要素の入調舞ではあり、そのいっぽうで、供養童舞は寺院関係や楽人の子弟たちが既に担当していた可能性も推察されるのである。

延喜十四年（九一四）十月二十三日、北野雷公祭の試楽が行われたが、「試楽〈雅楽楽人、楽所人等候ず〉。楽舞、童舞に禄を給ふ」（『西宮記』臨時御願）とある。楽舞を担当したのは雅楽楽人とすでに独立していた楽所人であった(34)。この文脈からして、童舞を担ったのは殿上童ではなく、楽所に候じていた楽所人としての童の可能性もある。とすると、楽所人の子弟の可能性も高いであろう。現在のところ、童舞史料から十世紀すでに楽所に童が存在し、童舞の教習を受けていたかどうか、また法会での供養童舞を担当していたのはどの階層の童たちかなどは不明であるが、可能性のみ指摘しておきたい。いずれにしても、王朝時代には寺院法会の入調童舞においても、殿上童がその一端を担っていたことは史料から解明されるのである。

三　童舞の意義

1　娯楽的・余興的童舞

九世紀中頃に朝廷内で始まった貴族子弟をその担い手とする童舞は、十世紀から十一世紀中頃にかけて朝廷や貴族邸宅を童舞空間として、儀式中のハイライトとも目されつつ、頻りに行われた。では、童舞を担う童や親族にとってどのような意義があったのか。ここでは、童舞成立の意味を考えることとしたい。

まず、第一に指摘したいのは、本章で検討した雅楽としての童舞は、童ゆえにもつ「呪術的な」、あるいは「聖なる」意味をもって登場したわけではないことである。童舞のうち、早い時期にみえる史料で注目されるのは、第一節でも取り上げた貞観五年（八六三）五月二十日の神泉苑で行われた、疫病対策としての御霊会である。僧侶が『金光明経』と『般若心経』を講読した後、雅楽寮の伶人による楽がなされ、天皇に近侍する児童や良家稚子の童舞が行われ、他に唐楽・高麗楽が舞われ、雑伎、散楽が、貴族のみならず都邑の庶民をも見物人にして、披露された（『三代実録』同日条）。この童舞は、御霊会という呪的な様相を呈する場で舞われている。たしかに民間の御霊会は、

> 或いは仏を礼して経を説き、或いは歌ひ且つ舞ひ、童貫の子に靚粧して馳射せしめ、膂力の士は袒裼して相撲し、騎射は芸を呈し、走馬は勝を争ひ倡優は嫚戯して、逓に相誇り競はしむ（『三代実録』同日条）

童に化粧して射らせており、庶民の御霊会は雑多な芸能や伝統を含んでいた[35]。しかし、御霊会は講読・童舞・散楽の構成による宮廷行事として調えられたものであり、良家子弟によって舞われたものである。舞曲等不明だが、担い手そのものは算賀童舞等と同じである。かならずしも聖なる存在としての童ではない。

こう考えると問題になるのは、童相撲と童舞である。童相撲には当初から童舞が行われていたと推察しうることは前述した。童相撲の開始について大日方克己氏は、「童は相撲節の場合でも、占手として出場していることから、一種の呪術性をもった存在と考えられ、幼帝清和との相乗効果を期待した儀礼だったとみることができる[36]」とされ、童の呪術性を重視している。この説を受け、松見正一氏は、身長四尺前後の「童」の神聖にあやかって幼少天皇の権威誇示のために、すなわち天皇権力の安定化をはかったのであり、天皇権力の基盤が脆弱になると、「一種の演出手段

へと変化」していった、とされている。[37] ともに童の呪術性・聖性を強調する説である。これが童舞における呪術性を指摘する説にも繋がっていくのであろう。しかし、清和以降も元服前の童天皇は出現するのに、童天皇のための童相撲は行われないこと、童相撲には当初から相撲節にはない童舞が組み込まれていたこと、すなわち童相撲と童舞の出現は同じ意味をもつこと、童相撲と童舞はともに九世紀中頃以降始まったのであり、古代以来の呪術的・聖的伝統を継承したのではなかったこと、などからして、むしろ子ども向けの娯楽的・余興的な儀式として開始されたのではないかと思われる。

王権への服属と奉仕を確認する儀式として成立し制度化された相撲節は、律令国家の構造変容に対応して九世紀末から大きく転換していった。[38] 名称も節会から召合へと変化し儀式次第も変化するが、楽舞では、呪術的な厭舞から娯楽的・余興的な振鉾へと変化する。四尺以下の小童が、呪術性や神聖性を期待して、神意を判断する占手に用いられていたが、この占手の勝敗による乱声も同様に行われなくなる。[39] しかも占手は『北山抄』からは儀式次第そのものからも姿を消すのである。すなわち、九世紀末から十世紀初頭にかけて朝廷の相撲儀そのものも、かつての呪術的・年占的要素は減少し、娯楽的要素が強化されるのである。ちょうどその時期、九世紀後期から新たに始まった童相撲と童舞も、むしろ娯楽的・余興的要素が当初から強かったと思われるのである。童であるゆえに、歴史的背景を考えることなく「呪術的なもの」「聖なるもの」と位置づける説には躊躇せざるを得ない。

これは寺院法会における童舞の場合も同様である。十世紀には、たしかに、純粋の仏教舞楽ともいうべき供養舞を童舞が担っていたことはすでに見た。しかし、東大寺供養等で菩薩や迦陵頻が奈良時代に将来されたとき、あるいは貞観三年（八六一）に改作されたとき、その舞の担い手は童ではなかった。しかも胡蝶は『古今著聞集』などによれば、延長六年（九二八）に左方の迦陵頻の答番として新たに創作されたものという。[40] 十世紀に童舞は発展することは既にみた。とすると、供養楽舞そのものは聖なる舞や神おろし的舞だったとしても、童舞そのものが、あるいは童そのものが、聖なるものであったり、呪術的な意味をもっていたものではないはずである。すなわち、供養楽舞を舞った童舞は聖なる舞になったとしても、童舞そのものを聖なる神おろし的舞と位置づけることはできないのである。

余興的な娯楽的な入調舞に至っては詳述するまでもなかろう。

童舞が余興的舞だったことは、童舞の場である儀式を見ればより明らかになる。天皇の長寿を言祝ぐ算賀の場合は、公的な雅楽寮が楽舞を奏し、童舞ではなかった。いっぽう上皇や皇太后への算賀は童舞が担っていたことをみた。また公的な年中行事として重要であった相撲節では、雅楽や散楽など多くの芸能が演じられたが童舞はなかった。それに対し、余興的な童相撲や滝口相撲では童舞が演目の重要な位置を占めていた。殿上賭射や歌合、競馬等でも同様である。第二節で見た童舞の場は、王卿貴族の宮廷を場とする、ほとんど新たに創設された私的・娯楽的要素の強い儀式だった。すなわち、古代から伝統的に継承されてきた呪術性の強い儀式では、童舞はけっして登場しないのである。とするなら、「聖なる」「呪術的」等を冠して、童や童舞を考えることは誤りといえよう。

既に見た舞曲の演目が、大人の奏楽演目とほぼ同じであることも、童舞がとりわけて呪術的あるいは聖的な意味をもち、登場したのではないことを証するものであろう。勝負舞の陵王と納蘇利は大人も演じるものであった。算賀での童舞の演目も、同様である。

童舞は、娯楽的・余興的要素をもち登場したといえよう。

2　殿上童の童舞の意義

娯楽的・余興的要素をもった童舞であったが、宮廷童舞の担い手たちにとっては、重要な意義を有する舞であった。

著名なのは、『蜻蛉日記』に活写された道綱の童舞である。第一章で詳しくふれたように、天禄元年（九七〇）三月十五日、殿上賭射が行われ、猛練習した甲斐あって、道綱はたいへん上手に舞うことができ、天皇から紅染の単衣を下賜されたのである。父正三位中納言藤原兼家が大げさに感涙した様子が詳しく記述されている。(41) 天皇や王卿を前にしての、骨法に則った童舞が演じられた場合、天皇から直接御衣の下賜があった。天皇からの衣服の下賜は、王権への帰属意識をより強化し、特権の授与だった。(42)

天皇の前で童舞を演じることができるのは殿上童であり、しかも絶妙な童舞に対しては天皇から御衣の下賜が王朝宮廷では慣例であった。算賀でも述べたように、王卿の前での童への褒賞は、童当事者のみならず父や親族にとっても、勢力誇示をもつ政治的意義を有していたのである。そのことを象徴するのは、童に替わって行う父親の拝舞である。

延長四年（九二六）十月十九日、醍醐天皇と宇多法皇がそろって大井（堰）河に行幸し遊覧が行われたが、その遊宴で七歳の雅明親王が万歳楽をみごとに舞い、天皇からは帯剣が許された（『西宮記』童親王勅授）。『古今著聞集』六管弦歌舞には、次のように語られている。

延喜四年十月、大井河に行幸ありけるに、雅明親王御船にて棹をとどめて、万歳楽を舞給ける。七歳の御齢にて曲節にあやまりなかりける。ありがたきためしなり。叡感にたへず、御半臂をたまはせければ、親王給て拝舞し給けり。この日勅ありて親王舞剣をゆづり給ふ。天暦聖主、童親王の御時の例とて沙汰ありける

宇多法皇と京極御息所褒子との間に誕生した雅明親王は、醍醐天皇の子となっていたが、三年後に十歳で薨じたこともあり、亀山の霊が舞に感じてとってしまった、との説話が流布していくことになる（『続教訓抄』舞之部）。すでに元慶六年（八八二）貞数親王は八歳で陵王を舞い絶賛を浴び、帯剣を許されていたから（『三代実録』元慶六年三月二十七

日条)、幼少で舞ったことよりも、夭折したことが説話のルーツになったのであろう。天皇が半臂を脱ぎ与え、親王が拝舞を行った話は、『大鏡裏書』にも見える。七歳の童本人が、天皇からの御衣下賜にたいし、最高礼の感謝と服従の象徴としての拝舞を行ったことが注目される。

いっぽう、康保三年(九六六)十月七日の殿上での楽舞御覧では、十歳の実資が納蘇利を舞った。

舞をはりて実資を床子に召し、阿古女衣を脱ぎ之に賜ふ。左大臣(実頼)欣感に堪へず、起ちて舞ふ。前例は御衣を給はる者が拝舞す。今夜は拝せず。少小の内により、舞装は拝礼致し難きか(『西宮記』臨時楽)

本来は衣を給わった本人が拝舞すべきであるが、舞装束が重い童の場合、養父が起舞した、という。『古今著聞集』六には、「左大臣かしこまりて悦ひ給ひて、たちてまひたまひけり、拝舞はなかりけり、ゆへありけるにや」と結ばれている。すなわち、本人は拝舞をせず、養父が起舞をしたのである。ところが、長保三年(一〇〇一)十月七日、内裏で行われた東三条院算賀の試楽では、龍王を舞った鶴君(頼通)が天皇から御衣を給わった。

今日左大臣息陵王を舞ふ。天皇叡感有りて御衣を給ふ。仍りて左大臣感に堪へず、庭上において天長地久の由と唱へ、拝舞す(『日本紀略』同日条)

天皇から御衣が下賜され、父道長は拝舞したのである。居合わせた実資は、

康保三年の古事、主上独り平御衣を脱ぎて余に給ふ。而るに今日錦の御衣一襲を給ふ。頗る軽々に似たり。右丞相古実を知らざるや(『小右記』同日条)

と、かつて自分が貰ったのは「阿古女」すなわち「平衣」だったのに、今回は右大臣顕光が錦の御衣一襲を与えたことに、「故実を知らない奴め」と憤慨している。それはともかくとして、藤原行成は、

左大臣退下し、拝舞す。をはりて天長地久なりと称し、跪きて舞ふ。頗る軽忽に似ると雖も、感悦に堪へざるか

（『権記』同日条）

と、道長の拝舞を軽忽と思いながらも、感悦の思いに堪えず仕方がない行為とも書き添えている。この場合、父の拝舞そのものが軽率なのか、「天長地久」と称しつつ跪いたのがそれにあたるか疑問であるが、息子への御衣下賜が父にとっていかに歓喜をもたらすものであったかが知られよう。『蜻蛉日記』の作者の述懐と兼家の悦びようは、けっして誇張でも、異常でもなかったのである。

のちの例であるが、康和四年（一一〇二）三月九日、白河法皇の五十算賀試楽において、雅実の息雅定が胡飲酒を舞い、天皇から御衣が脱ぎ与えられた。その際父内大臣雅実は長橋の下に進み出て拝舞をしたが、

この例、治暦三年（一〇六七）十月二十二日、高陽院において童楽の事有るに、当時の内府胡飲酒を舞ふ時、故土御門右大臣（師房）立ちて舞ひならびに拝舞す。この例に拠るか（『殿暦』同日条）

と記されている。十二世紀初頭に十一世紀後期の例を挙げていることからして、息子の童舞に対する天皇からの御衣下賜に、父が拝舞することがさほど慣例となっていなかった可能性もある。しかしながら、童舞が絶妙で天皇から御衣下賜があった場合、本人のみならず父親にとっても極めて喜ばしいことであり、王権との関係を父子で強化することになるのであろう。まさに政治的地位の上昇、安定化である。

こうしてみると、天皇や王卿の前での童舞を行えること自体が、身分的特権であり、くわえて御衣の下賜は王権を媒介とした政治的地位の父子継承をより強めるのである。父の政治的地位、すなわち一定の官職を継承するためには、早期からの王権との結合が不可欠であった。次妻腹の兄弟より正妻腹の兄弟の方が、官職の上昇にとって有利な傾向にはなっていたものの、正妻腹の兄弟同士の場合、必ずしも長子が優位である長子相続には至っていなかった。そのためには兄弟同士でも熾烈な闘争が展開されざるを得ない。元服前から天皇の御前に列席でき、しかも童舞で有能ぶ

りを印象付け、王権との距離を縮めておくことは、当の童にとって、後の転昇をより有利にしよう。父にとっては自身の後継者を天皇や王卿たちの前で披露するためにも大いに役立ったはずである。

おわりに――童舞の時代――

十世紀から十一世紀中頃にかけて、朝廷では、娯楽的要素の強い儀式において、童舞が盛んに行われたが、その初発は九世紀中頃であり、朝廷の場で、親王や王卿子弟、五位以上の、元服前の童たちによって舞われたものであった。王朝時代には、天皇の列席のもとで行われる上皇や皇太后、女院、摂関などの長寿を言祝ぐ算賀の空間が童舞にとって最も華やかな場であった。他にも、八世紀以来伝統的に行われる公的年中行事ではなく、殿上賭射・童相撲・滝口相撲・競馬・歌合・菊合わせ等、私的で娯楽的な儀式で行われることが多かった。寺院法会でも童舞が行われていた。童舞をみごとに舞った場合、天皇から御衣が下賜される。これこそ、童にとっても父親にとっても童舞を猛練習する最たる理由である。

院政期以降も華やかな算賀が繰り広げられ、童舞が彩りを添えるが、むしろ宮廷での童舞は、十世紀から十一世紀にかけての時代が、最も機能を果たしたのではないか。天皇や王卿たちの前で童舞を見事に演じ、天皇から御衣を下賜されること、これは天皇に印象づけ、王権との距離を縮め、成人したのちの官職を転昇させるためには、絶好の機会だった。元服した後、少将になり十代で臨時祭等多くの舞人を勤めることも多い。そのためにも幼少からの童舞の修練は貴族童にとって不可欠の教養であり、必修課目だった。記録や物語には、成功して天皇から御衣が下賜された例の方が多いが、福足君のように、むしろ失敗して、ゆえに上昇できなかった童も多かったに違いない。摂関一族の中でも嫡流が決定するのは王朝時代だった。同階層でも、一歩でも抜きんでて天皇との距離を縮めることが、嫡流としての家格を確保するために必要であり、同父兄弟のうち、正妻腹と次妻腹との差が萌芽していたことは事実であるが、しかし同父母兄弟では個人差の方が大きかった。その中で曾祖父―祖父―父―男子との家筋を一番太く継承するには、王権に近侍し、いち早く承認を得ることが、不可欠だった。その一要素として元服前の王権への侍奉、すなわち殿上童になること、くわえて優美に注目される童舞を演じることは、熾烈な競争を戦い抜く貴族童にとって、かなり重要な意義をもったのだと考えられるのである。

王朝時代の童舞について、たいへん多くのことを語ってくれるのは、『源氏物語』や『宇津保物語』等の物語類である。本章では、古典作品を取り上げることができなかった。別の機会に検討したい。

注

（1）土谷恵「中世醍醐寺の桜会」（佐藤道子編『中世寺院と法会』法蔵館、一九九四年）、同「中世寺院の児と童舞」（『文学』六―一、一九九五年）、同「舞楽の中世―童舞の空間―」（五味文彦編『中世の空間を読む』吉川弘文館、一九九五年）、同「舞童・天童と持幡童」（藤原良章・五味文彦編『絵巻に中世を読む』吉川弘文館、一九九五年）。
（2）本書IIの第一章を参照。
（3）橋本義彦「後院について」（『平安貴族社会の研究』吉川弘文館、一九七六年）。
（4）IIの第一章を参照。
（5）西山良平「御霊信仰論」（岩波講座『日本通史』第五巻古代4、岩波書店、一九九五年）。
（6）IIの第一章を参照。
（7）荻美津夫『平安朝音楽制度史』（吉川弘文館、一九九四年）。
（8）土谷前掲「中世寺院の児と童舞」、同前掲「舞楽の中世―童舞の空間―」、同前掲「舞童・天童と持幡童」。
（9）大日方克己『古代国家と年中行事』（吉川弘文館、一九九三年）。

(10) 鈴木景二「日本古代の行幸」(『ヒストリア』一二五、一九九〇年)。
(11) 注(7)に同じ。
(12) 村上美紀「平安時代の算賀」(『寧楽史苑』四〇、一九九五年)。
(13) IIの第一章を参照。
(14) IIの第一章を参照。
(15) 永田和也「大内楽所と藤原道長の家楽所」(『国史学』一三六、一九八八年)。
(16) 注(7)に同じ。
(17) 義江明子『日本古代の氏の構造』(吉川弘文館、一九八六年)。
(18) 注(9)に同じ。
(19) 松見正一「平安宮廷行事における「童」—童相撲と童舞をめぐって—」(『早稲田大学大学院教育学研究科紀要』別冊四、一九九六年)。
(20) IIの第一章を参照。
(21) 注(7)に同じ。
(22) 注(7)に同じ。
(23) IIの第一章を参照。
(24) IIの第一章を参照。
(25) 木村茂光『「国風文化」の時代』(青木書店、一九九七年)。
(26) 注(7)に同じ。
(27) 林屋辰三郎『中世芸能史の研究』(岩波書店、一九六〇年)、荻美津夫『日本古代音楽史論』(吉川弘文館、一九七七年)。
(28) 拙稿「五節舞姫の成立と変容」(『歴史学研究』六六七、一九九五年)。
(29) 注(8)に同じ。
(30) 小野功龍「雅楽と法会」(芸能史研究会編『日本の古典芸能』第二巻雅楽、平凡社、一九七〇年)。
(31) 注(30)に同じ。

(32)　注(30)に同じ。
(33)　IIの第一章を参照。
(34)　有吉恭子「楽所の成立と展開」(『史窗』二九、一九七一年)。
(35)　増尾伸一郎「御霊会における〈呪符〉と〈童〉」(『跡見学園女子大学紀要』一九、一九八六年)。
(36)　注(9)に同じ。
(37)　注(19)に同じ。
(38)　注(9)に同じ。
(39)　荻美津夫「相撲儀式と楽舞―乱声・厭舞を中心に―」(『古代文化』三一―一二、一九七九年)。
(40)　注(30)に同じ。
(41)　IIの第一章を参照。
(42)　梅村喬「饗宴と禄―かづけものの考察―」(『歴史評論』四二九、一九八六年)。

III 生育儀礼

誕生から成人まで

第一章 産養と王権──誕生儀礼と皇位継承──

はじめに

天暦四年（九五〇）五月二十四日、村上天皇女御藤原安子が皇子を出産した。『栄花物語』には、「元方の大納言かくと聞くに、胸ふたがる心地して、物をだに食はずなりにけり」と記される。[1] 藤原元方の娘村上天皇更衣祐姫が、同年第一皇子を産んでおり、[2] 立太子の可能性もあったが、女御腹に第二皇子が誕生したためその淡い期待も覆されたためであった。『大鏡』では、元方と祐姫が物の怪となった逸話がのこされている。もっとも、当時は、女御腹の第二皇子が正当な皇位継承者と考えられていた事は、すでに指摘がある。[3]

『栄花物語』は続けて、「みかどの御心の中にも、よろづ思ひなく、あひかなはせ給へるさまに、めでたうおぼされけり」と描写する。村上天皇の心中では、万事心配なく、思い通りになり喜んだ、とある。ほどなく憲平親王は皇太子に立てられる。『栄花物語』は、憲平親王立太子を村上天皇の意思と見るのである。これに対し、佐藤長門氏は、皇太后の政治関与は限定されたものであり、血縁関係などを活用した非公式活動に過ぎない例として「藤原穏子が朱雀をミスリードして村上に譲位させ、憲平親王立太子について藤原師輔と密談して朱雀の尽力を要請した」とされている。[4]「ミスリード」の文言からは、皇太后穏子がリードすることを承認しているとも読みとれるが、それはともかくとして、憲平親王立太子は師輔と穏子が密談し朱雀上皇の尽力を要請した結果だ、とするのである。

いっぽう、藤木邦彦氏は、「憲平親王立太子のことについては、穏子が采配を振るった」と村上天皇生母藤原穏子による皇位継承決定を指摘する。(5) 角田文衛氏も藤木氏の指摘を受け、穏子の権限の強さを主張されている。(6) 筆者も穏子の政治的権限を指摘した事がある。(7) はたして、憲平親王立太子は誰の要請によって行われたのだろうか。皇太子決定、すなわち皇位継承者の決定は、当時の政治権力の有り所を明確にするための、極めて重要な研究課題の一つである。本章は、憲平親王立太子のプロセスを詳細に追いながら、十世紀中葉の政治史解明と国母の政治行為の具体例を提示する事が一つの課題である。(8)

国母穏子の皇位継承者決定への関与を考察するために、本章では憲平親王誕生後の産育儀礼史料を使用したい。憲平親王生母女御藤原安子の父右大臣藤原師輔が、詳細な記録をのこしてくれているからである。(9) 平安時代の懐胎や出産、出産後の様々な儀礼に関しては、中村義雄氏の『王朝の風俗と文学』(10) 以来、歴史学ではほとんど検討されてこなかったが、近年平間充子氏が、史料を網羅し、たいへん緻密に追究されている。(11) その意義付けについては、いくつかの点で異論を記させていただいたが、(12) 本章では、平間氏の学恩を蒙りつつ、憲平親王の生誕儀礼のプロセスを立太子に関連する範囲内で提示しておきたい。子ども史研究、生育儀礼研究の一環ともしたいと思う。(13)

一　憲平親王産養

女御藤原安子は、藤原遠規宅において、二十三日子刻から産気付き、二十四日寅刻に皇子を出産する。天慶九年(九四六)四月十九日、成明親王時代の村上天皇と結婚して十年後のことである。安子は二十四歳だった。まずは、新生児誕生儀礼をみておきたい。(14) なお、村上天皇の新生児への対応は次節で検討する。

皇子が降誕すると、枕上に野剣一柄・犀角一株・虎首一頭を置く。[15] 陰陽権介秦連茂に御臍切や哺乳・沐浴・着衣始等の日時を勘申させる。その勘申に従って産育儀礼がすすめられる。最初に行われる新生児に対する行為は、乳付である。午二点に、故中納言平時望の女子寛子が奉仕するが、「兼通の旧室、先日予め此の由を仰せらる」[16] とあり、乳付奉仕者は、天皇が仰せていた。兼通は、安子の兄であり、二十六歳であった。旧室とは離婚したのであろうか。まず侍医が供した甘草の汁で口中を拭い、光明朱砂を唇に塗っている。その上で、乳を含ませたのであろう。天皇が予め決めていたことについては後に検討したい。

未刻に皇子降誕後に作り始めた白木の雑具を庭に並べ、戌刻に御湯殿の儀をはじめる。[17] まず白装束の童女二人・下仕二人と、当色を着した安子の政所の知家事一人、雑色長一人・雑色一人の七人が、お湯を用意すると、仁和寺の僧侶寛忠が護身を奉仕し、お湯に加持を加える。その後、読書・鳴弦の儀が行われる。式部大輔紀在昌が古文孝経を笏に副えて庭にたつ。この読書人は、「天気に依るなり」、とあり村上天皇自身が決めている。[18] 打弦人、五位・六位それぞれ十人ずつ二十人は、読書人の後ろに立つ。白裳唐衣姿の女房三人が、各々虎の頭・犀角・御剣・人形を持ち、お湯の前にたつと、御湯殿儀を良く知っている伊尹の乳母大和が、新生児を抱き、沐浴させる。向かい側で奉仕するのは、故平中納言時望室である。沐浴させている間、読書人は、孝経天子章を読む。なお、第一日目の御湯殿儀は、夜一回行われたのみである。

此の夕、女御宅政所饗饌を設く。家司宗海朝臣・時舒朝臣・守忠等件の事に預かり仕る

とあり、この夕方には、第一夜の産養が行われている。主催者は、生母安子の家政機関である。[19] 中村義雄氏は、産養は三日目以降の奇数日に行われるものとされている。[20] たしかに第一日目に行われた史料は少ないが、「饗饌」と記す以上、産養と考えてよいと思われる。

この日、故源当季の息女左近局正子が乳母になっており、「この事先日相定了」とあり、以前から依頼していた乳母が誕生直後から授乳等を行ったようである。当季は、師輔の母源昭子と兄弟だから、正子は師輔の従兄弟である。新生児からみれば、母方親族であり、近い親族から乳母を選定したことがうかがえる。

第二日目、五月二十五日には、巳二剋に朝の御湯殿儀を行うが、読書人は文章博士三統宿禰元夏で、古文孝経を読んでいる。打弦者も五位・六位各六人である。申剋には、同じ人たちが御湯殿儀に奉仕している。第一日目の御湯殿では、二十人の打弦者がいたから第二日目は規模が小さくなったことがうかがえる。

第三日目、五月二十六日は、朝夕昨日と同じように御湯殿儀が行われた。また、

此の夕美濃権守興方・前但馬守遠規等、饗膳を儲く

とあり第三日夜の産養が行われている。藤原興方は、経邦の息子、遠規は、経邦の男子治方の息子である。経邦女子盛子と師輔との間に安子や登子・伊尹・兼通・兼家が生まれているので、興方は安子の母方叔父、遠規は母方従兄弟である。遠規は、安子出産に邸宅を提供しており、憲平親王が立太子したさい東宮大進になっている。母方の叔父と、宅主である従兄弟による産養奉仕である。新生児にとっては、母方親族主催の産養である。なお、先の饗膳の割注には、「興方饗は、女房碁手二十六貫、（遠規脱か）饗は、男方碁手二十五貫」とあり、一種の賭け事のための碁手が銭である。平間氏によると、銭の碁手は憲平親王の事例が最後という。[21] いわゆる「皇朝十二銭」が天徳二年（九五八）発行を最後に公鋳されなくなり、十一世紀初頭ころまでで流通が途絶えるとの説とも対応しており、[22] 興味深い。

第四日目、五月二十七日は、朝夕の御湯殿儀に、大学頭橘敏通が史記五帝本紀黄帝を読む。

第五日目、五月二十八日は、朝夕の御湯殿儀は、読書も含めて昨日と同じであるが、昨夜臍の緒が落ちたので、新生児に朝の沐浴をさせていない。第五夜の産養は、「家政所饗を儲く」とあり、外祖父師輔が奉仕している。産婦へ

の御膳も用意されている。第一夜・第三夜には、産婦御膳が記されていないが、日記には省略されたものと思われる。なお、前述のように新生児誕生直後に陰陽師によって日時が勘申されたが、その際、

初めて御衣を着す日時

二十六日癸亥　時巳二点　若午二点

二十八日乙丑　時午二点　若酉二点

但し黄色の衣をもって用ゐ給ふべし

とある。新生児がはじめて正式な産衣を着る着衣始の日時勘申である。『九暦』には、実際の着衣始が記されておらず、何時行われたか不明である。なお、衣の色が黄色だったのは、陰陽五行説を背景にした誕生日の干支（辛酉）による色である。(23)

第六日目、五月二十九日、朝夕の御湯殿儀は、昨日と同様であるが、読書人は明経博士十市宿禰良佐で、礼記文王世子編を読んでいる。

第七日目、閏五月一日、朝夕の御湯殿儀が昨日と同様に行われた。読書人は、昨日と同じであるが、尚書堯典を読んでいる。御湯殿儀は、七日目のこの日で最後である。最終日にあたって特別の催しはない。

第七日の最も重要なイベントは、後のお七夜に受け継がれる第七夜の産養である。「姫宮政所」、すなわち新生児の姉の承子内親王が饗饌を儲けている。承子内親王は、天暦二年（九四八）四月十一日に誕生し、三年二月二十五日に内親王宣下を受けており、三歳である。内親王家の家司等の役職員が用意している。産婦には、衝重二十膳が出されたが、鎌面の打敷、銀の笥、銀の四種の箸、上州浜、酒壺等があった。たいへん豪華な御膳である。たしかに産養は、死を賭して出産した産婦をねぎらうために行われた儀礼であることが確かめられる。(24)

さらに、式明親王・有明親王・源高明・伴保平・源庶明・大江惟時・平随時・源等が参列している。源高明は、師輔女子と結婚しており、師輔の婿である。村上天皇の兄弟たちが全員集まったわけではなく、産婦の双方的親族が主として集まったことがうかがえる。なお、検非違使別当だった源高明は、恒例の賭け事をするために碁手を分配する前に退席しており、師輔は「法制を畏れるによるか」と記している。建前上は賭け事が禁止されていたこと、規定通り別当である源高明が賭け事がはじまる前に退出したことがうかがえること等、何とも興味深い。なお、七日までの勅使になった蔵人頭有相や蔵人季平を招待し、酒肴を振る舞い、禄を与えている。師輔は、昨年父忠平が亡くなっており服喪中なので、表には出ず、簾中で行事を差配している。

第八日目の閏五月二日には、七日間の御湯殿に奉仕した人々を呼び、酒肴を振る舞い、禄が給与されている。読書人の紀在昌・三統元夏・橘敏通、侍医の桜井季富・陰陽師の秦連茂・三島真祥達だが、十市良佐は病で来邸しなかったので、使者に禄を与えている。又、僧明達にも被物を与えている。

第九日目も、本来なら産養があったと推察されるが、『九暦』には、閏五月三日の記事がない。

第十一日目、閏五月五日、太皇太后穏子が産養を行っている。産婦には衝重二十枚、「銀笥・箸・上州浜等、酒壺具例のごとし」とある。さらに、朱の台盤にのせた男女房への饗、下で仕える人たちへの鈍食十具のみならず、皇子への御衣、襁褓、碁手等を、太皇太后職の役人達が担ぎ入れ、穏子からの仰せ言葉が添えられていた。仰せ言葉については後述する。穏子は村上天皇の生母でもあり、師輔の叔母でもある。新生児の祖母であり、天皇家と基経一族の尊長による産養である。

さらに興味深いのは、閏五月十四日、式部卿重明親王の北方藤原登子が、「第三七日夜」の産養、すなわち第二十一日目に産養を奉仕していることである。(25) 登子は安子の同母妹であるから、母方叔母による産養である。他の十一世紀末までの管見史料では、第十三日夜産養が最も遅い産養である。したがって、大変珍しい例といえよう。これほどまでに、藤原師輔一家にとっては、大慶だったことがうかがえる。[26]

以上、憲平親王誕生直後の具体的儀礼を見てきた。第一日目から第七日目までの御湯殿儀、第一日目から三・五・七・十一・二十一の奇数日の夜の饗餞、すなわち産養が、主として母方親族主催により豪華に華やかに行われた。ここで、注目しておきたいのは、父村上天皇主催の産養が行われていない点である。[27]これについては、康和五年（一一〇三）正月十六日、女御藤原苡子が出産した宗仁親王（後の鳥羽天皇）御七夜の産養に次のような記事があることから判明する。

天暦冷泉院御産、天元一条院御産に絹綿を遣はし、御前の物は遣はさず。蔵人重隆の行事たるにより、先例に依るべき由を諷諫のところなり。清涼記に云はく、后宮懐孕の時、産具を遣はし、又女御更衣同じき由記されると者り（中略）、院に申すのところ、すでに調へ儲けをはらば、先例無きと雖も、今においては止むべからず（中略）七夜、公家御産養有り。非后位にこれを行ふこと、この度始むる例なり[28]

天暦四年に冷泉天皇（憲平親王）を出産した女御安子、天元三年（九八〇）に一条天皇（懐仁親王）を出産した女御詮子、ともに絹綿等の給物は内裏から遣わすものの、御膳のものは遣わしていない。ゆえに蔵人が行事であり（堀河天皇は）先例に則るように諫めた。村上天皇撰の『清涼記』[29]に后宮出産には御産に必要な産具を遣わし、女御や更衣も同様である、とある。その後、白河院から「先例は無いけれども用意したのだから儲けるように」と命令があり、饗膳を内蔵が用意している。最後に、后以外のキサキの出産に公家が七夜の産養をするのは初めてであることが記されている。

父天皇から産養がないのは、村上天皇時代の『新儀式』にも、次のように記されている。

皇后御産の事有り。まず、中使を遣はし、之を問ひ奉らる。七夜、内蔵寮に仰せて、饗饌を設けしめ、禄物を賜はること有り〈或ひは穀倉院屯食等を設くるなり〉。女御更衣の産所には、七夜に使を遣はし物を賜ふ(30)皇后の場合には、御産の当日に中使を遣わし、七夜には内蔵寮に命じて饗饌を用意するが、女御更衣の場合には、七夜に給物を賜うだけである。給物については後に検討するが、産婦の身位によって待遇が違うことが見て取れる。ただし、新生児の性別によっての違いの規定はないが、実態的には皇女降誕の場合、中使はない場合が多かったようである。(31)

以上から見て、天皇からの産養がなかったのは、安子が女御だった故である。天皇の意志如何ではなく、当時の規則だったことを確認しておきたい。

二　新生児への村上天皇の意思表示

産婦が女御だったために産養を主催できなかった村上天皇は、他ではどのような行為を行ったのか。ここでは、新生児誕生以後の村上天皇の対応を具体的に見ていくこととする。王権の意志が如実に解明されるからである。

五月二十四日、寅剋に皇子が誕生すると、二時間後の卯剋に師輔は、少納言乳母に書状を送り「皇子平安に産する由を奏せしむ」。少納言乳母から返報が来る。

主上最も和悦安慰の気有り。すなはち仰せて云はく、自今以後、殊によく祈願を成さしめ、兼ねて験僧を以て守護せしめよとてへり

村上天皇は、和らぎ喜び、今後よく守護するように少納言を介して伝えている。正式に中使がやってきたのは、辰剋であり、蔵人藤原季平が来訪して、綸命を伝える。「仰せの旨、今朝少納言伝へるところの旨なり」とある。前述の

『新儀式』では、中使を遣わして問わせるのは皇后の場合だったが、実際には女御にも正式に恩問の中使が遣わされている。後に、中納言在衡が来て、天皇の命により七日間元神供を奉仕させている。(32)

誕生後の儀式で興味深いのは、故中納言平時望女子寛子が乳付を奉仕したが、「兼通の旧室なり。先日予め此の由を仰せらる」とあった。また、御湯殿儀の読書人の箇所にも、「今日以後の読書人、皆天気に依るなり」とあり、孝経天子章を読んでいった。乳付も読書人も天皇が予め命じていたことが判明するのである。七日間読んだ漢籍の具体的内容も、天皇が指定した可能性が高い。

二十五日には、中使蔵人中務丞信孝がやってきて、「夜来の動静を問ふ」たので、安子の腹が痛み悩んだ由を答えている。

さらに、第三日目の二十六日、戌剋に蔵人頭有相が、勅使となり来訪する。

給物有り。縑二十疋・絹八十〈白三十、赤五十〉・綿二百屯・調布三百端なり。件の給物頗る過差ににたり。伝へ聞くに、中宮（穏子）初産男皇子の時、給物の数之に同じなり。その後の御産の時にいたりては、絹五十疋を給ふと云々。而るに一親王生産の時のごとく、件の給物有り。この度何ぞ彼数を用ふ

穏子の初産は、延喜三年（九〇三）十一月晦日で、保明（改名以前は崇象）親王を出産した。(33)保明親王は翌延喜四年正月、生後三ヵ月余りで立太子する。(34)この親王と同数の給物だったと師輔は喜んでいるのである。なお、次に穏子が産んだ寛明親王（後の朱雀天皇）の時の給物は、「白絹二十疋、赤絹百疋」(35)とあり、五十疋ではない。このとき穏子は皇后になっていたから、女御時代とは給物が多くなったのであろう。したがって、「その後の御産」は、穏子がその後に産んだ皇子ではなく、他の女御がその後に産んだ皇子のことであろう。いずれにしても、師輔は、天皇が命じた給物の数で天皇の意志を察知し、訝しがりながらも喜び、それを日記に記したのである。

さらに、御厨子所の膳部平是明が、天皇の仰せにより、鯉二隻を持参する。この鯉は、産婦に滋養をつけさせるのみならず、大変目出度い意志を示すと思われる。(36)五月二十七日、蔵人所の出納御船定遠が、天皇の仰せで鯉一隻を持参する。これも昨夜と同じであろう。二度に渡る鯉の賜与にも、天皇の意思を読みとるべきと考える。

夕方、村上天皇の許より少納言乳母が来て、皇子を見て語る。

主上恩言、専らたやすく申すべきに非ず。天気感悦、喩ふ所知らず

皇子を見に行かせたのは天皇の意志であろう。天皇がいかに喜んでいたかがうかがえる。五月二十九日には、中使蔵人助信がやって来て、安子の「所悩」を慰問する天皇の仰せを伝える。師輔は、安定した由を奏し、さらに、安子の平産祈禱を行った九十歳の律師明達が、明日比叡山に帰山することを奏上した。夕方になると、蔵人頭有相が勅使となり明達を召し、次のように伝えた。

仰せを伝へて云はく、息所（安子）の平産、是和尚の祈念に依るなり。今思し食す所有るに依り、度者一人を給ふと者り。

天皇の仰せには、皇子の平産を明達の祈念によるとするだけでなく、「思う所があるので」度者を給う、とある。明達は綸命を受け喜んでいる。天皇の「思食所」とは何であろうか。

以上、新生児誕生から後の村上天皇の具体的な行動を見てきた。誕生直後からたびたびの恩問使派遣、鯉の賜与のみならず、第三日の給物が特筆されよう。『新儀式』では、女御出産の場合、七夜に給物を賜与することになっていたが、三日目には、給物を与えており、しかも、三ヵ月ほどで立太子した穏子所生の保明親王と同じだという。モノに天皇の意志が表象されているように見受けられる。

三 村上天皇と憲平親王立太子

村上天皇は、安子が女御だったために、新生児の父としての産養を主催する事はできなかったが、誕生直後から恩問使をしばしば派遣し、給物も女御としては最大限のものを賜与することで、新生児誕生への意思表示を行っていたことがうかがえた。この一連のヒトやモノを媒介にした意思表示の中身は、何だったのであろうか。

それが最初に示されるのは、六月十日のことである。酉剋に、左近衛少将伊尹が、「昨夜主上仰せらるところの事あり。相合うの次いでに申すべし」との、天皇の命を受けてやってくる。伊尹は、師輔の長男で、安子の同母兄、ときに二十七歳、村上天皇は二十五歳である。

申して云はく、昨夜夕御前に召し、やや久しく雑事を仰せらる。就中、皇太子位暫くも曠しくするべからざる由、古今誡めるところなり。近頃、陣中幷びに后宮（穏子）頻りに物怪を示す。不慮の妖、測り知るべきにあらず。しかのみならず云々の如くんば、祈願を成すの輩有り。もし早く行はずんば、噬臍の悔有るを恐る。而るに、大臣明年を期すと云々。頗る緩怠に似たり。抑も、件の事、或いは公卿上表により、或いは表請せず定め行ふ。今思ふ所は、上表に依るは、太上天皇を請益し、便宜あるや。具な由は大臣参入の日に相談すべしと者り

村上天皇は、皇太子を早く決め、立太子を行いたいという強い意志をしめす。最近、朝廷や生母穏子の周辺で物の怪があるという。「祈願を成すの輩」は、更衣祐姫が産んだ広平親王周辺のことであろう。更衣と女御の身位の相違は大きく、女御安子所生の第二皇子が当然ながら立太子されることは必定であるが、しかし、第二皇子が死去した暁には更衣所生の広平親王の立太子も夢ではない。当然、第二皇子を亡きものにする祈禱は行われていたか、あるいは噂

があったのであろう。『大鏡』に説話化される元方と祐姫の怨霊土壌は、実際に存在したのである。「不慮の妖、測り知るべきにあらず」、と天皇自身も恐れている。にもかかわらず、右大臣師輔は、来年で良いという。天皇は、師輔の意見を、「懈怠」、サボタージュである、と叱責する。上表した方が、朱雀太上天皇の許しを受けることが楽なのではないか、天皇は、兄朱雀太上天皇を念頭に、師輔との作戦会議を要請し、師輔の参入を促す。村上天皇の、一刻も早く、産まれたばかりの新生児（憲平親王）(37)を立太子させたい、という強い意志が読みとれよう。

この村上天皇の伝言に対し、師輔は答える。

此の仰せ更に口外すべからず。但し、明春を期す由、是れ答申せざるところなり。皇子降誕の後、第四夜少納言乳母来着し、談説の次いでに曰く、天皇皇子降誕の由を聞こしめす後、感悦の気尤も深し。即ち仰せて云はく、数年の願、すでに以て円満、先例を尋ね勘じ、誕育の後、三四ヵ月の間、儲弐を立つる例有らばと云々。その時答へて云はく、事の速は還って畏れるところ有り。たとへ今年にあらずとも、何の恨みあらんやと云々。この事は言談の次いでに、私に彼の命婦に語るところなり。若しくは、命婦、この事を以て漏らし奏すか。左右の進退、叡慮に順ふべき者なりと云々

師輔は、「来年で良いと直接天皇に答えたわけではない。四日目に少納言乳母がやってきて、天皇が大変喜んでおり、先例を調べて、三四ヶ月後に立太子したいとの意向であると伝えたので、来年でも怨んだりしませんよ、と私的に話しただけである。いずれにしても、天皇の考えに順います」、と返答する。

天皇が、「数年の願」を懸けていたこと、皇子が産まれたのでその祈願が満願成就したと小躍りしている様子が知られる。六月十日条の天皇の伝言と師輔の返答からは、村上天皇の方が、一刻も早く立太子させたいという強い意志をもっていたことが読みとれよう。それに対し、師輔は、むしろ「急いては事をし損じる」と、慎重な態度を取るべ

きだと考えていたように思われる。

六月十五日、参内した師輔は、村上天皇の召しにより、御前に参る。

仰せて云はく、儲宮の事、往代の例は、速やかに以て之を行ふ。大臣の心に於いては如何

と天皇は、師輔に聞く。師輔は答える。

左右はただ聖断に在り。愚臣の定め申すべきに非ず。但し、伊尹の伝へ仰せの旨を承りて戦懼極まりなし。抑も

公卿上表の例を勘じるに（後略）

と、以下公卿上表による立太子の例を例示している。師輔の挙げた前例は次のようである。

第一例は、承和九年（八四二）の例である。恒貞親王は、七月の伴健岑の謀反により廃太子され、八月に諸卿が上表した。道康親王（後の文徳天皇）はすでに十余歳で承運は親王にあったが、謀反の後ですぐ行うのも憚っている天皇の気色を見て、上表を献じたところである。

これは、周知の嵯峨上皇没後二日目に起こされた承和の変であり、『続日本後紀』に詳しく記されている[38]。承和九年八月一日に、左大臣藤原緒嗣と右大臣源常以下十二人が上表し、四日には公卿たちは重ねて上表する。この日に道康親王の立太子詔が出される[39]。

第二例は、仁和三年（八八七）八月、是忠親王は同腹の一男で順当であり、宇多法皇は七郎であるが、光孝天皇は宇多法皇を鍾愛しているのをわかっていたので太政大臣藤原基経が天皇の気持ちを忖度して「相議」し、上表した。この時の宇多法皇もすでに十余歳だった。この二例は、成人していた場合なので、先例とする必要はない。

これも、仁和三年八月二十二日に、太政大臣藤原基経以下公卿全員名で上表し、二十五日源定省を親王にする詔が出され、二十六日立太子詔が出されている。そして、光孝天皇は仁寿殿で死去する[40]。ときに、源定省（後の宇多天皇）

は二十一歳だった。

たしかに、二つの例は、公卿上表による立太子だったものの、成人しており、事情があったためで、幼少の立太子ではない。

第三の例は、延喜初めの皇太子保明親王の例である。延喜三年（九〇三）十一月晦日に降誕し、翌年の正月に公卿上表が行われた。幼稚皇子の場合は上表する例はないが、「頗る内謀が有」ったためという。その理由は、醍醐天皇が元服した夜、東院后（班子女王）の娘為子内親王と今の太皇太后穏子が共に入内したいと欲していたが、宇多法皇は母東院后の意向を承って穏子の入内を止め、為子内親王を入内させた。ところが為子内親王は程なく御産で薨じてしまった。東院后は、巷の「浮説」を聞き、「穏子の母人康親王娘の寃霊のために御産で薨じる妖があった」と言って、穏子の入内を止めさせた。そこで故贈太政大臣時平は、左右を巡らし入内させた。宇多法皇は激怒したが、事後であり仕方がなかった。穏子は程なく皇子保明親王を産んだ。醍醐天皇は「旧例を存ずと雖も」、すなわち幼稚親王立太子は、天皇独自で行える先例を知っていたが、入内の経緯を鑑み、宇多法皇の命を恐れて立太子をできなかった。そこで贈太政大臣時平が、天皇の気色を忖度して、「相議し上表」したのである。「この事は文簿に見えず、相知る人乏しいと雖も、昔側で伝承した」ところである。この例もまた準拠するべきではないだろう。

この宇多天皇即位事情や宇多天皇の母班子女王によるキサキ決定への強力な関与等はすでに多くの指摘がある。[41] 藤原穏子は、延喜三年十一月三十日、第二皇子保明親王を出産する。[42] 翌正月二十七日、左大臣時平以下の公卿が立太子上表を行い、二月十日立太子詔が出る。[43] この場合は、やはり特別な事情があった例であろう。

第四例は、「天安皇子三月降誕し、十一月立ちて太子となる」、諒闇だったけれども、やむを得ないからである。嘉祥三年（八五〇）三月二十五日、惟仁親王（後の清和天皇）は、太政大臣藤原良房東京一条第で生まれた。[44] 母は良房の娘明子。三月二十一日、仁明天皇は清涼殿で崩ずる。[45] 同日皇太子が受禅し、四月十七日文徳天皇として即位式をあげる。[46] 十一月二十五日、惟仁親王が皇太子に立てられる。[47] たしかに諒闇中であるが、上表なく、立太子の詔がある。

第五例は、「貞観皇子十二月に降誕、明季三月太子となる。是三ヶ月なり」とある。清和天皇の皇子貞明親王（後の陽成天皇）は、貞観十年（八六八）十二月十六日誕生する。[48] 翌年二月一日皇太子に立てられるが、上表はない。[49]

第六例は、「朱雀院太上天皇、延長元年降誕、三年十月太子となる」。寛明親王は、延長元年（九二三）七月二十四日、右大臣忠平五条第で皇后穏子を母として生まれ、同三年十月二十一日立太子される。[50] やはり上表はない。

以上の六例を例示した後で、師輔は次のように締めくくる。

件等の例すでに上表無し。若し早く行なはるべくんば、何ぞ必ず表請を待たん。しかのみならず、左右大臣以下重服の人、何でか其の儀をおこなはん。若し猶上表を待つべくんば、大臣等除服の後、八月以後に行はるは宜しきか

第四例・五例・六例はどれも幼少親王立太子で上表はない。だから早く立太子する必要があるのなら、上表を待つ必要はない。しかも、昨年八月十四日、父忠平が亡くなっており、[51] 左大臣実頼、右大臣師輔以下、公卿層の多くは服喪中であるから、もし上表を待つなら八月以降にした方がよいのではないか、と答える。師輔も、幼少親王立太子に上表が不必要な例を探し出したのであろう。

天皇は答える。

仰せて云はく、遠期たのむところに非ず、先例を勘がうるに七月多く大事を行ふ。殊の妨げなくんば、来月遂行すべし。抑も中宮に進向し、将にこの由を語り聞かんとす

遅くなる事は自分の意志ではない。先例では七月に大事を行っているから、来月にしようではないか。そのためには、

中宮、すなわち母太皇太后穏子に立太子の事を聞こう。

長々と師輔の先例を挙げたが、村上天皇の意向を察知した師輔は、上表の必要ない事を証拠付けたのである。村上天皇にとって、公卿上表は、兄朱雀太上天皇を説得させるための手段だったが、先例が在るのなら、早急に強行突破したい。そのためには、母穏子の承諾が必要不可欠だったのである。

ここでは、度々の恩問使や多大な給物などの背景には、村上天皇自身が、新生児を早く立太子したいという強い意志があったことが、より詳細に読みとれる。さらに、国母穏子の承諾を得る事を、村上天皇自身が要請している事も注目される。

なお、荒木敏夫氏は、光仁から文徳までは、立太子後も廃黜を可能とする段階で深刻な権力闘争が展開されたこと、清和から村上までは、幼少立太子が多く権力闘争が弱まること、を指摘されている[52]。幼少立太子には公卿層の上表が不必要となり、天皇が自律的に皇位継承者を決定することが可能になったのであり、皇位継承の安定化と父子の連鎖で継承される家筋を特質とする天皇家の成立が背景にあることを指摘しておきたい[53]。

四　国母穏子と憲平親王立太子

では、国母穏子と村上天皇とはどのようなやり取りがあったのであろうか。その前に、穏子が新生児誕生にどの様に対応したのかを見ておきたい。

まず、五月二十四日の誕生直後、師輔は、皇子誕生を知らせる。

書状をもって中宮台盤所に事由を申し送るに、報命の旨、大底内裏に同じなりとあり、天皇が皇子誕生に和悦し、よく祈願し守護せしめるように返報したのと同じく大喜びしたのであろう。午剋には、中宮御使亮常行が正式にやってきて恩命を伝えている。閏五月五日には、第十一夜の産養を豪華に行ったことはすでに見たところであるが、その際、上毛野常行を御使として次のように仰せている。

昨今動静いかん。然して男皇子平安に誕育の由、悦予もっとも切なり。感歎に堪へず、専輙、此の志あり

皇子が平安に産まれたので本当に嬉しく、感歎に堪えないので、「此の志」すなわち豪華なご馳走や贈り物をした、とある。師輔は、「謹んで仰事を奉り、頻りに勧盃酌す」と感激している。穏子も自分の子孫が皇統に根を張ることができ、喜んでいるのである。

その後、立太子問題が持ち上がるのである。師輔は、六月二十五日、内裏に参入し、村上天皇の召しにより御前に参った。村上天皇は、次のように仰せる。

今月御躰御卜と云ふ、七月上旬行幸によりもしくは御薬事有るかと云々。今事を案ずるに、十六日すでに七月節に入る也。何ぞ障りを恐るるところ無からん。よりて書状をもって中宮に奉るに、報命に云はく、この事たしかに思惟し行はるべき者なり。国家の大事に至りては、愚心計り難きものなりと云々。但し、先ず期日を定める後、上皇処分を請ふべし。明日陰陽師等を召し、吉日を択び申せしめよ

御躰御卜とは、六月の月次祭に先立ち行われる亀卜神事である。七月上旬行幸ならば御薬事が有るという。十六日は、すでに七月の節に入っているので、もう障りを恐れる必要はない。それで、中宮穏子に書状を奉ったところ、中宮は、よくよく考えて行うように、自分は国家の大事は計り難い、とお返事があった。ただし、まず立太子の期日を決定した後、朱雀上皇に取り決めを伺うべきである。明日陰陽師を召して、立太子の日程を決めるように、と師輔に命じる。

十六日以降に、国母穏子に立太子の伺いを立てていることが判明する。国母穏子は、自分の意向を言わず、良く思

惟するように命じている。「但し」という文言からして、朱雀上皇へ処分を請うことは、穏子が書状の返答で命じたのではないかと推察する。というのは、六月二十七日の師輔と穏子との次の会話が注目されるからである。

朱雀院に参り、中宮の御前に候ず。密かに仰せて云はく、近ごろ内裏の御消息有り。これ儲弐を立つるべきの旨なり。もし早く行はるべくんば、その旨を以て上皇に聞かるべきものなり。事すでに成就の後、御消息有るは、もしくは思食すところあるかと者り

国母穏子は、内密に師輔に語る。村上天皇から立太子の消息があった。もし早く行いたいのなら、立太子のことを朱雀上皇の耳にいれておくべきである。それなのに、事が決まってから朱雀上皇に御消息をするというのは、何か考えている事があるのであろうか。

「早く立太子したいのなら、朱雀上皇の耳に入れて了承を得てからにするようにと村上天皇に返答をしておいた。それなのに、日程を決定してから朱雀上皇に知らせるのは、どうしてだろうか」、と穏子は言っている。もっとも「思食」主体は、朱雀上皇か村上天皇か、どちらとも決めかね、「日程を決定してから朱雀上皇に知らせると、朱雀上皇はどう考えなさるだろうか」、との解釈も成り立つ。いずれにしても、村上天皇の先の「ただし」の文言と、穏子の言葉からして、穏子は最初から朱雀上皇の耳に入れて、承諾を得ておく事を勧めたのだと推察する。

まずは、六月十日・十五日・二十五日・二十七日の村上天皇と右大臣師輔、国母穏子の会話等や天皇の給物から、佐藤長門氏の穏子が、「憲平親王立太子について藤原師輔と密談して朱雀の尽力を要請した」との主張は、間違いである事が証明できたことを強調しておきたい。

では、なぜ村上天皇は朱雀上皇への報告を事後承諾にしようとしたのか、あるいは、なぜ穏子は朱雀上皇の承諾を得ることを提案したのだろうか。この点については、当時の皇統をめぐる兄弟相続の矛盾が背景にあったと考える。

朱雀天皇は、延長八年（九三〇）十一月、八歳で即位する。天慶九年（九四六）退位するが、その理由の詳細は明らかではなく、『大鏡』の国母穏子の弟への譲位の示唆説話が唯一のものである。上皇といえども、天暦四年は、いまだ二十八歳の若さである。しかも、この年、昌子内親王が生まれている。(54)皇女であったが、今後皇子が生まれる可能性は大きい。朱雀上皇に皇子が生まれれば、その皇子が立太子する可能性は高い。だからこそ、村上天皇も自身の皇子を一刻も早く欲しく、先述のように、皇子祈願をしており、憲平親王誕生で満願成就し、小躍りしたのである。村上天皇は、自分の皇子誕生の可能性もある朱雀上皇が、憲平親王立太子を容易に賛同しない可能性を想定し、秘密裏に決定し、事後承諾をもくろんだのであろう。国母穏子は、兄弟の皇位継承争いを想起しており、ゆえにこそ、事前の承諾を要請した、と推察される。

いずれにしても、立太子という皇位継承者決定に、村上天皇が強い意志をもっていたこと、村上天皇主導で立太子が行われた事、国母の承諾が必要であった事、兄の上皇には秘密裏に行われた事が、明らかになる。

朱雀上皇が、憲平親王誕生から立太子にかけての間に史料に出てくるのは、誕生の五月二十四日午剋に侍従重光が産所に来訪し恩命を伝えたこと以外ない。産養も主催していない。七月二十三日、立太子儀が行われた時点には次のように記されている。

夜に入り、朱雀院御使別当兼忠朝臣参来し、亮雅信朝臣に付す。中宮御使亮常行参来し、左近少将伊尹に付す。御消息を伝へて云はく、今日、宣命平安に遂行された由、聞こし食し悦び少なからずと者り。即ち恐れの由報答す

朱雀上皇と国母穏子から祝いの使者が来参するが、師輔は朱雀上皇の賀詞は記さず、穏子の悦びだけを記している。残念ながら朱雀上皇に何時の時点で立太子が知らされたのか、それに対し上皇はどの様に対応したのか、史料からうかがい知ることはできないが、立太子儀の当日祝いの使者を送っている所からして、渋々ながらも承諾したのであろ

う。穏子の説得があったのかも知れない。

以後、村上天皇は、朱雀上皇に配慮しているように見受けられる。八月四日、蔵人頭有相が、東宮擬帯刀を貢ぐべき人々を書き出した天皇の仰せを持参したが、そこには次のような名簿になっている。

朱雀院　　中宮（穏子）　　内裏蔵人所
式部卿重明親王　　左大臣（実頼）　　右大臣（師輔）
大納言藤原朝臣顕忠　　左衛門督源朝臣高明　　大夫藤原朝臣伊尹
治部卿源朝臣兼清（明カ）　　亮源朝臣雅信　　権亮藤原朝臣有相
一品康子内親王　　女御（安子）

朱雀院を筆頭に挙げているのも、村上天皇の配慮ではなかろうか。

なお、この時期には、父ではない上皇は、天皇より下位にあった。天暦五年（九五一）二月十三日、村上天皇は穏子と朱雀上皇のいる二条院に行幸するが、「上皇北面、今上南面」とあり、北を背に南面しているのは村上天皇であった。朝覲行幸では、天皇は、南面して殿上に坐す父上皇と国母に、庭中で北面して地に跪いて拝礼し、臣下に孝敬の道を示した。父母の方が天皇より上位だったのである。(55)皇位継承という国家大事を国母の承諾を必要としても、兄上皇のそれは必要なかった歴史背景である。

おわりに

藤原師輔の『九暦』を手がかりに、憲平親王立太子過程を詳細に検討してきた。十世紀中頃、新生児を迎え入れる儀礼が、厳かに華麗に行われた事をみた。誕生の日から七日間、新生児に沐浴をさせる御湯殿儀、第一日目から奇数日に産婦の労を労い、とりわけ第七日には賓客や親族を招いて饗応する産養、さらに五十日、百日と、新生児を公的に披露する社会的認知儀礼はきわめて重要であった。村上天皇は、産婦安子が女御の身位ゆえに、産養の主催はできなかったが、儀式にかかわる乳付奉仕者、読書人等を選定するなど準備は怠っていない。さらに、天皇からの公的給物に新生児を皇位継承者として認知する意思を強力に示し、幼少から寄り添い、母親代わりでもある乳母を派遣して、立太子を伝える。この一連のヒトとモノは、天皇の意思を表象するものであった。

さらに、実際の言動でも、憲平親王を早急に立太子させる方策を外祖父右大臣師輔と講じる。国母穏子の承認を必要とした点も、皇位継承決定に、国母の介入があったことを指摘した拙稿をより補強しよう。間違いなく、憲平親王立太子は、若き村上天皇の強力な意思であり、国母穏子と師輔の密談によるものでは断じてない。九世紀後期からの公卿上表を必要としない幼少立太子を内実とする皇位継承者決定期には、天皇・国母・外戚の三者が実態的に決定の環の中にいたのである(56)。

では、なぜ村上天皇は皇子誕生を祈願し、誕生後の早急な立太子を目論んだのか。それは、兄朱雀上皇へ皇統がうつる可能性を秘めたこの時期、両統迭立を排除し、自身の子孫に皇位継承の家筋を確保するためであった。ゆえにこそ、国母の助言にもかかわらず、朱雀上皇への立太子通知は、成就後にしたのである。皇位継承という国家大事を上皇に諮らなかったのは、天皇権が上皇の権限より上位にあったからである。それに対し、国母穏子へは報告し承諾を得ようとしていることからして、親権を保持している国母の政治的権限の存在を証明するものである。藤木邦彦氏は、女院の権限の前提として国母穏子の権威を高く位置づけておられるが、首肯しうる見解と言えよう(57)。すでに九世紀の検討から高位に登る権能を保持した皇太后等の地位にある国母が、天皇の政治を実質的に支えており、その国母の代行として摂関政治が成立したことを指摘したが、(58)憲平親王立太子の史料からもそのことを補強できたと考えている。摂関政治は、国母の権限を背景に、国母の父や兄弟が、天皇に代わって政権を行使する摂政や、成人天皇を補佐する関白の地位に就き、「国母の代行」として政権を行使した政治形態だったのである。

注

(1)『栄花物語』巻第一、月の宴(日本古典文学大系『栄花物語』岩波書店、以下同)。
(2)第一皇子広平親王。『日本紀略』天禄二年九月十日条の二十二歳薨から逆算すると天暦四年の誕生になる。『大日本史料』第一編之十三、参照。
(3)山本一也「日本古代の皇后とキサキの序列—皇位継承に関連して」(『日本史研究』四七〇、二〇〇一年)。
(4)佐藤長門「古代天皇制の構造とその展開」(『歴史学研究』七五五号、二〇〇一年)、四五頁。
(5)藤木邦彦「藤原穏子とその時代」(『平安王朝の政治と制度』吉川弘文館、一九九一年、初出は一九六四年)。
(6)角田文衛「太皇太后藤原穏子」(『平安人物史』下、法蔵館、一九八五年、初出は一九六六年)。
(7)拙稿「王権と国母—王朝国家の政治と性」(『民衆史研究』第五六号、一九九八年)。
(8)なお本章では、当該期の史料に「母后」とする歴史用語を「国母」と明記する。理由は、院政期になると后の身位に居ない天皇の母も天皇を後見し政治的行為を補佐するからである。栗山圭子「二人の国母」(『文学』第三巻第四号、第三巻第五号、二〇〇二年)。
(9)大日本古記録『九暦』岩波書店、一九五八年を主として使用し、『大日本史料』第一編之九も参照。
(10)中村義雄『王朝の風俗と文学』(塙書房、一九六二年)。
(11)平間充子「平安時代の出産儀礼に関する一考察」(『お茶の水史学』三四、一九九一年四月発行、以下平間論文と略称する)。
(12)拙稿「王朝社会の出産とジェンダー」(橋本紀子・逸見勝亮編『ジェンダーと教育の歴史』川島書店、二〇〇三年)。
(13)服藤早苗・小嶋菜温子編『生育儀礼の歴史と文化』(森話社、二〇〇三年)参照。
(14)憲平親王の誕生後の儀礼については、小嶋菜温子「物語の儀式と〈非・準拠〉」(『古代中世文学論考』新典社、一九九八年)があるが、私見とは相違する箇所が多いので、一々挙げることはせず、丁寧に見ていくことにしたい。また、平安時代の産育儀礼については他に、渡辺幸子「平安中期貴族政治社会における児童の生育儀礼と教育環境に関する若干の考察（上）（中）」（『政治経済史学』一四一、一四五、一九七八・九年）。加藤理『「ちご」と「わらは」の生活史』（慶応通信㈱、一九九四年）、二村友佳子「古代の出産儀礼に関する一考察―平安時代の皇族の出産儀礼を中心に」（『歴史研究』四二号、一九九六年）等がある。

(15) この行為は、小嶋氏は村上天皇の仰せと解するが、私見では師輔の行為と考える。なお、本来は皇子誕生の時には、父天皇から御剣が下賜されるが、憲平親王誕生の際には御剣勅使が記されていない。皇子誕生直後、父天皇から下賜される御剣は、皇子の認知でもあり、皇子の皇位継承のクレジットともなる重要な行為であるが、残念ながら不明である（服藤前掲論文注(12)）。

(16) 『九暦』天暦四年五月二十四日条。以下、月日を記した史料のうち『九暦』に関しては、逐次史料出典を提示しない事とする。

(17) なお、平間論文では、子どもの誕生後に御湯殿儀の為の雑具を作り始めることから、御湯殿儀は、新生児を魔から守るためではなく、「他界からやって来た異人であり、ともすれば此の世の秩序をも乱しかねない「魔」そのものである新生児から「負」の力をそぎ落とし、此の世の秩序に組み入れていくための儀式である」とされるが、死産や産婦の死の多い当該期故に、無事出産してから陰陽師に日時を勘申させ行ったものと考えている。胞衣等の処置に対する平間批判は服藤前掲論文注(12)で行った。

(18) この点も、平間論文では、読書の儀に奉仕する読書博士を決めていなかった、とされそれも「新生児が魔そのものの異人であり祓われる存在である」ことの根拠とされるが、皇子誕生の場合を想定してあらかじめ読書博士が決められていたのであり、従えない。

(19) 拙著『平安朝の家と女性―北政所の成立』（平凡社、一九九七年）では、女御安子の宅政所について考察しているので参照されたい。

(20) 中村義雄前掲書注(10)六〇頁。

(21) 平間充子前掲論文注(11)九頁。

(22) 三上喜孝「平安時代の銭貨流通」（『史学雑誌』一〇五―九、一九九六年）参照。

(23) この着衣始については前掲の中村義雄氏も指摘するが、色の考察については記されていない。筆者が早稲田大学非常勤講師をしていた際に、受講生の三年生野秋多華子氏が「「着衣始」における産衣の色について」と題するレポートで詳細に考察されたのを参照にした（一九九九年一月）。今後、何らかの形でぜひ活字にしたいと考えている。

(24) この点に関しては、平間論文に首肯したい。

(25) 尚、平間氏は前掲論文で、「第三七日」を三十七日目の産養としているが、これは、三×七、すなわち二十一日目である。五月二十四日に誕生しているので、閏五月十四日は二十一日目にあたる。
(26) なお、天暦四年七月七日、重明親王が、「藤女御産養事」として、「産婦饌衝重十六合、破子食七荷、屯食八食、碁手銭二万」と児衣・襁褓等を使者に持たせている（『吏部王記』天暦四年七月七日条）。重明親王は、天暦二年十一月二十四日に安子妹登子と結婚しており、師輔の婿である。七月七日は、第七十日目にあたるから、七×一〇のお祝いなのであろう。出産直後ではないが、これも「産養」と記されているので補足しておきたい。
(27) この点については、すでに平間充子氏も前掲論文で指摘されている。本章では、村上天皇が産養を奉仕しなかった要因を検討するために詳述した。
(28) 『為房卿記』康和五年正月十六日条。
(29) 所功「『清涼記』の復元」（同『平安朝儀式書成立史の研究』国書刊行会、一九八五年）参照。
(30) 『新儀式』第五。
(31) 服藤前掲論文注(12)参照。
(32) 元神供が具体的に何を行うか辞書類にも無く不明であるが、七日間御湯殿儀が行われ粥等で邪気を祓うことに対応していよう。
(33) 『大日本史料』第一編之三、延喜三年十一月三十日条。
(34) 『大日本史料』第一編之三、延喜四年正月条。
(35) 『御産部類記』一、「朱雀院　延喜御記・貞信公記」延長元年八月一日条。
(36) 当時鯉は雉と並び、大変めでたい時に賜与されている。
(37) 新生児が憲平親王と命名されるのは、七月十五日のことである。
(38) 『続日本後紀』承和九年七月二十三日、二十四日条「廃太子」。
(39) 『続日本後紀』承和九年八月一日、四日条。
(40) 『三代実録』仁和三年八月二十二日、二十五日、二十六日条。
(41) 河内祥輔『古代政治史における天皇の論理』（吉川弘文館、一九八六年）。保立道久『平安王朝』（岩波書店、一九九六年）。藤木邦彦前掲論文注(5)。角田文衛前掲論文注(6)。服藤前掲論文注(7)。

(42)『大日本史料』第一編之三、延喜三年十一月三十日条。
(43)『大日本史料』第一編之三、延喜四年二月十日条。
(44)『日本三代実録』天安二年八月条。
(45)『続日本後紀』嘉祥三年三月二十一日条。
(46)『日本文徳天皇実録』嘉祥三年三月二十一日条、四月十七日条。
(47)『日本三代実録』嘉祥三年十一月二十五日条。
(48)『日本三代実録』貞観十年十二月十六日条。
(49)『日本三代実録』貞観十一年二月一日条。
(50)『大日本史料』第一編之五、延長元年七月二十四日条、延長三年十月二十一日条。
(51)『大日本史料』第一編之九、天暦三年八月十四日条。
(52)荒木敏夫『日本古代の皇太子』(吉川弘文館、一九八五年)。
(53)拙著『家成立史の研究』(校倉書房、一九九一年)。なお、近年、「王家」と使用する論者が多くなっている。「天皇家」は天皇の身位を家職とし、代々皇位を継承する家である。院政期以降は、上皇を家長とし、息子が天皇である場合が多くなるので、「王家」との歴史用語の方が妥当かもしれないが、本章では、天皇家を使用した。
(54)昌子内親王誕生史料はないが、天暦四年八月十日付の内親王宣下が遺っており、「昌子内親王、壱歳」とあるので、天暦四年誕生がわかる(『類聚符宣抄』四、親王)。
(55)Ⅰの第二章。なお、村上天皇が朝覲行幸したのは母穏子へであり、兄朱雀上皇ではなかったことは、服藤前掲論文注(7)で詳細に検討し、十世紀から十一世紀中頃までは父没後は母への朝覲行幸であることを指摘し、白根靖大「中世前期の治天について―朝覲行幸を手掛かりに」(『歴史』八三号、一九九四年)を批判したので参照して欲しい。
(56)黒板伸夫『平安王朝の貴族と政治』(吉川弘文館、一九八〇年)。
(57)藤木邦彦前掲書注(5)。
(58)拙稿「九世紀の天皇と国母―女帝から国母へ」(『物語研究』第三号、二〇〇三年)、後一条天皇等の国母藤原彰子の権限については、拙稿「『栄花物語』と上東門院彰子」(『歴史評論』六三七号、二〇〇三年)参照。

第二章　平安王朝社会の着袴

はじめに

藤原忠平の日記『貞信公記抄』延長三年（九二五）八月二十九日条に次のような記事がみえる。

后宮（穏子）男君（寛明親王）初めて御袴を著す。上（醍醐天皇）弘徽殿に御す。殿上侍臣に酒禄を賜ふ。寅刻に退出す。右大弁（邦基）昇殿す。内侍の叙位を定む

寛明親王は、同母所生の皇太子保明親王が延長元年（九二三）三月二十一日に亡くなった四ヵ月後の七月二十四日、忠平の東五条第において誕生した。(1) 母后穏子の居所弘徽殿で行われた「初著御袴」儀には、醍醐天皇も出御している。寛明親王は三歳であった。管見では着袴（袴着）文言の初見史料である。内裏の母后殿舎で、天皇出御のもと、昇殿を許された殿上侍臣たちも参列し、さらに酒肴の饗宴が行われ、列席者に禄が与えられている。簡潔な文章ながら、饗宴などの華やかな儀式次第が想起される。

着袴とは、幼児が初めて袴を着る儀式であり、以後、当時の日記類や物語、和歌などに多く登場する。では他の場合、着袴はいつ、どこで何歳で行われ、どのような意義があったのか。大変興味ある人生儀礼・生育儀礼のひとつであるが、四十年ほど前に刊行された中村義雄氏の『王朝の風俗と文学』(2) いらい、ほとんど検討されていないといっても過言ではない。もちろん平安貴族に関する概説や平安時代の生活等の解説には、着袴は必ず記述されているが、詳

細な専論ではない(3)。しかし、平安時代の家族史や子ども史解明にとっても、また王権内における貴族社会の政治文化構造解明のためにも、貴族社会で日常化し盛大に行われた人生儀礼の一つとしての着袴研究は、必要不可欠ではないかと考える。国文学でも人生儀礼に着目した分析がはじまっている(4)。こうした研究は、物語の深層を理解するためにも必要であろう。

かつて筆者は、藤原教通の子どもたちに限定し、産養・着袴・元服などの人生儀礼を、儀式の場・主催者・参加者等から検討し、十世紀から十一世紀中頃までの王朝国家期、いわゆる「摂関政治期」は、高群逸枝婚姻史での「純婿取婚期」であり、妻方主催の婚姻儀式、妻方提供家屋での新婚生活、妻方援助の出産子育てなど、子どもにとっては母方親族空間での日常生活が顕著であるが、社会的な新生児の公認儀礼である産養や、着袴・元服・着裳などの生育儀礼は、父方親族の強い関与のもとで行われることを指摘した(5)。ただし、家の成立を儀礼構造から検討するという限定した視点であり、教通の子女のみを分析したに留まり、各々の生育儀礼の詳細な分析は行わなかった。本章では、同時期の着袴儀式に限定し、貴族層全般を対象に、場や親族関与のみならず、儀式の具体相を史料に則し詳細に検討することにしたい。

一　着袴儀式の実態

表3は十世紀から十一世紀中頃までの年月日が明らかになる着袴史料を掲げたものである。初見史料は、前述の延長三年（九二五）だった(6)。第二の史料は、天暦四年（九五〇）十月四日の村上天皇皇女承子内親王であり、二十五年後のことである。では十世紀前半にはさほど慣例になっていなかったのだろうか。史料的に成立期を確定することはき

わめて難しいので、まずは、十世紀から十一世紀中期ころまでの着袴の実態をいくつかの視点から見ておくことにする。

1　着袴の年齢

まず、着袴の年齢を見ておきたい。表で年齢がわかるのは四十数例あるが、平均年齢は四・一歳である。十世紀には、とりわけ親王・内親王の着袴は三歳で行われることが多い。昌子内親王は五歳での着袴であるが、天暦四年（九五〇）に母女御熙子女王が亡くなり、天暦六年八月十五日には父朱雀上皇も没するという環境の中で遅くなったのではないかと考えられる。三歳着袴は、親王も内親王も変わりがないから男女共に三歳での着袴がはじまったとしてよいであろう。

十一世紀になると着袴年齢は多様になってくる。左大臣道長次妻源明子腹の巌君（のちの頼宗）は七歳である。正暦元年（九九〇）十二月二十六日、道長正妻源倫子腹彰子が三歳で着袴を行っているが、着袴儀への参入要請を実資の所へもたらしたのは外祖父左大臣源雅信から要請をうけた妻穆子の弟源理兼であった（『小右記』）。外祖父が孫女の着袴儀に関与していたことがうかがわれる。いっぽう、源明子の父源高明は安和の変で失脚し、幼かった明子は兄盛明親王に養育され、その後は母方従姉妹一条天皇生母詮子に引き取られていた。巌君の着袴も詮子の殿舎で行われる。(7)すなわち、巌君の着袴が遅くなったのは、母方の後見人がいなかったからだと思われる。着袴の年齢にも母方親族の経済力や政治力が大きく作用しているのである。

着袴年齢は次第に遅くなり、十一世紀後期には五歳位が多くなる。表では十一世紀前期の平均は四・七歳であるが、院政期にはもっと遅くなっている。たとえば永保三年（一〇八三）三月七日、「牛丸」（のちの忠実）の着袴が行われた

袴一覧

場所	時刻	腰結び役	禄	史料
弘徽殿	寅終了			貞公・西宮
飛香舎		父村上天皇	内親王家禄	西宮
弘徽殿		叔父村上天皇	祖母中宮職	吏部王
桂芳坊		右大臣師輔		権
				九暦
			母中宮	紀略・西宮
				紀略
承香殿			母御息所	西宮・紀略
				紀略
内裏				皇年代略記
				小右
雅信邸				小右
東宮	酉	左大臣道長		紀略・小右
登華殿	亥二刻	左大臣道長		紀略・権
内裏東三条院				権
東宮		左大臣道長		小右・権
二条・右大臣邸				権
行成宅	酉刻			権
行成宅	酉刻			権
中宮彰子飛香舎	亥二刻	（父一条天皇）		権
東宮				権
				権
東宮	酉刻	左大臣道長		権・小・御
				権
故為専親王邸				権
				御堂
明子邸				御堂
東宮		左大臣道長		御堂
東宮		左大臣道長		御堂
中宮彰子御方	酉刻	父一条天皇	母中宮	御堂
御堂				
枇杷殿	戌二刻	祖父道長	右大臣・馬二疋	御堂・権
土御門		（父道長）	大納言三各馬一疋	御堂・権
		資平		
枇杷内裏	戌刻	父三条天皇	大納言三各馬一疋	御堂・小右
上東門第東対	戌二刻	祖父道長		御堂・小右
上東門第東対	戌二刻	伯父頼通	大納言三人馬一疋	御堂・小右
小野宮西対	亥時以後	実資		小右
小野宮西対	亥時以後	実資		小右
関白頼通邸			尊者公任馬一疋	小右・左
			大納言四馬一疋	小右
小一条院		関白頼通		小右
関白頼通邸高陽院	申剋	養父関白頼通		左
				小右
				小右
東宮	酉刻	父東宮	道長調傭	小右・栄
				更級日記
飛香舎				紀略
				小右
内裏	戌二剋	父後一条天皇	本宮	紀略・左経
麗景殿	戌剋	父後朱雀天皇		春記
		経季少将		春記
関白三条殿	寅三剋	（父後朱雀天皇）	本所	春記

表3　着

名前	年月日	元号年	年齢	父	母
寛明親王	925／8／29	延長3	3	醍醐天皇	中宮穏子
承子内親王	950／10／4	天暦4	3	村上天皇	中宮安子
昌子内親王	952／11／28	天暦6	3	故朱雀天皇	故女御熙子
東宮憲平親王	952／12／8	天暦6	3	村上天皇	中宮安子
宮雄（公季）	959／10／25	天徳3	3	藤原師輔	康子内親王
守平親王	961／8／16	応和元	3	村上天皇	中宮安子
選子内親王	966／8／25	康保3	3	村上天皇	中宮安子
具平親王	966／8／27	康保3	3	故村上天皇	荘子女王
東宮師貞親王	970／12／13	天禄元	3	冷泉天皇	女御懐子
懐仁親王	982／12／7	天元5	3	円融天皇	女御詮子
源重光子	990／12／25	正暦元		重光	
藤原彰子	990／12／25	正暦元	3	道長	源倫子
東宮皇子敦明	996／12／14	長徳2	3	東宮居貞親王	藤原娍子
修子内親王	998／12／17	長徳4	3	一条天皇	皇后定子
巌君（頼宗）	998／12／25	長徳4	7	左大臣道長	源明子
敦儀親王	999／8／19	長保元	3	東宮居貞親王	藤原娍子
藤原道兼女	1000／8／20	長保2		故藤原道兼	遠昌女
藤原行成女	1000／12／13	長保2		藤原行成	源泰清女
藤原行成男	1000／12／13	長保2	3	藤原行成	源泰清女
敦康親王	1001／11／13	長保3	3	一条天皇	故皇后定子
敦平親王	1001／12／29	長保3	3	東宮居貞親王	藤原娍子
媄子内親王	1002／12／23	長保4	3	一条天皇	故皇后定子
当子内親王	1004／8／23	寛弘元	5	東宮居貞親王	藤原娍子
藤原行成児	1006／7／26	寛弘3		藤原行成	源泰清女
藤原良経	1007／2／21	寛弘4	7	藤原行成	源泰清女
藤原尊子	1007／4／27	寛弘4		左大臣道長	源明子
藤原長家	1007／4／27	寛弘4	3	左大臣道長	源明子
師明親王	1007／12／26	寛弘4	3	東宮居貞親王	藤原娍子
禔子内親王	1007／12／26	寛弘4	5	東宮居貞親王	藤原娍子
敦成親王	1010／10／22	寛弘7	3	一条天皇	中宮彰子
藤原隆家女	1010／11／5	寛弘7		隆家	
敦良親王	1011／12／28	寛弘8	3	故一条天皇	中宮彰子
藤原道長女	1011／12／28	寛弘8		道長	
源頼定女	1014／10／27	長和3		頼定	右近
禎子内親王	1015／4／7	長和4	3	三条天皇	中宮妍子
藤原生子	1018／11／19	寛仁2	5	権中納言教通	公任娘
藤原真子	1018／11／19	寛仁2	3	権中納言教通	公任娘
藤原経季	1019／10／19	寛仁3	10	左中将経通	源高雅女
藤原経平	1019／10／19	寛仁3	6	左中将経通	源高雅女
嫄子女王	1020／11／27	寛仁4	5	故敦康親王	
藤原延子	1020／11／27	寛仁4	5	藤原頼宗	養母修子内親王
小一条院皇子	1020／12／27	寛仁4		小一条院	
藤原信家	1022／12／28	治安2	5	養父頼通	公任娘
藤原資平男	1025／11／27	万寿2		資平	
藤原資平女	1025／11／27	万寿2		資平	
親仁親王	1027／4／5	万寿4	3	東宮敦良親王	故嬉子
良子内親王	1030／6／23	長元3	2	東宮敦良親王	禎子内親王
章子内親王	1030／11／26	長元3	5	後一条天皇	中宮威子
教通息達	1031／2／28	長元4		内大臣教通	公任娘
馨子内親王	1031／10／24	長元4	3	後一条天皇	中宮威子
尊仁親王	1038／11／25	長暦2	5	後朱雀天皇	禎子内親王
為経子	1039／10／25	長暦3		木工為経	
祐子内親王	1040／11／28	長久元	3	後朱雀天皇	故中宮嫄子

が、六歳である（『後二条師通記』）。また、康和四年（一一〇二）十月十七日に行われた忠実女子（のちの泰子）と「威徳」（のちの忠通）の場合、女子八歳、威徳六歳である（『殿暦』）。ほかにも五、六歳の例は多い。(8)

十世紀に行われた三歳は、満二歳であるから、ちょうど歩行を始めたころで、袴が必要になる年齢であろう。たしかに「着袴の儀は、古代人がこの時期を成長過程に於ける一つの境界線と考えていたことを示すものに他ならない」(9)が、次第に生物的な成長過程ではなく、家格や政治力を背景に年齢も高くなっていくことがうかがわれる。これは、元服や着裳年齢が次第に若年化するのと逆の現象であるが、年齢変容の要因そのものは同じである。

2　着袴の日時

次に、着袴の日時を簡単に見ておきたい。表3を見ると、十二月が十八例で一番多く、次いで十一月の十二例、十月八例、八月七例、四月四例、二月二例、七月と六月各一例である。正月・三月・五月・九月の四ヵ月は一例もない。史料の残存率が少ないこともあり断定はできないが、秋から冬にかけて行われるのが特徴である。天皇は正月に固定化し、一般貴族の場合も正月が一番多く、次いで二月と十二月が多いという元服日時設定と大きく相違している。(10)

着袴儀の日時設定は、他の儀式と同様、陰陽師に勘申させて決定する。長和二年（一〇一三）八月十日、大納言実資は児の着袴日時を勘申させている。

右京権大夫光栄を招き、重ねて西対に移るべき日ならびに小児着袴の日時を問ふに云はく、十一月十六日最も吉日なり。その外に吉日無きとてへり（『小右記』）

賀茂光栄は賀茂保憲の男子で、賀茂氏の筆頭の陰陽師であり、実資が常に勘申させている人物である。この小児は寛弘八年（一〇一一）に生まれ「かぐや姫」として実資が寵愛した千古三歳である。残念ながら、『小右記』の長和二年は十月から十二月分が欠本で、千古の着袴儀が実際にいつ、どのように行われたか等の具体例は残っていないが、盛大に行われたものと思われる。ここでも十一月である。

着袴儀の日時は、着袴児の生年月日によって左右される。寛仁二年（一〇一八）四月九日、実資のもとに大納言公任から問い合わせがあった。

大納言示し送りて云はく、左大将（教通）女子一人（生子）五歳、一人三歳、産衣焼亡す。書き注し置くこと同じく焼失す。宿曜を勘ぜしめんと欲するに無術なり。もしくは暦を記し付すや。今日申日なり、明日注し奉るべきよしなり。暦を引見するに、長和三年八月十七日、庚午、寅時、同五年二月二十三日、戊戌、午時なり。十日、左将軍両児産年月日時を書き出し大納言の許に奉る。喜悦の報あり（『小右記』）

子どもの誕生には産着に誕生の日時を記しておいたことなど興味深いが、産着が焼けてしまった火災は、長和四年（一〇一五）四月十三日の教通家焼亡のことと思われる。当時、教通と妻の父公任が同居していたことはかつて指摘した。(11) 産着をなくし困っていた公任に正確に報告することができたのであるから、几帳面で真面目な実資の面目躍如というところであろう。公任の喜悦も本物である。これを許に陰陽師に勘申させたのであろう、二人の着袴は、十一月九日に行われている。誕生月日は八月十七日と二月二十三日であるが、着袴日は十一月であるから、誕生月日の宿曜は勘申に必要であっても、月日そのものは関係なく、だからこそ十二月や十一月に着袴が多いのであろう。

こうして、陰陽師の勘申によって秋から冬に着袴が行われた結果、同じ日に着袴が行われることも多くなったと思われる。元服が新春の正月に行われることが多いのと比較して、極寒の十二月十一月に行われるのは、着袴が未だ一人前の「人」ではないゆえであろうか。後考をまちたい。

ついでながら、着袴儀挙行の時間を瞥見しておきたい。表3からは、ほとんどが申剋（午後四時）〜亥剋（午後十時）

の間で、酉剋（午後六時）から戌剋（午後八時）に集中している。ただし、着袴儀やその前後の酒肴管弦の時間は結構長い。たとえば、修子内親王の着袴は、亥一刻（午後九時）から始まり、亥二刻には左大臣道長による結腰があり、その後「歌酒の興」があり、禄などのことが行われ、人々が退出し、修子内親王が東三条院詮子のもとに参上したのは子刻であった（『権記』長徳四年十二月十七日条）。三時間ほどかかったことになる。教通女生子と真子の着袴儀の行われた上東門第に実資が参入したのは、「黄光傾」くころであり、「秉燭後」に饗饌が始まり、戌二刻（午後七時半）に着袴が行われ、その後酒肴や管弦があり、贈り物や引出物が出され、終了したのは、「亥剋（午後十時）ばかり」であった（『小右記』寛仁二年十一月九日条）。現在の十二月頃だから、秉燭は午後六時前であろう。じつに四時間以上の饗宴である。着袴儀そのものは短時間でも、結腰前後の饗宴が権勢家ほど長く豪華に行われたことがうかがえる。

3 着袴の場

つぎは、着袴儀の空間、儀式が執り行われる場を検討したい。前近代社会において儀式の行われる空間・場は、その人物の政治的・社会的位置を目に見える形で、すなわち可視的に表象する。先述したように寛明親王の着袴儀式が母后穏子の弘徽殿で行われたように、親王・内親王の着袴儀が内裏で行なわれる場合、母の居所で行われることが多い。天暦四年（九五〇）十月四日の承子内親王の着袴は次のように記されている。

承子内親王初めて袴を服す。上（村上天皇）飛香舎に御し、袴の腰を結ぶ。御肴を供進す。沈香折敷六枚、銀土器様器を弁備す。公卿昇殿し、次いで又簀子敷に候ず。殿上侍臣は南の軒廊に陪し、酒肴を給ふ。曲宴酣酔す。御衣一襲を右大臣（師輔）に給ふ。その公卿以下は内親王家の禄を賜ふ。公卿女装束一襲、四位・五位白細長・袴各一重、六位袴一具、その殿上男女房に饗を設く。所々の諸陣に屯食を賜ふと云々(12)

承子内親王の「初めて袴を服す」儀式＝着袴儀は、母女御安子の飛香舎（藤壺）で行われ、父天皇が出席し、天皇自身が内親王の袴の腰を結んでいる。

昌子内親王着袴の儀は弘徽殿で行われた。

昌子内親王はじめて袴を服す。主上親しく腰を結ぶ。その膳物は御厨子所より弁備するところなり（『河海抄』所収『吏部王記』天暦六年十一月二十八日条）(13)

先述のように父朱雀上皇は三ヵ月ほど前の八月十五日に没しており、また母熙子女王も亡くなっていたが(14)、同年十月に祖母太皇太后穏子が弘徽殿に還っており(15)、両親のいない昌子内親王は祖母穏子が同殿し養育していたものと思われる。叔父村上天皇が袴の腰を結んだのも穏子の要請により、兄の故朱雀上皇の代行だったと思われる。

長徳四年（九九八）十二月十七日、一条天皇皇女修子内親王は、前日職御曹司から参内し、登華殿で着袴を行っているが、登華殿は母皇后定子の殿舎である(16)。修子内親王のように、内裏外に居所を構えていても、着袴儀には内裏の殿舎に母子共に参入し行うようである。頼忠と兼家の抗争のもと、懐仁親王（後の一条天皇）は、母女御詮子とともに東三条第にいたが、「などてか、内にこそ」という父円融天皇のたっての要請で母子共に内裏に入り「御袴着」を行っている(17)。長暦二年（一〇三八）十一月二十五日、後朱雀天皇第二皇子尊仁親王は、着袴のために皇后宮から内裏に入り、麗景殿で着袴を行う（『春記』）。ただし、頼通の養女嫄子女王が入内し中宮に冊立されてから、子どもたちと共に内裏を出てけっして内裏に入らなかった皇后禎子内親王は入内していない(18)。五歳の尊仁親王と同車したのは御乳母たちであった。

長保三年（一〇〇一）十一月十三日、故皇后定子所生敦康親王の着袴が一条天皇出御のもと、飛香舎で行われたが、

皇子去秋以後、中宮（彰子）に渡り給ふ。漢馬后の例也（『権記』）

と彰子の殿舎で養育されていたからである。寛弘七年（一〇一〇）十月二十二日に行われた敦成親王の着袴も、

第二皇子、中宮御方において着袴、よりて主上（一条天皇）渡御、大臣以下相率ゐて参入す（『日本紀略』）[19]

とあり、生母中宮彰子の殿舎で行われている。翌年の敦良親王着袴は、十二月二十八日、枇杷殿で行われたが、この年父一条天皇が没し、即位した三条天皇は内裏に遷御し、枇杷殿は里第に使用されていた。

他にも表からうかがえるごとく、親王・内親王の場合は、母もしくは養母的女性の殿舎で着袴が行われたことがほぼ確認できる。ところで、親王や内親王の場合、成人儀礼としての元服や着裳は清涼殿もしくはそれに准ずる空間で行われていた。[20]つまり、父方の殿舎である。着袴儀式空間は母方、元服・着裳儀式空間は父方との違いが鮮明になる。後述するように、貴族層の場合、むしろ父方邸宅や父方一族尊長の邸宅で行われる傾向になっていくのと比較すると、親王・内親王の着袴が母方殿舎で行われるのは、王権にかかわる問題があるように推察される。Iの第一章でつぎのような指摘を行った。十世紀中葉の醍醐天皇皇子皇女までは、誕生から幼少期間は内裏外の生母の実家で養育され、七歳で初めて内裏に参入し、父天皇との対面儀を行い、以後親王は正月童朝覲や儀式に参列し得る原則だったが、保明親王や慶頼王が菅原道真の怨霊により夭折したことから、中宮穏子所生の寛明親王から内裏内の母の殿舎で養育されるようになった。[21]すなわち、本来七歳までは、父天皇に対面しない原則だったのである。このことから推察すると、着袴が母方殿舎で行われたのは、七歳以前だったからではないかと思われる。すなわち、七歳以前の諸儀式は、母方で行われる慣行のなごりと推察されるのである。

では、貴族の子どもたちの着袴空間はどこであろうか。まず十世紀ころには、母と居住している空間で行う場合が多い。長保二年（一〇〇〇）十二月十三日の行成「児子二人着袴」は、児二人の母である行成室源泰清女の邸宅三条宅で異母弟少将成房の弟薬寿の元服と一緒に行っている。「密々」行ったというが、殿上人が十余人、諸大夫二十人

ほどが来邸し饗宴が行われ、諸所に屯食などが用意されているから、費用の点から三人の生育儀礼が合同で行われたものと思われる。(22) 同じ年、八月二十日、行成は故道兼女子の着袴に参入している。

夜に入り右大臣（顕光）殿に詣る。〈二条故相方弁室也〉故二条殿女君著袴なり。旧意を思ふにより参向する也。又尊者御前の事、春宮属信理に仰せつけ調へしむなり。家君丞相、藤中納言時、左大弁、両三座あり。雑役諸大夫その数有り。故相府の門人也。深更帰宅す（『権記』）

この女君は、二条殿道兼が薨じた長徳元年（九九五）生まれの女子で、今年六歳になる。道兼妻遠量娘は、夫没後、従兄弟である顕光を後夫に選んで同居していた。(23) 行成は、生前の道兼に恩顧を受けており、(24) そのため「尊者」である右大臣顕光の御前（膳）を家人に用意させており、また雑役などを奉仕する諸大夫は、道兼の門人とある。顕光を「尊者」と書くのは、行成が主催者は実母と考えているからであろう。

道長の子どもたちの場合、前述のように、東三条院の殿上で源明子腹の巌君（のちの頼宗）が着袴していたが、道長も参院している。(25) 明子は東三条院詮子が後見していたから、いわば母の実家での着袴である。また、彰子の場合は、外祖父源雅信主催と考えられるから、これも母方の空間であった。

ところが、十一世紀になると、正式で盛大な着袴儀は、父方一門一家の儀式空間で行われる傾向にある。寛仁二年（一〇一八）十一月九日、権中納言教通と公任娘との間の二人の女子生子と真子の着袴は、上東門第東対で行われた。上東門第は道長と正妻倫子の主たる邸宅であり、着袴儀の最後に道長と倫子に銀器を用いた御前（膳）物を教通が差し出している。着袴児からみれば祖父の邸宅での儀式であるが、

八日（中略）東対に大将（教通）家従り人々来たりて装束せしむ

九日（中略）此日左大将女子二人着袴、此の暁渡る。東対母屋に彼の家の帳を立つ（『御堂関白記』）

と設営はあくまで教通家で行っており、後述するように費用も教通家で出している。しかも、儀式の場として、わざわざ上東門第に来て、行っているのである。

寛仁三年（一〇一九）十一月十五日、大納言正二位実資の小野宮第で一門の参議、正四位下経通の一男経仲の元服と、二男経季・三男経平の着袴が同時に行われる。この場合は元服に主眼があるが、加冠役は権中納言正二位源経房が行っている。(26)参議経通より上位の中納言に加冠役を依頼するために、大納言実資の小野宮第で挙行されたのである。

先の教通女子たちの場合も、道長の上東門第で行ったゆえに、摂政頼通のみならず、道綱・実資・斉信の三大納言が中納言教通の娘の着袴に参列し、道長が、

三大納言屈請すなり、四条大納言（公任）は後ろに(27)

と得意満面な戯れ言をいえたのである。六日後に、着袴を終えたばかりの五歳の童生子を御匣殿別当に任ずる前提として、貴族社会に道長子孫としてお披露目する必要があったのだと思われる。着袴儀に参列し馬を引出物にもらった実資は、「尚侍・御匣殿、未だ著裳せざるは、極めて奇たる事なり。近代の事、又云ふべからず」（『小右記』寛仁二年十一月十五日条）と、批判を加えても直接口に出すことを抑えざるを得なかったのも当然である。一門尊長所有の空間での着袴は、着袴児に尊者の権威を纏わせる。先の明子腹の頼宗着袴が東三条院で行われたのも、東三条院で行うことにより次妻腹、すなわち劣り腹の頼宗を考慮してのことである。

子どもへの権威付けを目論んだ巧みな企てである、父方一族の尊長や上位者の邸宅での着袴という空間選択は、院政期には定着していく。二、三例をあげると、天永二年（一一一一）八月二十六日、右兵衛督源師頼の男子着袴は、祖父左大臣源俊房の邸宅で行われる（『長秋記』）。また、永久元年（一一一三）七月二十七日には、兵衛佐の子二人の着袴が、祖父大納言源雅俊の洞院亭で行われる（『長秋記』）。密々行われることもあるが、公表し近親を招いて行う場合、

一門一家の尊長のもとで行うようになったことは、着袴が児童を一門一家の一員として貴族社会に広く知らしめる重要な人生儀礼になったことを示していよう。

4　腰結役

着袴の空間のみならず、袴の腰を結ぶ腰結役もまた着袴児にとっては重要な意味をもっていた。先の承子内親王の袴の腰は、父村上天皇が手ずから結んでいた。表3からうかがえる如く、親王・内親王の場合、父天皇が腰結役となることが多い。父天皇が腰結役でない場合は、ほぼ原因が確定できる。先に述べた天暦六年（九五二）昌子内親王の着袴で、叔父村上天皇が腰結役を務めたのは、父朱雀上皇が没していたからであった。長徳四年（九九八）十二月十七日、登華殿で行われた修子内親王の着袴は「左大臣簾内に入り御裳腰を結ぶ」とあり、道長が腰結役を務めたが、これは「今日主上御物忌により渡御せず」と一条天皇が物忌のため参入できなかったことによる（『権記』）。寛弘八年（一〇一一）十二月二十八日、敦良親王の着袴が枇杷第で行われ、「左大臣親しく御袴腰を結ぶ」のも、父一条天皇が同年六月亡くなっているからである（『権記』）。長和四年（一〇一五）四月七日、禎子内親王の着袴では、

至尊渡御す〈御物忌なり。事やむを得ず渡御か〉左大臣簾中に進み候ず。戌刻、主上袴の腰を結ばしむ（『小右記』）

とあり、三条天皇は物忌を押し参入し、腰結役を務めている。後見人のいない三条天皇にとって道長と娘中宮妍子への追従は必要不可欠だったのであろう。

以上から、親王・内親王の場合は父親天皇が結ぶのが基本であったといえよう。この点も、元服や着裳と大きく相違するところである。元服では、清涼殿や内裏の他の殿舎で臣下息男の元服を行い、天皇自らが加冠役になることが

平安初期に見られるが、以後はなくなる。また、親王の元服や内親王の着裳は清涼殿等で行われるが、父天皇が加冠役や結腰役になることはない。(28)これに対し、親王・内親王の着袴は、母方殿舎で行われ、父天皇出御のもと、父が袴の腰を結ぶことが慣例だった。十世紀中期以降になると、七歳対面儀以前に父天皇と会ってはいても、この着袴儀で、居並ぶ臣下たち上達部・殿上人の前で皇子女の腰を結ぶことによって、父天皇は正式に、また可視的に、着袴者を自身の子と認知したのである。(29)

では、貴族層の場合はいかがであろうか。表3から貴族層の腰結役が判明するのは数例しかなく、断定は困難だが、一門一家のうち、一番官位の高い尊長や有力祖父が行うのではないかと推察される。康和四年（一一〇二）十二月十七日、右大臣忠実の女（泰子）と威徳（忠通）の着袴儀が高陽院で行われた。

余簾中に入り之を結ぶ。まず姫君、次に若君を著せしめをはりぬ（『殿暦』）

父忠実が、女子の腰を結び、次いで男子威徳の腰を結んでいる。男子優先ではなく、年齢順に女子から着袴されたことはたいへん興味深いが、それはともかく、父親が腰結役を務めている。ところが、列席した藤原宗忠は、次のように記している。

殿下（忠実）談じ給ひて云はく。法成寺入道殿（道長）御時、君達の着袴の時、閑院太政大臣（公季）内大臣たるの時来られるなり〈彼の時、件の大臣尊者たると雖も、君達の腰は結ばず。是その例なりと云々〉（『中右記』）

この日の「尊者」は内大臣雅実だったが、右大臣忠実が自身で男女の腰を結んだ理由を先例をあげ説明した部分である。公季の内大臣は、長徳三年（九九七）から寛仁元年（一〇一七）までの二十年間であり、その間道長は左大臣だった。道長の子どもの腰結役は不明だが、父道長は叔父公季より上位官職についており、尊者として招いても腰結役は、官職の高い父親だった。その先例をのべているのである。

ただし、永保三年（一〇八三）三月七日の忠実着袴では、「殿下腰を結ひ給ふ」とあり、祖父師実が腰結役である（『殿暦』）。摂関家でも官職の高い尊長が生存している場合、父ではなく腰結役をつとめたということができる。

教通女子生子と真子の着袴は、祖父道長の上東門第で行われたが、腰結役は父教通ではなく一家尊長と第二の位置にある二人が、すなわち、生子の袴を道長が、真子のを伯父関白頼通が結んだことは前述した。翌年、一家長実資の邸宅小野宮で行われた経通二郎経季と三郎経平の場合は、

余腰を結ぶ（『小右記』寛仁三年七月十九日条）

と邸宅主大納言実資が腰結役であった。当時実資は小野宮一家の尊長であり統括者であった。[30] 教通の長男信家の着袴は治安二年（一〇二二）十二月二十一日、関白頼通邸宅で行われた。

事をはりて、内府馬二疋・劔一腰をもって関白殿に奉らる。関白殿また馬二疋をもって内府に奉らる。また内府より関白殿御前物を儲けらると云々。若君実は内府殿の御子なり。而るに関白殿の養子となり、高陽院殿において着袴せしめ給ふ（『左経記』）

教通長男が頼通の養子になっていたが、実父教通が関白頼通に馬や剣を奉じていることからして、頼通が袴の腰を結んだと思われる。この時期養子になることは、政治的地位や権勢を養父から付与されるための場合があったが、関白邸高陽院殿で行われたうえに、関白によってなされた腰結は、まさに関白の権勢を信家に付与することであったと思われる。

貴族層の一門一家尊長や上位者による腰結は、同様なかたちで貴族層の主従関係にも適用される。長和三年（一〇一四）十月二十七日、実資小野宮第で着袴が行われた。

今夜右近の少女着袴す。資平をもって腰結せしむ。前物は進物所に仰せて、調備せしむ。件の児は源宰相（頼定）

の子と称す（『小右記』）

この右近は実資家に仕える女房と思われる。この時期実資に妻はなく、亡き妻婉子女王に仕えていた女房が、女王死後実資に寵愛されるようになり、千古を生み、「今北の方」すなわち「権妻」になっていた。この権妻は婉子女王弟頼定の乳母でもあった。(31) 権妻は頼定の病を見舞ったりしているので、(32) 同僚女房が頼定と関係をもち女子を生んだものと思われる。腰結役は養子の資平にさせたものの実資家の進物所に前(膳)物を用意させているのは、主として従者女房への御恩であろう。少し時代が降るが、永久元年（一一一三）八月十六日の『長秋記』に、次のような記事が見える。

秉燭の間、女房佐殿云はく、今夜参河権守重兼の姫着袴すべきなり。局辺りにおいて腰を結はしめ給ふべきなりと者り。よりて許諾す。幾ばくもなく束帯を著し、彼の局に行き向かふ、駒引に参る次いでに束帯を著すなり、着袴しをはりぬ。よりて参内す

師時は、女房佐殿から娘の着袴の腰結を依頼され、駒引に参内する前に局で着袴の腰結役を務めている。この場合も、女房の女子は父三河権守重兼からの援助はないものと思われる。女房たちは子女の着袴にも主の恩顧にすがらねばならなかったものであろう。

貴族層では、一門一家の尊長や上位官職の親族が腰結役を務め、従者の場合は奉仕する主に依存する場合があった。ところで、表3からうかがわれる腰結役では、東宮居貞親王の子どもたちの場合、ほとんど左大臣道長が務めていることが注目される。狂気の父冷泉上皇は政治力をもたず、母懐子も外祖父兼家も亡くなっており、後見者をもたない東宮居貞親王にとって、母方親族の尊長たる左大臣道長に依存することが必要不可欠だったのであろう。後に見るように、東宮王子王女の着袴に公卿層全員が参加したのは、道長の威厳と恫喝が背景にあったからである。貴族層着袴

の腰結役と同じ原理が働いていよう。

二　着袴儀の政治経済学

よちよち歩きの幼児に袴を着せるという成長過程に即した生育儀礼が、政治的な意味を纏いつつ変容していくことを見た。王朝儀式は、華やかに、賑やかに行われる。着袴儀も例外ではない。また、その度合いが高いことが、着袴児の今後の人生に権威と政治力を付与する。しかし、華麗で豪華な儀式を挙行するためには、莫大な経済力を要し、盛大に人を集めるためには政治力を必要とする。ここでは、三歳から七歳前後の幼児の着袴儀の背景に蠢く王朝政治経済社会の具体像をながめてみる。

1　主催者

着袴儀の主催者は誰か。一見簡単そうであるが、確定するのはなかなか困難である。手がかりの一つは、招待状発給者である。儀式への参加を促す招待状名義人が、主催者ではないかと思われる。たとえば、現在の結婚披露宴への案内状でも、結婚する男女の父親名で差し出されている場合は、二人の両親が経済的負担をし、結婚披露宴を主催するとのメッセージを読みとれよう。結婚する男女二人連名の招待状を受け取った時ほっとするのは、二人で協力し合って自立している、あるいは自立しようと志向する様子が想像できるからである。また、今一つは、来賓への引出物や饗宴の費用の出所はどこか、との分析も可能であろう。ここでは、二つの点から主催者を考えてみたい。

まず、着袴儀参加要請であるが、着袴児の父や父親の家政機関から案内をもらう場合がある。長徳二年（九九六）

十二月十四日、東宮居貞親王敦明王子の着袴では、

今日東宮王子の着袴なり。参入すべきの由、宮属来たりて仰す（『小右記』）

と、実資への参入要請は、着袴児の父親の東宮宮司の下級職員である。腰結役の左大臣道長には、

右（左ヵ）大臣御馬二疋〈一疋は今日内より東宮に奉られし馬なり。〉（『小右記』）

と、引出物の馬二疋が与えられるが、一疋は天皇から奉じられたものという。参加者への禄の出所は不明だが、「御膳〈折敷四枚〉」は御厨子所が供しており、天皇から与えられたものと解してよかろう。経費等が天皇から一部提供された事例である。

長保元年（九九九）八月十九日、実資のもとに、東宮属菅原良正が来訪した。

申して云はく、今日二宮着袴のことあり。参入すべしとてへり。﨟の由を申す（『小右記』）

実資は、この日は「﨟」との理由でどこにも出かけていない。道長が腰結役であり、「夜装束一襲・野剣一腰」が与えられているが（『権記』）、出所は不明である。

寛仁四年（一〇二〇）十二月二十七日、小一条院王子着袴では、

小一条院判官代永信朝臣をもって仰せられて云はく、明日王子の着袴に参入すべしとてへり（『小右記』）

ここでも父院の宮司職員が実資のもとに参入要請に来訪している。この日は源師房の元服があり、御読経結願のため内裏にも参入せねばならず、さらに雨が降りだし、持病が起こり、との状況で資平に断りを言わせている。関白頼通が腰結役であったが、経費の詳細は不明である（『小右記』）。

長和四年（一〇一五）四月七日、禎子内親王の着袴が、内裏の母中宮妍子御在所で行われたが、前日敦明親王と右大臣顕光への参入要請は道長が行っている。

宰相中将（兼隆）をもって式部宮（敦明親王）に、申せしむ。明日姫宮御着袴なり、もしくは参り給ふや、是陣中の事なり、参り給はば尤も事の便ありとてへり。右府に又示す。宮参るべき由ご返事あり（『御堂関白記』）

ここでは中宮職員ではなく、外祖父道長によって参入要請がなされている。着袴儀のために小さく作られた諸道具類、御厨子一双・御櫛筥一双・葉子筥一双・香壷一双・硯筥・火取には蒔絵螺鈿が施されており、脇息や屏風、几帳等も新調されたものである（『御堂関白記』）。これらは、「造物所」に三条天皇が命じて作らせている（『栄花物語』巻十二、たまのむらぎく）。三条天皇が渡御し腰結役を務め、酒宴・管弦が繰り広げられた。天皇の御膳は、洲浜の上に石・植木を立て、その上に御膳の器を盛る趣向を凝らしたものであり、同様な酒台とともに、権大納言頼通が奉仕している。敦明親王の笛に右大臣顕光や大納言道綱は「感涙」し、戌時（七時半）にはじまった着袴儀は暁更まで続き、敦明親王以下、女房たちに禄が送られた（『小右記』）。欠席者は、内大臣公季・実成・斉信・公任・忠輔だけであった。外祖父からの要請、父天皇の諸道具調達、外戚による禄・饗宴等がうかがえる。

寛弘七年（一〇一〇）十月二十二日、中宮彰子皇子敦成親王着袴では、九月二十八日に、「定若宮着袴雑事」が行われ道長が出席している（『御堂関白記』）。当日は、父一条天皇が渡御し、袴の腰を結った。蔵人頭公信が着袴児の御装束を、右大弁源道方が御前物を調進しているが、

皆勅を奉り之を儲く。自余の雑具は蔵人所、并びに左大臣家、本宮等沙汰す也（『日本紀略』）

とある。『御堂関白記』にも、

御膳を供す。家の儲くる所なり。洲浜の上に籬を立て、その上に銀の透筥折敷を置き、唐草花葉、盛物洲浜には菊花を作り、御酒台となす

とあり、豪華な御膳と酒台が道長家によって用意されている。『権記』には、

中宮所、大褂を大臣以下に給ふ。等差有り〈大臣一重、納言以下一領〉侍臣は疋絹、楽所は疋絹。次いで本宮、大臣は女装束、褂、納言は女装束、宰相は相綾褂袴、等差有るは例の如し

とあり、禄は中宮彰子と、本宮敦成親王家から出されている。父天皇と母中宮、着袴児家、外戚の四者が、主催者核ともいうべく結集し、相互に分担しあい、盛大な儀式を挙行している。

翌年の寛弘八年（一〇一一）十二月二十八日、敦良親王の着袴では、内裏三条天皇と東宮敦成親王から各馬二疋が奉られ、腰結役道長に各一疋、尊客右大臣顕光に内裏の馬二疋と道長の「家馬」一疋、内大臣公季に東宮の馬一疋と道長家馬一疋が引出物に与えられている（『御堂関白記』）。参列者や主殿官人に与えられた禄の出所は不明であるが、三条天皇や東宮敦成親王から馬が、道長家でも馬が献上、引出物に分配されている。この時期馬好きの道長が摂関として馬を統括して収集・管理しており、通過儀礼の引出物や謝礼としては近親者や縁者に贈答していたことが指摘されている[33]が、孫敦良親王着袴にも馬を贈与している。

敦成親王家の例のように、着袴児が親王宣下を受け、親王家を設置できている場合、参列者への禄等の費用は親王家が負担することが多い。天暦四年（九五〇）十月四日、承子内親王の着袴が、飛香舎で行われ、村上天皇が参入し袴の腰を結ったが、御衣一襲が右大臣師輔に給わられる。「御衣」とあり、尊者への贈物は父天皇の用意である。

その公卿以下は内親王家の禄を賜ふ。公卿女装束一襲、四位・五位白細長・袴各一重、六位袴一具、その殿上男女房に饗を設く。所々の諸陣に屯食を賜ふと云々（『西宮記』内親王着裳所収『吏部王記』）

参列者への禄は、「内親王家」すなわち着袴児承子内親王家が用意している。

天暦六年（九五二）十一月二十八日、昌子内親王の着袴では、膳物は「御厨子所」が弁備し、「親王家」が、「烏犀御帯一腰、書法四巻」を天皇に献じている。また、中宮職が禄を与えている（『河海抄』所収『吏部王記』）。ここでは、

膳物を叔父村上天皇の御厨子所が、禄を祖母中宮穏子が用意し、着袴児内親王家は腰結役に献上品を拠出している。

康保三年（九六六）八月二十七日の具平親王着袴では、「内より装束を給ふ」「親王家酒肴を給ふ」「息所（母荘子女王）禄を賜ふ」（『西宮記』内親王着裳）とある。公家冷泉天皇より着袴児の装束が、饗宴の酒肴は着袴児親王家が用意し、禄は母が調えている。

延長三年（九二五）八月二十九日、寛明親王の着袴では、左大臣以下の酒肴は御厨子所が用意していた。

長元四年（一〇三一）十月二十九日、後一条天皇と中宮威子の第二皇女馨子内親王の着袴では、穀倉院が上達部殿上人の饗饌合計二十八前（膳）を、大膳が侍従の饗饌を、上東門院が女房たちの衝重三十前を用意する。また、二階一脚、御櫛筥一双、御脇息一脚、御硯筥一具、御火取一具、御座二枚等が、「内より渡され」ている。着袴児の御装束二具は蔵人が持参しており、これも内からである。所々への屯食は本宮が儲けている（『左経記』）。本宮は馨子内親王家である。父天皇や女院、着袴児本家が分担している。

親王・内親王の場合、十世紀には着袴儀に使用する調度類は父天皇からの所出として蔵人所や造物所で用意され、天皇や参列者には御厨子所や穀倉院、大膳職などから御前（膳）や酒肴が施され、列席者への禄は着袴児の家や母キサキ宮司が用意することが多かったが、次第に、外戚も積極的に関わり、経済負担をし、豪華な儀式へと変容していくようである。たしかに、儀式書を見ると親王の清涼殿で行われる元服では、「内蔵寮酒饌を弁備し、王卿及び殿上男女房を賜ふ。〈あるいは本家この饗を儲く〉本家献物を設く」「御厨子所時に御酒を供す。次に王卿及び男女房禄を賜ふこと差有り」とあり、内親王では、「酒饌歌遊し禄を給ふこと一に男親王加冠の例に同じ。（中略）〈結髪等本家女装束各一襲を送り、又饗饌を儲く〉」（『新儀式』第五）とある。元服や着裳でも、内蔵寮や御厨子所が酒饌を弁備するが、献物のみならず、ある時には禄も饌も親王内親王家で用意している。[34] 十世紀の儀式書では、元服や着裳への外戚の積極的関与はうかがわれない。ところが、次第に豪華な饗宴が行われるようになり、幼稚親王家のみの負担では賄いきれず外戚の援助が不可欠に、なおかつ大きくなっていく。(35) 逆に、強力な後見力を発揮する外戚をもたない場合の着袴儀は寂しい。

予（資房）女房に付す禄無し、如何せん如何せん（中略）総じて今日毎事等閑に似たり。この世の作法、執柄（頼通）その心を入れざる故なり。指弾すべし（『春記』長暦二年十一月二十五日）

尊仁親王（後の後三条天皇）の着袴儀についての藤原資房の慨嘆である。後にも述べるように、禄も充分用意できず、我が子の着袴儀に母も参入できない実態がある。父母がそろっていても外戚が強力ではない場合の悲劇である。父母と外戚の三者一体結合が不可欠であったことを示そう。

では、貴族層ではいかがであろうか。寛仁二年（一〇一八）十一月九日、教通女子生子と真子の着袴儀への参入依頼を実資に要請したのは、大蔵道長である。

昨大殿より御消息、黄光傾き参入し、先ず大殿に奉謁す（『小右記』）

大納言実資は、着袴児の女子たちの外祖父権大納言公任とは近い親族だったが、父権中納言教通とはさほど親密な親族関係にはなく、ましてや実資は上官だった。こうした官職実態では、大殿道長からしか実資には参入要請ができなかったのであろう。前述した大殿道長の上東門第で行ったのと同じ要因である。教通から腰結役の道長には、笛・箏・和琴が、同じく摂政頼通には、手本と馬二疋が贈られている。道長からは道綱・実資・斉信の三人の大納言に馬各一疋が志されている。七十五歳の左大臣顕光や六十二歳の右大臣公季の列席はすでに必要ではなく、三人の大納言がそろって孫女たちを承認したことに満足し、貴重な馬を引出物として贈答したのであろう。大納言三人へ引出物馬各一疋は、他の着袴儀と比較してきわめて過差（過剰の意）である。

寛弘八年（一〇一一）十二月二十八日、土御門で行われた道長娘「今小君」の着袴では、「大納言三人に各馬一疋引き出す」と、ここでも道長が尊客大納言三人に馬を引出物に贈与している（『御堂関白記』）。なお、着袴の場合、道長から大納言へ贈与された引出物の馬は、禎子内親王着袴の大納言三人各一疋、嫄子女王では大納言公任に一疋、延子では大納言三人に一疋の事例がある。道長の場合は、道長自身が一門一家の尊長であり、饗宴や引出物・禄を自身で用意している。さらに、道長が管理統制する馬を大納言に引出物に贈与することからは、馬を使っての官人統制を子女孫などの人生儀礼に巧妙に取り入れていることがうかがえるのである。

以上は儀式参列者への饗饌や贈与を中心に見たが、興味深いのは着袴児が着る装束である。禎子内親王には、皇太后彰子から「御装束」が贈られている（『御堂関白記』）。敦成親王へは蔵人頭公信が「御装束を調進」したが、これは勅命だった（『日本紀略』）。敦良親王には、「尚侍殿（妍子）より御装束・御前物が献ぜらる」（『権記』）。藤原生子と真子には、

皇太后宮（妍子）より、亮定頼を以て装束一襲を給ふ。太皇太后宮（彰子）、大進敦親を以て装束二具を給ふ。中宮（威子）より亮兼房を以て装束一具を給ふ。皆被物あり。是大面目なり（『御堂関白記』寛仁二年十一月九日）

彰子と妍子・威子の入内した道長娘たちが、近親着袴児の装束を提供しており、道長は大面目だったと誇らしげに記している。寛仁四年（一〇二〇）十一月二十六日、故敦康親王王女嫄子女王の着袴が行われた。嫄子女王は関白頼通の養女になっており、

式部卿宮御女今夜着袴す、其の事関白殿経営御はせしむ（『左経記』）

と、頼通が着袴儀を主催した。

大宮（彰子）より御装束有り。御使修理権大夫済政朝臣〈同宮亮也〉、殿上人の座の上に召し著す。白褂・袴を給

ふ。拝せず退く。(中略)中宮(威子)より又御装束有り(『左経記』)

ここでも彰子と威子より御装束が贈られている。治安二年(一〇二二)十二月二十一日、関白頼通養子信家の着袴では、中宮(威子)亮源経頼は次のように記している。

関白殿に参る。今日申剋に若君着袴なり、よりて御装束一具を送らしめ給ふなり。被物有り〈白褂・袴白、大宮(彰子)・皇太后宮(妍子)皆御装束有り。〉(『左経記』)

ここでも頼通の三人の姉妹たちから着袴児の装束が贈られている。三人の内でもとりわけ彰子は親族児童の装束贈与に心配りをしている。寛弘七年(一〇一〇)十一月五日、

中宮(彰子)より藤中納言(隆家)女子着袴所に児装束を賜ふと云々(『御堂関白記』)

彰子は、失意の従兄弟隆家に着袴児の装束を届けたのである。

着袴児の装束は、一家長や尊長たちから贈与されるものだった。万寿二年(一〇二五)宰相資平の男女が「密々」着袴を行ったが、男女の装束や前物は実資から贈与されている(『小右記』)。「小装束二具」(『権記』長徳四年十二月十七日条)とあるので、着袴児の装束は小さく縫われたものであろう。行成は故為尊親王家鴨院で養育されている良経が元服する際、

此の童装束一襲、家に於いて調へる所なり。青色織物袍蘇芳、薄物下襲〈黒半臂を加ふ〉浮文表袴、茜染単袷袙、大口等の染色等、皆家の功なり。鴨院において裁縫せしむ。寸法を知らざるにより、暗に裁縫し難きゆへなり(36)

と寸法を知らない故に鴨院に家で染色された材料を送り、裁縫させている。着袴の場合、このような記事は見つからなかったが、三歳から七歳くらいの幼児の場合、年齢がわかれば個別に採寸しなくても幼児着として縫製したので事たりたのであろう。

近年、国文学では正妻による夫や家構成員への衣料の調整管理や被物制作などが、諸方面から検討されている。[37]道長正妻倫子の母穆子が、晩年になっても衣替えの季節ごとに婿たちに衣装を縫い送ったことは以前から著名であり、[38]衣裳は所属の表象でもあり、一族成員への衣服の供与は「家刀自」の最も重要な義務であったとの指摘もある。[39]袴をはく「人」への第一歩を踏み出す重要な人生の節目である着袴儀に、皇太后等の身位をもつ女性たちからの衣装贈与は、政治的権威の付与のみならず一族尊長女性の役割であったと思われる。

2　参列者

三歳から七歳前後に行われる着袴儀での腰結役や参列者への引出物や禄は、着袴児の後見親族の権威を示し、また、親族の一員として貴族社会に承認させるための経費でもあった。では、どのような人々が参列したのか、儀式参加者の政治性を見てみることにしたい。

儀式の参加者で一番上位者は「尊者」と記されるが、尊者への列席要請は主催者核の一人である一家尊長が行ったことはすでに見た。参列要請を受けた人々はどのような意識を抱くのだろうか。

修子内親王の養女になっていた藤原頼宗女延子着袴では前々日、実資のもとに源方理が来訪した。

一品宮（修子内親王）御消息を伝へて云はく、明後日聊か営む所有り、参入すべしとてへり。期に臨み無障ならば参るべき由を申せしむ（『小右記』寛仁四年十一月二十五日条）

養母修子内親王から列席要請が来たのである。実資は噂を聞く。

或いは云はく、左衛門督頼宗女を以て彼の宮の養子となし、着袴をせらると云々、下﨟卿相の女の着袴所に追従すべからず、この計は大納言達必ずしも参入せざるや、抑も人々興々か、事を宮に寄せ招き呼ぶに似たり（『小右

記』寛仁四年十一月二十五日条）

道長次妻腹頼宗は、権中納言である。権中納言の娘の着袴儀に大納言の自分が列席するのは貴族秩序に反しており、それでも参列するのは追従である。だから一品修子内親王の養子にし、内親王邸宅で行うのであろうとその魂胆が解るから、実資は臨席を躊躇する。

着袴当日の二十七日、実資はまだ迷っていた。ところがある人から噂が入る。

或いは云はく。入道殿（道長）口入されるとてへれば、大納言達の料の引出物の馬、彼の殿より送らると云々。もし参入せざれば不快のこと有るかと云々。よりて按察（斉信）に達す。報にいはく。今明物忌なり。軽を推し覆すとてへり。よりて参入すべし。四条大納言（公任）いはく、状に随ひて参入すべし。今思慮を廻らし、今日所労と称し、明日除目に参るは如何。近代の躰わが身進退せず、慭に参入の企てを欲するの間、中務大輔方理来たりていはく、今日猶必ず参入すべしとてへり（『小右記』）

当日まで迷っていると、どうも頼宗の父道長が影の主催者であり、もし不参加だと不興を買うという。また、同輩の大納言に問い合わせると斉信も公任も出席との返事である。実資もしぶしぶ行くことにし、夕方資平と一緒に出かけた。藤原道綱が十月十五日に亡くなっており、甥たちは服喪中のはずである。今日の主人である頼宗が吉服を着るのは仕方がないとしても、教通や能信なども「吉服」を着ているのはどうしてであろうか。これも「入道殿の教えか」。

この事を見る如く、下官（実資）不参ならば、必ず不快有るべきや（『小右記』）

やっぱり参加してよかった、と実資は胸をなでおろす。饗饌、管弦があり、大納言四人には引出物に馬各一疋が贈与され、女装束などの禄はいつもの通りであった。左右大臣と摂政頼通は欠席だが、大納言以下ほとんどの公卿たちが列席している。

着袴儀空間として上位者の邸宅等を使用することを先に指摘したが、養子にして子どもの身分上昇を図る場合もあることがうかがえよう。この延子は、幼少より一品修子内親王に養育され長久三年（一〇四二）三月二十六日、後朱雀天皇に入内する。この時頼宗は権大納言であるから、修子内親王の養女ゆえに入内が可能であったことになろう。養母邸での着袴は、物議を醸しながらも、着袴児を貴族社会に広く認知させ公認させることになる。そのためには、高位の公卿たちの列席の中でのお披露目がぜひとも必要であった。だからこそ道長口入という無言の圧力のもと参列させたのである。

たかが幼児の着袴というなかれ、貴族たちにとって権勢家の着袴儀への出席は、きわめて重要な意味をもっていた。正暦元年（九九〇）十二月二十六日、ある公卿が実資のもとに情報をもたらした。

或る公卿告げて云はく、昨日左府（源雅信）及び右衛門督（道長）云はく、着袴所に必ず来向すべきの約あり。而るに来たらず、傾奇少なからずとてへり。先日太皇太后亮理兼、彼の期に臨み、もししかるべくんば御消息を送るべきの由、示される事有りとてへれば、指したる命無きに依り不参入の所なり。明旦彼の殿に参入し、この由を謝し申すべきものなり（『小右記』）

ある公卿から連絡があり、昨日雅信と道長が、「（実資は）着袴所に必ず来ると約束しておきながら来なかった。おかしい」とおこっている、という。たしかに、先日、彰子の外祖父源雅信の妻穆子の兄弟藤原理兼を通じて連絡があったが、もしその時になったら連絡がほしいと答えておいたのに、それがなかったので参入しなかったのだ、明日謝罪に行こう、とある。早速お詫びに行ったに違いない。実資は、当時やっと参議になったばかりの三十四歳である。左大臣雅信から孫娘の着袴に臨席するよう招待があったのに欠席したのは、きっと連絡がうまくいかなかったからであろう。実資の困惑と狼狽ぶりが目に浮かぶようである。三歳児の着袴儀でも、貴族社会にとってはきわめて政治性を帯びていたのである。

招待が来ない場合でも、主催者やその背後の人物を配慮して参加すべきかどうか苦慮することにもなる。寛仁四年（一〇二〇）十一月二十六日、関白頼通の養女嫄子女王の着袴があった。

大納言公任巳下参入す。気色ある人々候ずなり。斉信・下官（実資）等御消息無きに依り猶予不参。思慮多端。よりて先ず資平を参らしめ案内を取るに告げ送りて云はく、帥中納言行成に問ふに答へて云はく、更に参入すべからず。事是褻の事也とてへり。よりて下官所労を蔵人に触れ罷り出ず。斉信卿一人留まり候ず。自余は関白殿より参帰すべしと云々（『小右記』）

頼通の養女故敦康親王王女嫄子女王の着袴である。来臨の要請はなかったが参入すべきではないかと実資は考慮し、養子の資平を遣わし行成に問い合わせている。行成は故敦康親王家別当であったから[40]、嫄子の着袴にも関わっていたのであろう。「褻の事」というのは屢々「密々」とも記される内輪で親族だけの儀式を意味するのであろう。この日の尊者は大納言公任で馬一疋を引出物に送られている（『左経記』）。公任の娘は教通室であるから公任は、御堂一家の親族に内包されているのであろう。

敦良親王着袴の後、土御門で行われた道長の「今小君」の着袴では、参入依頼がないのに大勢がやって来ている。

小女子の着袴をなす。人知らず。しこうして人々気色を見、両大臣、右大将の外上達部十余人、殿上人二十人許来たる。事忽ち恐れ思ふ事少なからず。而るに西方に尋常に着座す。一両盃を進むる後、上達部殿上人、綿を以て被物となす。この間風雪庭に飛び、寒気盛んなり。大納言三人各馬一疋を引出す。立明の近衛は宮より来るなり。疋絹（『御堂関白記』寛弘八年十二月二十八日条）

同日に行われた公的な敦良親王着袴には全員参列したが、知らせていない道長娘の着袴にも、右大臣顕光と内大臣公季と右大将権大納言実資以外全員参加したという。『小右記』は当該期分が遺っていないが、実資は後でほとんどの卿相が参入したのを聞き、歯がみしたのかもしれない。雪が降る極寒の夜中、貴族たちには試練の儀式参加である。

公卿たちは公家関係の着袴儀へは参列する義務があった。東宮居貞親王王子敦明の着袴では、

左右大臣以下春宮に参る。式部大輔輔正一人不参、公家勘事によるか（『小右記』長徳二年十二月十四日条）

先述のように権中納言実資には参入すべき知らせが来ており、他の公卿たちにも当然通知があったものと推察される。参議輔正はそれ以前に何かで勘当されていたのであろうか。東宮居貞親王の王女王子たちの着袴には、ほとんどの公卿たちが出席している。第一王女当子の着袴では、

右大臣以下、指したる喚び無きと雖も、左府仗座において気色を指示す。よりて諸卿相率ゐて宮に参る（『小右記』寛弘元年八月二十五日条）

と、参入依頼がなくても道長の意向によって公卿たちが参入し、右大臣はじめ中納言公任以外全員の公卿が参列している。道長の意向に公卿たちは一喜一憂しつつ追従したのである。故一条天皇皇子敦良親王着袴の場合、左大臣道長が腰結役を務めたが、「右大臣、内大臣以下諸悉く参る」（『御堂関白記』寛弘八年十二月二十八日条）と公卿たち全員が参列している。敦成親王の場合、「主上渡御」し、「大臣以下相率い参入」（『日本紀略』寛弘七年十月二十二日条）している。親王・内親王の場合、いわば公的に行われた儀式である。全公卿層の列席は当然と言えよう。着袴儀にも貴族社会秩序や政治力が色濃く反映されていたのである。

三　子どもと着袴儀

政治的・社会的貴族秩序を背景に、ある時はひっそりと、あるいは盛大に行われた着袴儀は、当の子どもたちにとってはどのような意義があったのだろうか。最後に、当時の子ども認識や子ども観について考えておきたい。

1　無服の幼児

すでにいくつか例をあげたように、着袴儀は父や親族の服喪期間中も問題なく行われている。たとえば、昌子内親王の着袴は天暦九年（九五五）十一月二十八日にだったが、三ヵ月前の八月十五日父朱雀上皇が亡くなっている（『大日本史料』第一編之九）。父や親族の服喪期間中に着袴が行われる場合、二つのことが問題になった。一つは、列席者の服装であり、今一つは歌舞音曲である。

寛弘八年（一〇一一）十二月二十八日、敦良親王の着袴が行われた。父一条上皇は六月二十二日に没している。

左大臣親しく御袴の腰を結ぶ〈大臣吉服を著す〉。参会の人上下なほ橡袍を服す。（中略）右大臣（顕光）紅打下襲を著す。人々側目す（『権記』）

一条上皇の服喪中であり、皆橡袍を来ている中、腰結役の道長は吉服を着ているが、道長への非難はない。しかし、華やかな紅色を来ている顕光には皆驚き目をみはっている。服喪中には着袴儀にも喪服を着て参加するのが慣習だったことが推察される。寛仁四年（一〇二〇）十月十五日、藤原道綱が薨じた（『大日本史料』第二編之十六）。十一月二十七日には、修子内親王養女延子の着袴が行われた。

左大将〈教通〉軽服人なり、而るに吉に就く。又左衛門督〈頼宗〉は主人の如し、吉に就くは何事かある。其の外の人吉に就くは如何。又左兵衛督能信□《ママ》皆吉服を着すは入道殿の教へか（『小右記』）

頼宗は延子の実父であり着袴儀の実質的な主人役であるから吉服を着るのはしかたがないとしても、教通や能信が吉服を着るのはおかしい、と実資は疑問を呈している。腰結役や主人の場合吉服を着ることはやむを得ないが、服喪中の参列者は喪服を着るべきなのであろう。先の顕光の事例などからして次第に慣例が変容しているようである。

今ひとつの歌舞音曲では、朗詠の中味が問題になっている。敦良親王着袴では、参列者の朗詠があった。行成は一条上皇の服喪中の朗詠の是非について説明している。

佳辰令月の句なり。天暦六年皇太子着袴の時、朗詠あり。朱雀院御事により人々心喪なり、然れども太子は服限の外なり。又時の諒闇にあらず。よりて朗詠有り。亦以て妨げなきか。今この御着袴は、是時俗の礼、先例また存す。天暦六年朱雀院上皇崩の後、五条太后（昌子内親王）着袴の例なり。よりて信点《ママ》在りと雖も行はる所也。ただし、中宮・皇子共に凶服、今その実在り。朗詠律詩はしかるべからずか（『権記』寛弘八年十二月二十八日条）

天暦六年、朱雀上皇が八月十五日に没していたが、皇太子憲平親王（後の冷泉）は十二月八日に着袴し、朗詠があった。しかし、伯父であり父母ではない。つまり諒闇ではないのでよい。同年朱雀の子昌子内親王の着袴が行われている。だから服喪期間中でも着袴は行ってもいい。ただし、朗詠や律詩はいけない、という。

朗詠とは、漢詩の一節に旋律を付け、楽器の伴奏で歌うものである。延子の着袴でも、「管弦の興あり。伶人は渡殿の南縁に在り。雨により、両三曲後、左衛門督（頼宗）禄を執りて余に被く」（『小右記』寛仁四年十一月二十七日条）と、管弦が行われている。喪服中でも着袴儀には管弦が行われたことがうかがえる。

従来から、民俗学等で「七歳までは神のうち」との俗諺が古くからあったことが指摘され(41)、実際にも律令では、七歳以前は服喪規定の適用を受けなかった(42)。平安貴族社会でも七歳以前に死亡した子どもたちには葬送もなく、墓もなかった(43)。ゆえにこそ、数ヵ月前に実父母が死亡していても着袴儀が行われ、参列者も主催者は吉服を着て、吉儀として行われたのである。子どもにとっては、「人」の表象としての袴を着ける儀式ではあっても、いまだ「人」の対象外に置かれていた故だと思われる。

2 親族と幼児

いまだ一人前の「人」ではなかった故に服喪規定が適用されず、実父母の死さえ考慮することなく着袴儀が執り行われた。しかし、一人前の「人」ではない幼児に、盛大な着袴儀が行われるのはなぜだろうか。親族にとっての幼児の位置を見ておきたい。

康保三年（九六六）八月二十七日、具平親王の着袴が母御息所荘子女王の承香殿で行われたが、源重光が昇殿を許されている（『西宮記』臨時九）。重光は荘子女王の同母兄弟であり、甥の着袴列席のため昇殿が許可されたのである。また、長保三年（一〇〇一）十一月十三日、敦康親王着袴が彰子の飛香舎で一条天皇出御のもと行われたが、高階明順の昇殿が許されている（『権記』）。明順は敦康親王実母故定子皇后の母高階貴子の兄弟である。高階明順は、藤原伊周の花山院射撃事件に関与し召候されており、政治的には斜陽の位置にあった(44)。親族にあたる敦康親王着袴で昇殿を許容されたことは官職任用等にとって重要なきっかけになったことであろう。

親族だけではない。延長三年（九二五）八月二十九日、寛明親王の着袴では、「中宮宣旨叙爵」（『西宮記』臨時九）、「中宮内侍を叙す」（『西宮記』臨時八）と、母中宮穏子の宣旨が叙爵されている。母方女官への叙位である。また、敦成親王着袴では、「保昌一階を叙す。内給なり。若宮着袴の間申されるなり」（『権記』寛弘七年十一月二十日条）と、藤原保昌が叙位されている。保昌は敦成親王外祖父道長家の家司である。母方親族の関係者への叙位である。

むかし、氏のなかに親王うまれ給へりけり。御産屋に、人〳〵歌よみけり。御祖父がたなりける翁のよめる。

わが門に千尋ある影をうへつれば夏冬たれか隠れざるべき

これは貞数の親王、時の人、中将の子となんいひける。兄の中納言行平のむすめの腹なり

これは、『伊勢物語』七十九の話である。在原行平の娘が清和天皇皇子貞数を出産した時の歌であり、「おきな」は、行平の弟業平である。親王が生まれると母方の一門は恩恵を被ることが歌われている。産養のみならず、着袴でも同様母方一門や関係者にとって、昇殿や叙位の恩恵を被ることが可能であった。幼児は、とりわけ皇子女は一門繁栄の一助と認識されていた。ゆえにこそ、母方親族、すなわち外戚による経済的援助により豪華で華麗な着袴儀が開かれたのである。

これは必ずしも皇子女のみならず、教通の女子生子や真子たち、キサキ予備軍にも同様な認識がなされたものであろう。幼児も一門繁栄の位置にいる認識がなされていたことが着袴儀からうかがえることを指摘しておきたい。

おわりに

以上、十世紀から十一世紀中葉までの、貴族層の着袴儀の実態を見てきた。残念ながらこの期では、庶民層で着袴儀と関連するものは管見では見つけられなかった。今後の課題にしておきたい。

では、史料的には十世紀から見られる着袴儀はいつまでさかのぼれるのであろうか。私見では九世紀頃に成立するものと考えている。その根拠の第一は、貴族層が袴を日常生活でも着けるようになるのは少なくとも八世紀を相当す

ぎるのではないかとの武田佐和子氏の服装史研究からの指摘である[45]。第二には、かつて拙稿で指摘したように、子どもの衣服が規定されるのは九世紀以降ではないかと推定される点である[46]。九世紀以降、貴族層の幼児たちも袴を着る習俗が始まり、以降儀式が定着したのではないかと推察される。では、十世紀以降しか史料が残存していないのはいかなる要因なのか。十世紀の史料は親王・内親王が多かった。Iの第一章で追究したように、十世紀中頃以前には、天皇の子どもといえども七歳以前の幼児は狭義の内裏内に参入することはできなかった。七歳対面儀が挙行され、天皇に正式に対面し認知されて以降、参入が恒常的に許容されるものだった[47]。内裏外にある母の里第で行われたと推察される着袴儀は史料には残存しなかったのではないか、と推察する所以である。少なくとも九世紀末には成立していたのではないかと推測しておきたい。

史料提示に終始してしまった感があるが、最後に再度指摘しておきたいのは、着袴儀には男女差がないことである。儀式の重要性も大きさも親族の関与も男性優位がほとんど見られないのである。成人式である元服と着裳では、儀式も命名もさまざまな相違がある。着袴から成人式への道筋で男女差が刻印されるのではないか。興味ある視点であるが、紙数も尽きたのでこれも今後の課題としておきたい。

注

(1)『大日本史料』第一編之五、延長元年三月二十一日条、同七月二十四日条。
(2) 中村義雄『王朝の風俗と文学』(塙書房、一九六二年)。
(3) たとえば池田亀鑑『平安朝の生活と文学』(角川書店、一九六四年)、同『平安時代の文学と生活』(至文堂、一九六六年)、飯沼清子「誕生・産養・着裳」(山中裕編『源氏物語を読む』吉川弘文館、一九九三年)、山中裕・鈴木一雄編『平安時代の儀礼と歳事――平安時代の文学と生活』(至文堂、一九九四年)等。
(4) 小嶋菜温子「『源氏物語』の産養」(『新物語研究四　源氏物語を〈読む〉』若草書房、一九九六年)、同「ゆらぎの〈家〉の光源氏」（『源氏研究』三、翰林書房、一九九八年）、同「物語の儀式と〈非・準拠〉」（『古代中世文学論考』新典社、一九九八年）、同「紅葉賀巻の光源氏と冷泉帝」（鈴木日出男編『ことばが拓く古代文学史』笠間書院、一九九九年）、同「光源氏と明石姫君」（『国文学』一九九九年四月）、同「産養をめぐる史劇」（『平安文学の想像力』論集平安文学五、勉誠出版、二〇〇〇年）。

（5） Ⅲの第四章。

（6）『西宮記』の臨時九、内親王著袴には、延長二年三月二十五日、韶子内親王が承香殿西廂で「著裳」したとある。しかし、天皇が腰結をしており、七歳であることから、著袴の可能性もある。著裳では天皇は腰結をしないからである。しかし、七歳とあり当時の着袴では年歳が高すぎる気もするので、留保しておきたい。

（7）『権記』長徳四年十二月二十五日条。

（8） 例えば、寛治七年四月十六日の宗忠三男宗重は六歳である（『中右記』）。保安元年二月十一日、源雅俊男子名加護は五歳である（『中右記』）。

（9） 中村義雄前掲書注（2）一〇六頁。

（10） 中村義雄前掲書注（2）一三一頁。

（11） Ⅲの第四章、拙著『平安朝の母と子』（中央公論社、一九九一年）。

（12）『西宮記』臨時、内親王着裳所収『吏部王記』天暦四年十月四日条。

（13） なお『大日本史料』第一編之九、八五六頁では、「昌子内親王御着裳ノ儀アリ」とするが、「初服袴」とあり、着袴の間違いである。

（14）『大日本史料』第一編之九、天暦六年八月十五日条。

（15）『九条殿記』天暦七年正月二日条。

（16）『権記』長徳四年十二月十七日条。定子の殿舎が登華殿であるのは『日本紀略』長徳元年四月十二日条参照。

（17）『栄花物語』巻第二「花山たづぬる中納言」。

（18）『今鏡』すべらぎ。小西京子「摂関政治と禎子内親王」（『寧楽史苑』四〇号、一九九五年）、保立道久『平安王朝』（岩波書店、一九九六年）等参照。

（19） この時の内裏は枇杷殿である（詫間直樹編『皇居行幸年表』続群書類従完成会、一九九七年）。

(20)　元服については、拙著『家成立史の研究——祖先祭祀・女・子ども』（校倉書房、一九九一年）、着裳についてはⅢの第三章参照。
(21)　Ⅰの第一章。
(22)　『権記』長保二年十二月十三日条。
(23)　『栄花物語』巻四。なお角田文衛『承香殿の女御』（中央公論社、一九六三年）五四頁には、「道兼娘の着裳」とあるが着袴の間違いである。
(24)　黒板伸夫『藤原行成』（吉川弘文館、一九九四年）参照。
(25)　『権記』長徳四年十二月二十五日条。
(26)　『小右記』寛仁三年十月十九日条。
(27)　『御堂関白記』寛仁二年十一月九日条。
(28)　中村義雄前掲書注(2)。元服・着裳については、Ⅲの第三章参照。
(29)　もちろん、皇子女の誕生時にも剣を賜与することによって子と認知しているが、臣下たちの前で目に見える形で公表することに意義があったと考えている。
(30)　服藤前掲書注(20)。
(31)　吉田早苗「藤原実資の家族」（『日本歴史』三三〇号、一九七五年）。
(32)　拙著『平安朝　女性のライフサイクル』（吉川弘文館、一九九八年）。
(33)　加瀬文雄「藤原道長をめぐる馬と牛」（佐伯有清先生古稀記念会編『日本古代の社会と政治』吉川弘文館、一九九五年）、中込律子「摂関家と馬」（服藤早苗編『王朝の権力と表象』森話社、一九九八年）参照。
(34)　十世紀初頭における醍醐天皇の幼稚親王の収入と元服等の支出については安田政彦『平安時代皇親の研究』（吉川弘文館、一九九八年）参照。
(35)　伴瀬明美「摂関期親王家の国家的給付に関する基礎的考察—摂関期における皇子女扶養形態の再検討にむけて」（大阪大学文学部日本史研究室編『古代中世の社会と国家』清文堂、一九九八年）参照。
(36)　『権記』寛弘八年八月二十二日条。
(37)　岩佐美代子『宮廷に生きる』（笠間書院、一九九七年）、三田村雅子『源氏物語　感覚の論理』（有精堂出版、一九九六年）、服藤

前掲書注(32)、河添房江『性と文化の源氏物語』(筑摩書房、一九九八年)、拙著『『源氏物語』の時代を生きた女性たち』(日本放送出版協会、二〇〇〇年)。
(38) 『栄花物語』「たまのむらぎく」。
(39) 高群逸枝『招婿婚の研究』(理論社、一九五三年)。
(40) 黒板伸夫前掲書注(24)。
(41) 大藤ゆき『児やらい』(岩崎美術社、一九六七年)、大間知篤三『大間知篤三著作集』(第三巻、未来社、一九七六年)、宮田登『老いと子どもの民俗学』(白水社、一九九六年)など。
(42) 小林茂文『周縁の古代史』(有精堂、一九九四年)。
(43) 服藤前掲書注(11)。
(44) 角田文衛「高階光子の悲願」(『角田文衛著作集』六、法蔵館、一九八五年。初出一九六六年)。
(45) 武田佐知子『古代国家の形成と衣服制』(吉川弘文館、一九八四年)。
(46) 拙稿「古代子ども論覚書」注(20)。初出一九八八年。
(47) Iの第一章。

第三章 平安王朝社会の成女式
——加笄から着裳へ——

はじめに

この児、やしなふほどに、すくすくと大きになりまさる。三月ばかりになるほどに、よきほどなる人になりぬれば、髪あげなどとかくして髪あげさせ、裳着す[1]

『竹取物語』で、かぐや姫が三ヵ月で大人になり成人式を上げた場面である。ここでは、「よきほどなる人」になったので、「髪上げ」し「裳着」したとある。「人になる」とはどのような時期をいうのか、あるいは「髪上げ」と「裳着」とは、どの様な関係にあるのだろうか。また、女性の成人式である髪上げ、着裳は、いつ始まり、どの様な変容を遂げつつ定着していくのか。男性の成人式である元服とは、どの様な関係にあり、どの様に相違するのか。多種多様な研究課題が浮かびあがる。しかし、物語類にも多く登場する女性の成人式（成女式・本来は男女とも成人式だが、男と区別する意で成女式とする）については、さほど研究蓄積はない。今でも四十年程前に刊行された中村義雄氏の『王朝の風俗と文学』[2]が参照されているといっても過言ではないと思われる。[3]もっとも以前から髪型や服装については、風俗学や民俗学等から検討されている。[4]また、八世紀までの成女式について関説した論考は見られる。[5]しかし、儀式としての成人式が確立したと考えられる時期である平安時代については、ほとんど研究されていない。

近年、国文学では、産養や着裳など人生儀礼の視点から物語を分析し始めている様である。(6)その為にも、歴史学からの研究は必要不可欠であろう。本章では、主として十世紀から十一世紀中頃まで、いわゆる王朝国家社会の貴族女性の成人式を考察したい。如上の研究状況から、基礎的な考察にならざるを得ないが、筆者の研究課題である家や政治権力構造、あるいはジェンダーなどにも出来る限りふれたい。ただし、「髪上げ」にとって一番重要な、あるいは基礎的でもある髪型については紙数の都合で考察出来なかった。他の機会に検討したいと考えている。

一　加笄から着裳へ

1　儀式書

史料的な成女式の初見は九世紀初頭である。『日本紀略』延暦二十年（八〇一）十一月九日条には、

茨田親王冠す。贈皇后〈今上后〉高津大宅三内親王笄を加う

とあり、贈皇后高志内親王と高津・大宅内親王の三人が笄を加えたことが記されている。ただし、「笄年」の文字は、和気清麻呂の薨伝に

姉広虫、笄年に及び従五位下葛木宿禰戸主と許嫁す（『日本後紀』延暦十八年二月二十一日条）

と出てくるがこれは、「笄年に及び」とあるから「結婚の年齢に達し、葛木戸主と結婚した」との意であり、「笄」すなわち「加笄」儀、成女式の意ではないと思われる。

加笄とは、『儀礼』士昏礼に、

女子許嫁さるれば、笄して之に醴し、字を称す(7)

とあり、納徴の礼が成って、許嫁が決まったら、主婦が女子に笄をつけて、醴を授ける礼をし、その後字を称するとのプロセスが規定されている。「主婦」とは、族内における尊長の配偶者で家内で行う礼の執行者であるから(8)、一族内女性を統括していた事がうかがえる。族内女性尊長が髪に笄をつけ、大人になったことを承認したのである。雑記下には、「許嫁が無い場合は、女子は二十歳になれば笄してこれに醴を酌む」とあり、二十歳前では結婚が決まったとき笄、すなわち髪飾りをつける儀礼があり、結婚が決まっていない場合は二十歳になってはじめて笄をつけるものであった。

いっぽう、『礼記』内側十二には

十有五の年而して笄し、二十而して嫁す

とあり、十五歳で笄、二十で結婚とされている。ここではまず笄があり、二十歳で結婚することになっている。すでに多くの方が指摘されるように、笄は、元服と同様、中国から導入されたものである(9)。その際、結婚が前提になって笄がなされるのか、ある一定年齢になれば笄し、その後結婚するのか、二つの方式が中国から伝来した儀礼関係書にあったことを確認しておきたい。

日本の儀式書に女子の成人式が記載されているのは十世紀中期成立の『新儀式』『西宮記』だけである。男子の元服は女子と同様に『新義式』から記述が始まるものの、以後大抵の儀式書に記述され、なおかつ詳細になる。たとえば『江家次第』には、「御元服（天皇）」・「東宮御元服」・「一人若君元服」・「諸家子弟元服」と階層による元服規定になっており、なおかつ詳細な儀式次第である(10)。しかし、女性の成人式の記載はない。儀式書記載から見ただけでも、男子の成人式である元服と、女子の成女式が貴族社会人生儀礼にしめる位置の差が、極めて明確になるが、十世紀の

『新儀式』『西宮記』の段階ではさほど差はない。まずは、二つの儀式書を検討する。

『新儀式』における成人式関係を列挙すれば、次のようになる。「天皇元服を加えること」（第四臨時上）、「皇太子元服を加える事」「親王元服を加える事」「内親王初笄の事」「源氏皇子元服を加える事」「女源氏皇子初笄の事」（本文欠）「殿上小舎人元服を加える事」の順で目次がある。(11) また、『西宮記』には、「天皇元服」「皇太子元服」「親王元服」「一世源氏元服」「斎王着裳」（本文無し）「内親王着裳」「殿上童元服」「諸家童子元服」となり、(12) 男性の元服は詳細になり、かつ天皇・皇太子・親王・一世源氏・殿上童・諸家童と各階層ごとに元服儀式が記されている。身分階層秩序による細かな規定が出来るほど元服は重要な儀式となっていたことがうかがえよう。儀式書の性格も相俟って、『新儀式』では内裏で挙行される、あるいは天皇と何らかの形で関係する成人式儀式が主であるが、『西宮記』では男性の場合は各家で行われる元服も記載されている。いっぽう、女性の場合は、実質的には内親王の儀式だけである。すでに、十世紀中頃の段階で、男性の元服が貴族社会にとって極めて重要な人生儀礼と認識されつつあったのに対し、女性のそれはさほど重要とされていなかったことをまずは確認しておきたい。

つぎに儀式の内容を検討することにしたい。先に述べたように、両儀式書でも、結局女性の成人式で儀式内容が記載されているのは、内親王初笄だけである。しかも『西宮記』の「内親王着裳」は『新儀式』の「内親王初笄の事」とほとんど同文である。ゆえに『新儀式』の「内親王初笄の事」と「親王元服を加える事」との比較を行う。簡単な儀式次第は以下のようになる。

「親王元服を加える事」

①清涼殿の孫廂南第二間東辺が親王座。

②天皇出御の後、親王着座。

③理髪人、親王理髪。
④上卿が親王に加冠。
⑤親王装束を改め東庭において舞踏。
⑥加冠人と理髪人に禄。
　加冠人の禄は白褂一重、御衣一襲、大臣には白橡表御衣を加える。
　理髪人の禄は白褂一領、阿古女御衣一領。
⑦内蔵寮が酒饌弁備。王卿を御前に召し饗饌・管弦。
⑧王卿、男女房に禄。

「内親王初笄の事」
①清涼殿の額間南第二間東辺が内親王の座（内親王座の北に四尺屏風三帖、東廂に御簾を垂れる）。
②③④（天皇出御し加笄）。
⑦⑧酒饌・歌遊・禄、元服と同じ。
⑥結髻・理髪の尚侍か典侍に、禄。
　結髻の禄は白褂二領、唐綾羅等一裹。

　理髪の禄は紅染褂一領。理髪がもし更衣ならば、阿古女御衣一襲、又綾羅類を結髻に加える。（『群書類従』巻第八十新儀式より）

親王の元服も内親王の笄も清涼殿で天皇出御のもとに行われ、親王内親王の座は孫廂、額間であり、内親王には屏風で囲むものの、加冠者や理髪者に与えられる禄や最後の王卿及び殿上男女房による「酒饌歌遊」もさして変わりがない。相違点の第一は、親王が加冠後、童装束から大人の装束に改め、東の庭で舞踏する点である。舞踏とは、基本的に天皇と上皇に対してのみ行う最敬礼の方式であるが、加冠され一人前の大人としての衣装を改めた男性が、天皇の臣下である公卿以下の列席者の前で、臣下としての位置を確認する拝礼である。女性の場合は、装束改めも、舞踏もない。舞踏がないことは女性が天皇の臣下としての官人の役割を果たさないことを象徴していよう。(13)

さらに装束改めがないことは、後には成女式の名称にもなる裳を結ぶ儀式次第が記載されないことと対応している。後述するように、十世紀の初頭から実際の儀式次第には、裳を結ぶ場面があり、「着裳」あるいは「もぎ」と呼ばれていた。しかし、儀式書で見る限り、女性にとって童と大人の可視的表象が、笄、すなわち「結髻理髪」であり、裳をつけること、すなわち衣装による可視的表象ではなかったということができよう。ただし、衣装改めについては、後に改めて検討したい。

ところで、すでにふれたように、『新儀式』では「内親王初笄の事」との細目表題であった。いっぽう、『西宮記』では、「内親王着裳」であった。ところが、『西宮記』本文はほとんど『新儀式』と同文であり、衣装である裳については一切記述がない。では、内容がほとんど同文なのになぜ名称を「初笄」から「着裳」に変えたのか。にもかかわらず、なぜ裳について何も記載がないのか。この点は、儀式書成立時期の実態の変容が深く関係していると思われるので、次項はこの点を検討してみたい。

2　儀式実態からみた変化

表4は、十一世紀中頃までの儀式挙行年月日のわかる成女式の一覧表である。(14)「用語」欄は成女式がどのような文言で表記されてあるかを記したものである。九世紀はすべて「加笄」であるが、十世紀になると「著裳」や「もぎ」

式　一　覧

腰　　結	結　　髪	理　　髪	用　　語	史　　料
			加笄	紀略
			加笄	紀略
			加笄	紀略
			加笄	三代実録
				躬恒集
			著裳	貞信公記
			御もき・著裳	貞信・歌集
			著裳	貞信公記
尚侍藤原満子	尚侍藤原満子	典蔵在原尚子	笄	元服部類
			御かみあげ	紀貫之集
			著裳	貞信公記
父醍醐天皇			著裳	西宮
			元服・著裳	御遊抄
外祖父忠平	尚侍藤原満子	典侍滋野幸子	初笄・御も・著裳	西宮・歌集
			元服・裳き	西宮・紀貫之集
			初笄	紀略
				貞信公記
			初笄・始笄・御もき	紀略・小右・歌集
			著裳	紀略
			初笄	紀略
			初笄	西宮
			始笄	紀略
			始笄・著裳	紀略・御遊抄
			加笄	紀略
昭子女王		典侍大江皎子	初笄・着裳	紀略・親信記
			著裳	記略
			著裳	小右
			著裳	小右
摂政兼家			著裳	小右
按察使朝光			著裳	小右
父主人			著裳	小右
			著裳	小右・権記
			著裳	小右・権記
			著裳	小右・権記
			著裳・ごもき	御堂・小右・栄花
			著裳	更級日記奥書
			著裳	権記
			初著裳	紀略
左大臣道長	女御藤原尊子	典侍橘徳子	著裳・笄事	紀略・小右他
	典侍橘徳子		著裳	御堂・権記
実資			著裳	小右
父道長	典侍橘徳子		著裳	御堂
			著裳	御堂
父道長	典侍藤原高子		著裳	御堂
			著裳	小右
父道長	典侍藤原美子		著裳・初笄	小右・御堂
藤原彰子	典侍藤原豊子		著裳	小右他
			著裳	小右
父実資			著裳	小右
少納言資高			著裳	小右
			著裳	左経他
関白藤原頼通	三位典侍		著裳	行親記

表4　成　女

名　　前	西暦月日	年齢	元号	父	母	場　　所
大宅内親王	801/11/09		延暦20	桓武天皇	橘常子	
高津内親王	801/11/09		延暦20	桓武天皇	坂上全子	
高志内親王	801/11/09	13	延暦20	桓武天皇	坂上又子	
儀子内親王	869/02/09		貞観11	文徳天皇	藤原明子	
均子内親王	903/10/19	14	延喜3	宇多天皇	藤原胤子	
閑院君	913/11/27		延喜13	(父貞元親王)	(母基経女)	
勧子内親王	914/11/19		延喜14	醍醐天皇	為子内親王	殿上
衣子	914/11/25		延喜14			
慶子内親王	916/11/27	14	延喜16	醍醐天皇	女御源和子	清涼殿
勤子内親王	918/02	15	延喜18	醍醐天皇	更衣源周子	
皇女二人	919/08/29		延喜19	醍醐天皇		
韶子内親王	924/03/25	7	延長2	醍醐天皇	女御源和子	承香殿
普子内親王	925/02/24	16	延長3	醍醐天皇	満子女王	清涼殿
康子内親王	933/08/27	14	承平3	醍醐天皇	皇后藤原穏子	常寧殿
実頼女二女	935/12/02		承平5	藤原実頼		
英子内親王	938/08/27	18	天慶元	醍醐天皇	藤原淑姫	西三条殿
師輔女	940/04/17		天慶3	藤原師輔		東家
昌子内親王	961/12/17	12	応和元	朱雀天皇	熙子女王	承香殿
保子内親王	962/04/25	14	応和2	村上天皇	更衣藤原正妃	内裏
規子内親王	964/02/23	16	康保元	村上天皇	徽子女王	内裏
楽子内親王	965/03/06	14	康保2	村上天皇	女御荘子女王	斎宮
盛子内親王	965/08/20		康保2	村上天皇	広幡御息所	
輔子内親王	965/08/27	13	康保2	村上天皇	皇后藤原保子	清涼殿
資子内親王	968/12/27	14	安和元	村上天皇	皇后藤原安子	
選子内親王	974/11/11	11	天延2	村上天皇	皇后藤原安子	清涼殿
藤原頼忠女	980/02/25		天元3	藤原頼忠		里亭
姫子	984/12/05	14	永観2	藤原朝光	重明親王女	
藤原為光女	989/02/07		永祚元	藤原為光		為光邸
藤原定子	989/10/26	14	永祚元	藤原道隆	高階貴子	東三条院南
済時女二娘	990/12/26		正暦元	藤原済時	源延光女	
藤原娍子	990/12/26	19	正暦元	藤原済時	源延光女	
藤原道隆女	993/02/22		正暦4	藤原道隆	高階貴子	東三条院南
藤原道隆女	993/02/22		正暦4	藤原道隆	高階貴子	東三条院南
藤原原子	993/02/22		正暦4	藤原道隆	高階貴子	東三条院南
藤原彰子	999/02/09	12	長保元	藤原道長	正妻源倫子	道長邸
恭子女王	1000/11/04	17	長保2	為平親王	源高明女	斎宮
藤原豊子	1001/03/27		長保3	藤原道綱		
藤原妍子	1003/02/20	10	長保5	藤原道長	正妻源倫子	枇杷第
修子内親王	1005/03/27	10	寛弘2	一条天皇	故定子皇后	清涼殿
藤原寛子	1009/03/27	11	寛弘6	藤原道長	次妻源明子	近衛御門
二条女	1011/12/19		寛弘8			
藤原威子	1012/10/20	14	長和元	藤原道長	正妻源倫子	道長亭？
具平親王女	1013/12/10		長和2	具平親王		敦康親王亭
藤原隆子	1017/04/26		寛仁元	藤原道長	次妻源明子	近衛御門
禔子内親王	1019/02/29	17	寛仁3	三条天皇	皇后藤原娍子	娍子邸
藤原嬉子	1019/02/28	13	寛仁3	藤原道長	正妻源倫子	道長邸
禎子内親王	1023/04/01	11	治安3	三条天皇	皇后藤原妍子	上東門院
藤原経通女	1023/06/23		治安3	藤原経通		経通宅
千古	1024/12/13	14	万寿元	藤原実資		実資邸
橘好任女	1025/11/02		万寿2	橘好任		実資宅
嫥子女王	1025/11/25	21	万寿2	具平親王	為平親王女	斎宮
章子内親王	1037/12/13	12	長暦元	後一条天皇	中宮藤原威子	

が出てくる。しかし、「著裳」が主流となるのは十世紀末からである。さらに、当初から「加笄」と表記する『日本紀略』では、応和二年（九六二）四月二十五日条に、

第三保子内親王著裳、内裏に於いて此の儀有り、大納言在衡の外孫なり

と、「著裳」文言がはじめて記載されている。以後も「始笄」[15]などの文言も見えるが、天延二年（九七四）十一月十一日条、

選子内親王〈先朝第十皇女〉清涼殿に於いて初笄

とみえるのが最後である。[16]以後は「著裳」が主になっていく。文言の変化から見ると、十世紀後期に変容する如くである。

実際の儀礼で『日本紀略』のような簡単な記述ではなく、具体的な儀式が詳細にわかるのは、延喜十四年（九一四）十一月十九日、醍醐天皇女一宮勧子内親王の着裳である。紀貫之が屏風の和歌を献上している。[17]『貞信公記抄』には、

今上女一公主、始めて著裳す。殿上の親王公卿を御前に召し、恩杯、御衣を賜ふ。又公主の簾前に禄有り。終夜管弦を奏し、召し有りて吏部王これに預かる（『貞信公記抄』延喜十四年十一月十九日条）

とある。また、『躬恒集』には、

おほせによりてたてまつる女一宮の御もきにたてまつらせたまふ御さうすくのものかたにを《ママ》（『躬恒集』）

とあり、ここでも「御もき」と記されている。

ついで儀式次第が詳細に記されているのは、延喜十六年（九一六）十一月二十七日に行われた慶子内親王のものである。醍醐天皇日記には

克明親王元服を加へ、又慶子親王著裳す。皆十四歳なり（『親王御元服部類記』所収「御記」延喜十六年十一月二十七日

条）

とある。ただし、実際の儀式次第記述部分では、内親王の座は、「笄座」とされている。儀式のための清涼殿装束は、『新儀式』や『西宮記』とほぼ同じであるが、実際の儀式進行は相違する。

醍醐天皇日記をもとに式次第を見るとつぎのような手順となる。

①内親王は座に進み、そこで童装束を改め、「衣裳」を著す。

②尚侍藤原満子が進んで裳の腰を結び、退く。

③典蔵在原尚子が内親王の髪を理す。

④尚侍が再度進んで結髻する。

⑤内親王は進んで座の前に出て西面し粛拝する（天皇に向かって粛拝する）。

童衣装で登場した内親王が、まず大人の衣装に着替え、裳の腰を結ぶ儀礼が先行している。そのあとで、髪が結ばれ、笄が刺されるのである。この日記で注目されるのは、「西に面し粛拝し退出」の後、すなわち儀式次第の最後に挿入されている割注である。本文を提示すると次のようになる。

笄時理須用童髪及笄等而理衣髪此従簡易(18)

大変難解で読み下しが困難であるが、いちおう次のように読み下し解釈した。

笄の時の理は、須く童髪を用ひ、笄等に及びて而して衣髪を理すべし。此は簡易に従ふ。

「本来は、笄を加える儀式に臨む時は、髪も童髪にして、衣を替えた時に童髪を解いて髪を結び笄をつけるが、それは最近ではやめて簡易になった」。このように解釈すると、本来は衣装だけでなく髪の毛も童髪から大人の髪にしていたことが推測される。九世紀以降、朝廷の儀式の場に臨むとき、男女とも童の髪型がミズラであったことは、かつて検討した。[19] ミズラに結わず垂髪のまま童衣装で座に出て、まず衣装を替え、裳を結び、つぎに髪を理し、結髻するのではないだろうか。

さらに、儀式の場に臨んで童装束から大人の衣装に着替え、その裳を結んでいることにも注目される。儀式書には、衣替次第はなく、結腰もなかった。儀式書は古い儀式次第が掲載されている場合が多いとされる。ということは、本来は、装束での変化はなく、髪を理し笄を付けることが主たる儀式内容だったが、次第に衣装による大人と子どもとの境界が儀式に取り込まれた結果、衣装を着替えて大人の表象としての裳を結ぶことが導入されたのではないかと推察される。第二の根拠は、男性の場合、髪型を替え、すなわち結髪し冠を加え、その後に衣装替えをし、庭から天皇に拝舞する方式だったのに、女子の場合は、衣装を替えて結腰したのち、髪型を替え、粛拝する事である。もし、当初から衣装替えが儀式次第に入っていたなら、男性同様髪型の変化後に、衣装替え、拝礼の順序に成っていたのではないだろうか。儀式書では、成人式の場や宴会等、男女の差はさほどなかった。とするなら儀式次第も同様な順序に調えていたはずであろう。女子の成女式は、本来、髪型だけの変化だったが、衣装替えが導入され、それが前半に付加されたので、衣装替え⇩結腰⇩笄（髪上げ）となったのではないかと考えられる。

くわえて、大人への衣替えと結腰、つまり裳を結ぶことが、十世紀初頭にはすでに成立していたことは、先の「着裳」や「もぎ」の文言から確実である。

ただし、この儀式の場に臨んで、その場で衣装を替える儀式は廃れ、最初から大人の装束に着替えて、儀式の場に臨むようになったものと思われる。その根拠は、第一に、慶子内親王の着裳以外に、その場で衣替えがなされた史料がない点である。第二に、治安三年（一〇二三）四月一日の禎子内親王着裳を大変詳しく描写している『栄花物語』御裳ぎ巻のつぎの場面である。

今は白き御衣ども奉りかへて、御髪上には、弁宰相の典侍参り給ふ（中略）かくて御髪上げさせ給へる御火影、似るものなくめでたくうつくしうおはします。御腰結はせ給て、いとねぶたげなる御けしきなれば、かくて御裳着せさせ給へれば、夜更けて、「明日も」とて還らせ給ふ（『栄花物語』巻第十九、御裳ぎ）

夜更けたので禎子内親王はたいそう眠たそうにしているので道長はしきりにせかせる。その場面であるが、儀式の前に、「今は御着裳の白装束にお召し替えなされて、御髪上げの弁の宰相が参上する」とある。たしかに他の史料でも「亥二点」に太皇太后彰子が裳の腰を結んだことが見える。[20] ただし、ここでは髪上げの後、裳の腰を結んだようである。

なお、着裳に臨む女性が着る衣装は白であった。右大臣藤原実資が娘の千古の着裳を行ったときにも、

亥の時着裳〈白織物の唐衣、同色の織物の裳等調へせしむ所也〉（『小右記』万寿元年十二月十三日条）

とあり、成女式に臨む女子が着る衣装は白一色であった。

では、なぜ童装束から大人の装束への衣替えが儀式進行の中で行われなくなるのだろう。これは、後に検討するように、裳の腰を結ぶ役が、当初は女性だったものが、父親など一族尊長の男性が多くなるからと考えられる。

笄を付ける儀式も貴族層では次第になくなっていくようである。万寿元年（一〇二四）十二月十三日、右大臣正二位藤原実資の娘千古の着裳が行われた。入内しない貴族女性の着裳ではきわめて詳しく描かれており、大変貴重な史料であるが、結髪記事はない。

余腰を結ぶ〈朝服を著す〉。著裳了りて朝大夫等前物を執る（『小右記』万寿元年十二月十三日条）

実資が裳の腰を結ぶ記事のみで、着裳が終わることになっている。もっとも、「巳時」すなわち午前十時頃から儀式設営が始まるが、

唐匣ならびに雑具等を羅列す。道々工等に疋絹・手作布等を給ふ（『小右記』万寿元年十二月十三日条）

と唐匣が並べられている。しかし、理髪結髻を行ったなら記述しないはずはない。とりわけ理髪結髻は女性が行う役割であるから、なおさら記したはずであろう。また、理髪結髻奉仕者への禄記載もない。理髪結髻、すなわち「髪上げ」はなかったものと思われる。唐匣はかつての痕跡として並べられているのではなかろうか。

また、男性貴族達には具体的な笄の実態が不明になっていく。治安三年（一〇二三）四月一日の三条天皇皇女禎子内親王の着裳について、藤原実資の日記『小右記』には次のように記されている。

大納言能信卿、結鬟の事を大納言斉信に問はるに陳べる所不分明なりと者れば、斉信余に問ふ。余答へて云はく、この事知らざる所也。ただし結鬟の後笄あるべきか。この事一両度両三人に問はるに、権大納言行成、余の如く言ふ。すでに連簪の儲けに似たり。太皇太后着裳の例、かの時連笄のことか、若しくは前例を尋ねられざるかと者り（『小右記』治安三年四月一日条）

禎子内親王家別当の大納言能信は、結髻のことを斉信に問い合わせたのに良くわからないので右大臣実資に問い合わせたところ、実資も良くわからないが、結髻の後笄を付けるのではないかと考え何人かに聞くがあまり良くわからない。太皇太后彰子の着裳の時の先例を見れば良いのではないか、と答えている。笄の順序がすでに不明になっているように思われる。

また、髪上げと結裳の順序も逆になる。長和元年（一〇一二）十月二十四日、道長娘威子の着裳には、

時刻戌により典侍宿所より来る。理髪後、余裳腰を結ぶ（『御堂関白記』長和元年十月二十四日条）

ここでは理髪後、裳の腰を結ぶことになっている。以後、先の禎子内親王の場合でも見たようにまず髪上げがあり、その後裳の腰を結ぶように変化している。十一世紀初頭になると、笄、髪上げより裳の腰を結ぶ方が主となり逆転し

たのではなかろうか。

以上の検討から、中国から導入された成女式の「加笄」は、当初髪上げなどの儀式だったが、童装束から大人の装束へと、衣装による区分が取り入れられ、大人装束の象徴としての裳を結ぶ儀式が重要になり、十世紀後半になるとむしろ髪上げが廃れるのではないかと推察される。加笄から着裳への変化があったといえよう。以下では平安貴族女性の成人式を着裳と記すことにしよう。

二　成人式のジェンダー

1　着裳年齢

では、何時成人式としての着裳をするのであろうか。まず、着裳年齢を検討したい。表4では約三十例ほど判明する。全体の平均年齢は十三・八歳となる。「着裳の年齢は一定していないが、だいたい十二歳から十四歳頃が普通だった」[21]とされる説はおおよそ首肯し得よう。しかし、表4では、天慶元年（九三八）に英子内親王が十八歳で初笄を行ったり、万寿二年（一〇二五）には嫥子女王が二十一歳で着裳を行ったように、必ずしも一定していない。また、十世紀前半の時期と、以後では着裳の年齢が次第に若年化する傾向がうかがえる。

十世紀初頭の醍醐天皇皇女では、九人の内親王の着裳例が判明する。年齢がわかるのは六人であるが、その平均着裳年齢は十四歳である。しかし、韶子内親王は七歳で着裳を行っており、表4から見ても平安中期の着裳では異例である。まずこの韶子内親王の着裳を検討しておきたい。『西宮記』臨時九、内親王着裳には、次のようになっている。

延長二年三月二十五日（中略）昌（韶）子内親王、承香殿西廂において著裳す。天皇腰を結ぶ。送物御遊あり。宸筆叙品〈三品〉。后腹にあらずと雖も、先朝恩によると云々。黄紙を以て叙品を書き、上卿に給ひ、位記を作らしむ

韶子内親王のこの時の年齢七歳は『賀茂斎院記』に「延喜二十一年二月二十五日卜定〈時四歳〉」から割り出されたものであり、生年は延喜十八年となる。第十二皇女靖子内親王は延喜十五年生まれ、第十四皇女康子内親王は延喜十九年生まれであり、第十三皇女韶子内親王の生年として矛盾はない。(22)ただし、表4からみても七歳の着裳は異例である。これは、着袴ではないかとも考えられる。その理由の第一は、着袴の年齢は三歳から七歳くらいまでが普通であり、(23)年齢から見て着袴の蓋然性が高いこと。第二に、着裳の儀式では、父天皇自身が結腰した例は他に無いのに対し、着袴の場合は父天皇が結腰するのが一般的だからである。(24)第三は、著袴の場合も「左大臣簾内に入り御裳の腰を結ぶ」(25)と、「結裳腰」と記載される場合がある点である。ただし、着袴と見る難点は、叙品である。後に見るように十一世紀初頭になると着裳前の叙品は普通のこととなるが、十世紀前期では着袴叙品は他にない。この場合、韶子内親王の母女御源和子が光孝天皇皇女であるから、「先朝恩」による特別の叙品と考えることも可能であるが、后腹皇女は三品との意味である蓋然性が高いから、叙品された点のみ着袴とすることに躊躇される点である。しかし、十世紀の初頭は、天皇の子ども達は七歳まで内裏に入御することが出来ず、七歳で始めて父に対面した。その際、勤子内親王は、その容色・言笑の雅さを以てとくに箏譜を伝授されている。(26)韶子内親王の場合も、七歳対面の後、まだ行われていなかった着袴を行ったのではないかと推測しておきたい。

いっぽう、英子内親王の着裳は一番遅く十八歳である。なぜ、遅くなったのだろうか。これは父親である醍醐天皇の生死に関連すると思われる。醍醐天皇が在位中は、儀式書通り内裏で着裳が行われた。勤子内親王は「殿上」、慶

子内親王は「清涼殿」、普子内親王は「清涼殿」である。醍醐天皇は、延長八年（九三〇）九月二十二日に皇太子寛明親王に譲位し、九月二十九日に崩じた。そのため、天慶元年（九三八）八月二十七日、第十六皇女英子内親王は内裏ではなく西三条第で「初笄」を行わざるを得なかったのである。[27]十八歳まで着裳が出来なかったのも、父がなく、母更衣藤原淑姫の父、すなわち外祖父藤原菅根は延喜八年（九〇八）に没しており、後見人が脆弱だったからだと思われる。

第十四皇女康子内親王は、承平三年（九三三）八月二十七日、父が亡くなっているにもかかわらず常寧殿において「御もたてまつる」。[28]これは母が皇后藤原穏子であり、当時穏子は朱雀天皇と内裏で同殿していたからである。[29]康子内親王が着裳当日三品に叙されたのも、母が后ゆえだったが、この点は後述する。

延喜十四年（九一四）十一月十九日行われた第一皇女勧子内親王の着裳年齢は、十六歳以上であったことが指摘されている。[30]このことも勘案すると、韶子内親王と英子内親王は少し特異な例であり、二人を除くと醍醐皇女着裳平均年齢は十四・八歳になるから、普通は十四歳から十六歳までの着裳を行うのが当時の慣例だったように推察される。

村上天皇の皇女は七人の着裳が判明し、年齢がわかるのが六名である。平均年齢は十三・七歳である。康保二年（九六五）三月六日、斎宮楽子内親王の「初笄」の為の装束二具・唐匣・調度・屏風などを伊勢に送るために、使者右兵衛佐惟賢を御前に召し、「仰せて」送り出した場合を除き、内裏で行われている。[31]楽子内親王着裳の場合も使者を御前に召し、直接「仰せた」のは、内裏の天皇の前での着裳儀に准じていよう。天延二年（九七四）十一月十一日、選子内親王の着裳が、村上天皇崩御後とはいえ清涼殿で行われ、三品に叙されたのも、先の康子内親王と同様、母が后藤原安子であったからである。

村上天皇の皇女着裳年齢が若年化した一番の要因は選子内親王の十一歳での着裳と叙品である。これ以降、表4でうかがえるように着裳年齢の若年化が進行していく。以後の内親王着裳で年齢がわかるのは四名しかいないが、平均年齢は十二・五歳である。

醍醐天皇と村上天皇の皇女達の着裳では韶子内親王、英子内親王、選子内親王を除けば、十四歳から十六歳が平均的着裳年齢だった。いっぽう、九世紀から十世紀前半にかけての男性の元服年齢は十六歳が一番多く、十四歳から十六歳が最も多い。(32)すなわち、十世紀前半までの成人式である元服・着裳の年齢は、男女でさほど差が無いのである。男女の成人年齢はほぼ同じであった。(33)男性の場合も、十世紀後期になると元服年齢は若年化する。康保四年（九六七）十月十七日、藤原公季は十二歳で元服し、正五位下に叙される。(34)天元五年（九八二）二月二十五日には、藤原行成が十一歳で元服する。(35)女性の着裳の若年化もほぼ男性の元服年齢の若年化と対応していよう。

ついでながら、姉妹が同時に着裳を行う場合がある。後に述べるが正暦元年（九九〇）十二月二十六日姉妹同時に着裳が行われた済時娘二人は姉が十九歳であった。正暦四年（九九三）二月二十二日、

摂政（道隆）二三四娘着裳（『小右記』正暦四年二月二十二日条）

と摂政道隆の三人の娘が一緒に着裳を行っている。二娘は藤原原子で、長徳元年（九九五）正月十九日には東宮居貞親王に入内している。(36)長保四年（一〇〇二）八月三日、頓滅しているが、『大鏡』は「御年二十二三」とあるから、着裳当時十三、四歳であったことになる。三娘は敦道親王と結婚し後に離婚になる女性であるが年齢は未詳。四娘は、姉皇后藤原定子亡き後、定子の産んだ一条天皇第一皇子敦康親王の母代わりになり、一条天皇に寵愛され懐妊したが、長保四年（一〇〇二）六月三日亡くなった御匣殿である。「御年十七八ばかり」であったというから、(37)着裳は十、十一歳だったことになる。十四歳〜十歳の間に三人の娘達がおり、同時に着裳を行ったことになるが、年齢が近接していると、このように同時に着裳が行われる場合もあった。とうぜんながら、年少の妹は若年着裳となる。着裳の若年化

が進行した結果、このような事例もでてくるのであろう。

着裳年齢が若年化する傾向にありながらも、次項に述べるように結婚の決定が遅かった場合など、諸々の状況によっては高年着裳にも結果する。万寿二年（一〇二五）十一月二十日、斎宮嫥子女王の着裳の為に御装束が用意され、勅使が派遣されている。[38] 嫥子王女は二十一歳である。斎宮に卜定された長和五年（一〇一六）二月には十二歳であり、[39] なおかつ姉隆姫の夫頼通が後見していたから、着裳の機会はあったものと思われるが、二十一歳まで着裳が行われなかった。[40] なお、この時調進された御装束は、

白織物唐衣一領〈五重〉、白綾裳一腰〈織物腰在り〉、紅三重袴一具、綾裏入帷等なり。余仰せ有りて調へるなり

（『左経記』万寿二年十一月二十日条）

とあり、ここでも白装束であった。長保二年（一〇〇〇）十一月七日の斎宮恭子女王も

来る七日伊勢斎王著裳〈年十七〉（『さらしな日記奥書』）

と十七歳である。また、後に述べるように政治的抗争の中で着裳が行われなかった斎宮さえもいた。貴族女性の「成人」は、まさに政治力、権力によって左右されたのである。

2　結婚と着裳

十世紀中頃までの皇女着裳でもう一つ特徴的なのは、着裳直後の婚姻はみられない点である。史料が遺っていないこともあるが、着裳を行い、その後、男性との性愛関係を経験しつつ、婚姻相手が吟味されたのだと思われる。

着裳直後結婚や入内が行われるようになるのは、史料的には十世紀後期になってからである。永祚元年（九八九）十月二十六日、内大臣藤原道隆の娘藤原定子の着裳が、東三条院南院で行われ、祖父である摂政兼家が裳の腰を結ん

でいる。[41]藤原定子は十四歳であった。翌年正暦元年（九九〇）正月五日、一条天皇が十一歳で即位し、正月二十五日、定子が入内する。[42]着裳後三ヵ月後であり、また十四歳で着裳、十五歳で入内は、けっして若年ではないが、それは一条天皇が童であり、元服を待って入内させたからであろう。ちなみに、平安時代の天皇の元服年齢をみると、十一歳で元服を行ったのは一条が最初であり、以後、十一歳が多くなる。[43]

長保元年（九九九）二月九日、道長の長女藤原彰子の着裳が行われた。[44]十二歳である。十一月一日、一条天皇に入内する。[45]『栄花物語』巻第六かがやく藤壺には、

としのうちにも御着裳ありて、やがてうちに参らせ給はんとおほしいそかせ給[46]

とある。着裳をして入内というプロセスがここでもうかがえる。

貴族同士の婚姻でも同様だった。藤原実資のもとに関白藤原頼通から、養子的存在だった源師房[47]と実資娘千古十三歳との結婚を密かに打診してきたのは治安三年（一〇二三）六月二十三日の事であった。実資は、

先ず著裳の後、相次いで相定むべき事也（『小右記』治安三年六月二十三日条）

と考えている。当初は、色々と考慮すべき事がありあまり気が進まなかったようであるが、七月五日には陰陽師安倍吉平に千古の着裳日を勘申させ、九日には賀茂守道にも同様に勘申させている。その勘申に基づき十一月二十五日に行うことを決定し、八月三日には養子の参議資平と資頼の二人が、「小女著裳雑事を定む」と、着裳雑事定を行っている。[48]さらに、同様に陰陽師等に婚姻日時を勘申させ、来年四月七日にほぼ決定する。ところが十一月二十五日は延期されたようで、記述がなく、十二月十二日に、

入夜宰相（資平）来たりて云はく、小女の事関白に達するに、悦ばれるの報あり

との記事が突然出てくる。この時点では婚姻が中止になっていなかったようで、関白頼通は結構乗り気であった様に

読みとれる。十二月二十三日には、実子良圓に如意輪供を修させている。

ところが、十二月二十八日には、法性寺座主慶命がやって来て、

中将師房禅門（道長）高松腹女（尊子）と婚せられる由、大納言能信談ずる所也。関白に問ひ申すに、一昨聞くところあり、然れども未だ一言もあらず。禅閤命ぜらること有らば、左右申すべからずと者り

と語っている。道長が急に自分の次妻源明子腹の娘と源師房とを結婚させることに決め、頼通は反対することが出来ない、という。当然ながら、「師房との結婚話は関白の方から度々言ってきておきながら、何事か」と実資は憤慨しているが、いかんともしようがない。結局、この時には、結婚が流れた結果、着裳が中止になった。[49]

千古の着裳は、翌年の万寿元年（一〇二四）十二月十三日に行われている。[50] 実資娘千古の着裳からは、貴族女子の場合、若干では結婚が決まって着裳を行うが、結婚が決まらない場合は十四歳位になってまず着裳を行ったことがうかがえる。

結婚が決まるまで着裳が行われない場合もあった。治安元年（一〇二一）十月二十四日、参議資平が実資のもとにやって来て言った。

来月九日中宮大夫斉信女著裳、□□右近衛中将長家と婚礼を行ふと云々（『小右記』治安元年十月二十四日条）

この場合もまだ妻を亡くして一周忌も経っていないので本人の長家は渋ったのに、父道長が強行し、遂に挙行されたようである。しかも死穢があったのに挙行している。同年十二月十八日には、斉信の邸宅が全焼し、万寿二年（一〇二五）八月二十九日にはこの妻も没するが、この道長の強引さが招いたとの口振りが実資の日記からはうかがえる。[51]

『栄花物語』には、

おとこきみ十八にやなり給ひぬらん、女きみいますこしまさりたまへるなるへし（『栄花物語』巻第十六、もとのしづ

く）

とある。斉信娘の年齢は不明であるが、十八歳以上だったことが記されている。『小右記』には着裳と婚礼が同日行われるとあるから、結婚が決まって着裳が行われたことと、すでに十八歳以上であった年齢が注目される点である。

このような事例は結構多い。正暦元年（九九〇）十二月二十六日、左大将藤原済時の娘二人の着裳が行われた。

今夜左大将女二人著裳す。懇切な命により参詣するのみ。（中略）太娘の腰は主人結ぶ。二娘腰は按察納言（朝光）結ぶと云々。良典侍理髪と云々。青宮使右近少将宣方、御書を給はる。四簾《ママ》前において被物。人々いはく、今夜仰せ事を給はること宜しきにあらずと者り（『小右記』正暦元年十二月二十六日条）

太娘は翌年十二月一日に東宮居貞親王に入内する藤原娍子である。娍子は万寿二年三月二十五日五十四歳で崩じているから、(52) 着裳は十九歳となる。結婚は約一年後であるが、東宮から御書が来ていることからして入内が決まっていたものであろう。十九歳まで着裳がなかったことがうかがえる。二娘は敦道親王の室となり、南院に迎えられたが、和泉式部が召人として南院に入ったために、おば北の方のもとに帰った周知の女性である。(53) 残念ながら年齢は不明である。

同じ様な状況は、すこし時代が下るが、永久元年（一一一七）十二月十三日に行われた藤原璋子の入内でも見られる。入内の前日璋子の着裳が行われた。璋子は十七歳である。すでに男性との性愛関係をもっているが、着裳は入内直前だった。(54) この場合も、さまざまな政治的駆け引きのもと、婚姻話は多かったが、紆余曲折の中で、着裳が挙行されなかったのであろう。

結婚当日に着裳をする例は、すでに中村義雄氏が事例をあげているが、(55) 他にもたとえば治安三年（一〇二三）六月二十三日、右兵衛督藤原経通が娘に右近少将実康を「聟取」ったが、「今夜先ず著裳すべき」と、着裳の後結婚を行っている。[56] 結婚が決まらない場合十四歳くらいで着裳をするが、考慮している内に結婚と着裳が接近したり同時になったりするのであろう。結婚の直前に着裳、という場合も多かったと思われる。

3　着裳と成人

結婚が決定して着裳が行われたり、着裳直後に結婚があったように、着裳は男性の元服と同じく成人式を意味し、それ以降は一人前の大人として扱われた。ゆえに、着裳当日あるいは数日して叙品・叙位される場合もあった。とりわけ后腹の場合は、着裳と同時に三品に叙品される慣例だった。延長二年（九二四）三月二十五日、韶子内親王が承香殿西廂で「着裳」を行った際、三品を叙された。「送物・御遊・宸筆叙品〈三品〉あり、后腹にあらずと雖も、先朝の恩に依ると云々。黄紙をもって叙品す、上卿に給ひ、位記を作らせしむなり」[57] とあったことはすでに述べたが、本来は后腹の内親王が三品に直叙されるものだったことが知られる。

じじつ、醍醐天皇皇后藤原穏子所生の康子内親王は、先述のように承平三年（九三三）八月二十七日十四歳で着裳が行われたが、三品に叙されている。[58] 村上天皇皇后藤原安子腹の内親王の内、輔子内親王は康保二年（九六五）八月二十七日、清涼殿で着裳が行われたが、叙品の記事はなく、いつ叙品されたか不明であるが、薨伝には「前斎宮二品輔子内親王〈村上天皇第六女、年四十〉」[59] とあるから、着裳後叙品されたものと思われる。資子内親王は安和元年（九六八）十二月二十七日着裳後、安和二年（九六九）正月五日三品に叙されている。[60] 選子内親王についてはすでにふれた。

臣下女性で着裳後数日で叙位されたのは、藤原彰子が早い方である。彰子の着裳は長保元年（九九九）二月九日行われ、三日間の饗饌の後、二月十一日従三位に叙された。[61] 無位から従三位に初叙されるのも嚆矢である。一条天皇に入内するのは同年十一月一日、女御になるのは十一月九日であるから、十二歳の着裳直後の官職や身位をもたない女性への叙位は当時としては異例であった。道隆娘皇后定子が従四位になるのは、正暦元年（九九〇）正月二十五日入内し、二月十一日女御になった時であった。[62] 彰子と比較すると道長の強引さが際だとう。長保五年（一〇〇三）二月二十日に十歳で着裳した倫子腹の道長次女妍子は、当時正四位下に叙される。[63] 同母の彰子が従三位、妍子は一階下の正四位下と差を儲けたのは、長女と次女の差であろうか。ただし、四女嬉子も後述するように従三位に直叙されている。いずれにしても臣下女性の着裳叙位は彰子に始まり、妍子で着裳と同時になる。

道長の次妻源明子腹寛子は、寛弘六年（一〇〇九）三月二十七日、十一歳で着裳が行われ、翌年十一月二十八日、従四位上に叙されている。同じ日に、同年生まれの倫子腹威子が十二歳で叙位されたが、正四位下であった。正妻倫子腹の妍子と威子の初叙は正四位下であり、次妻腹は一階下の従四位上である。正妻腹と次妻腹では差があった。さらに長和二年（一〇一三）九月十六日、次妻源明子腹の隆（尊）子は、十一歳で従四位下に初叙されている。同腹でも長女と次女には一階の差が付けられている。先の彰子と妍子と同じ関係である。母の位置による子ども達の処遇差と出生順による序列が女子の叙位にも及んでいることがうかがえよう。[64]

ところで十二歳で叙位された威子には、もっと異例なことがあった。長和元年（一〇一二）八月二十一日、十四歳で尚侍になるが、じつにまだ着裳が行われていない童の段階なのである。藤原実資は、

内より送り示して云はく、今日尚侍を任じらるべし。この事を行ふべしと者り。頗る鬱々の気有り。左中弁云はく、左宰相中将参入し、執筆料か、若しくは左府（道長）女任ずべきか（『小右記』長和元年八月二十一日条）。

と乗り気ではない。同年十一月十五日、やっと着裳が行われる。[65] この威子から童の段階で叙位され、任官する女性があらわれる。以後、摂関家の女子達は着裳以前の童で叙位や任官が多くなっていく。翌年、先述の隆（尊）子は十一歳

で叙位され、十五歳で着裳を行う(66)。

倫子腹道長四女嬉子は、長和四年（一〇一五）九月二十日、九歳で従三位に直叙される。彰子と同じであり極めて優遇されている。寛仁二年（一〇一八）十一月十五日、まだ着裳以前で十二歳の嬉子は、尚侍になる(67)。さらに、同日、藤原教通の長女生子はじつに五歳で御匣殿別当に補任されている(68)。

前太相府（道長）四娘（嬉子）尚侍に任ず。左大将教通太娘（生子）御匣殿に為す。大納言俊賢内侍司の除目を承り行ふと者り。尚侍・御匣殿未だ著裳せざるは、極めて奇たる事也。近代のこと又云ふべからず（『小右記』寛仁二年十一月十五日条）

と藤原実資が驚愕したのも無理はない。嬉子は寛仁三年（一〇一九）二月二十八日、十三歳でやっと着裳を行う。同じく実資は

今日前太府第四娘初笄〈尚侍、未だ著裳の前に尚侍に任ずること、はなはだ便無き事也〉（『小右記』寛仁三年二月二十八日条）

と尚侍任官の時と同じく厳しく指弾している。尚侍も御匣殿別当も形骸化し、入内以前の女性たちの官職になっていることがうかがえよう。着裳、すなわち、「大人」以前の童での叙位、任官が、トップクラスの女性たちに開始されていたのである。

この時期には、男性でも元服以前の童の段階での叙爵、童叙爵が始まっていた(69)。藤原経通は永祚元年（九八九）正月七日、九歳で叙爵しており、藤原兼隆は長徳元年（九九五）正月七日元服前に叙爵している(70)。また、長和四年（一〇一五）十二月二十六日、源経房長男実基が元服したが、「元五位也」とある(71)。「成人」前の叙爵、任官が進行していくのである。男女共に、童と大人の境界が政治的に変動していくことを示していよう。

4　着裳儀式と腰結役・理髪髪上役

元服儀の加冠役が、後には主君として冠者と主従関係を形成したように大変重要な役だったが、着裳儀においても、裳の腰を結ぶ腰結役が重要な意義をもっていた。また、着裳儀式には多くの参加者があった。参加者の詳細な考察や饗宴費用の問題など大変興味深い分析課題であるが、紙数の制約もあり、ここでは行えないが、大まかな傾向をながめて見ることにしたい。

腰結役の初見は、慶子内親王の着裳である。慶子内親王が筓座に進み、「童装を改め、衣裳を著」したあと、着裳髪上が行われる。

尚侍藤原朝臣満子進みて裳腰を結ぶ。訖りて退く。次いで典蔵在原尚子、親王の髪を理す。尚侍又進みて結鬟理髪し訖る。親王進み座の前に出、西面し粛拝し退出す（中略）尚侍に褂衣及び綾絹等を給ふ（『親王御元服部類記』所引醍醐天皇日記、延喜十六年十一月二十七日条）

尚侍藤原満子は、醍醐天皇母藤原胤子の同母妹で醍醐・朱雀二代に奉仕した大変権勢ある尚侍であった。延喜十三年（九一三）十月十四日には内裏で天皇主催の四十算賀を賜り、盛大な祝宴が行われ、宸筆で正三位に叙されている。[72]父方親族であり、なおかつ女官のトップによる腰結となっている。この時の着裳は克明親王元服と同時に行われたこともあり、兄弟の親王以下公卿、侍従以上の多数の参列者があった。

延長二年（九二四）三月十四日、先述の韶子内親王の「著裳」では、父醍醐天皇自らが「結腰」している。[73]醍醐天皇は、他の内親王の腰結は行っておらず、くわえて、他には天皇が腰結役を行っている史料がないので、前述のように「着袴」であった可能性が示唆される。「先恩」ゆえの特例かもしれない。ただし、主催者として着裳設営は父が行う。三条天皇が子女の元服や着裳挙行に強い意志を持っていたことは、後述するが、後一条天皇も重病になり、章子内親王の着裳が延期されたことを病床で嘆く。

七日いと苦しくせさせ給て、「我今日かくてあるべきものと思ひけんや」と、仰せらるるは、「御裳奉らましものを」などおぼしめすなるべし（『栄花物語』巻第五十二、歌合）

「御裳奉らまし」とは、着裳を挙行することであろう。父親にとって女子の「大人」への承認は結婚の許諾でもあり、女子の性を管理していることでもある。父親家父長にとって着裳は華やかな儀式以上の意味があったものと思われる。

康子内親王の着裳は前述のように承平三年（九三三）八月二十七日に行われた。

いぬ二にて、御ものこしおとどゆひたてまつり給ひぬ。(74)

小一条大臣御裳腰を結ひ、滋野内侍理髪し、尚侍結鬟す。献物あり（註略以下同）尚侍に給ふ物、四尺屏風二双、地敷二枚、茵台三双、銀垸四種、台盃銚子、自余様器、御装束二具、銀壺四口、典侍には女装束一具を筥に入る（『西宮記』臨時九、内親王着裳）

腰結役は母穏子の兄弟摂政大臣忠平が行っている。父醍醐天皇は、すでに没していた。髪上げを行ったのは、六十一歳の尚侍満子である。腰結は母方親族の権勢家が、髪上には父方親族の最上女官が行っている。着裳儀式のために新調された諸道具は、髪上げの尚侍にすべて与えられる。着裳儀での諸道具の下賜はこれが初見である。なお、満子には慶子内親王の時も禄があった。また、結鬟すなわち髪上尚侍と理髪典侍の禄の差は大変大きいことからして、髪上は重要だったことが推察される。饗宴には、王卿以下の参列があり、楽人達にも禄が給されている。

なお、穏子の日記には、「いぬ二に」着裳が行われたとあった。午後七時半頃である。じつは、時刻が判明する着裳で夜に行われるのはこの頃からである。延喜十六年（九一六）慶子内親王の着裳は、同時に行われた克明親王が

「午剋」で十二時頃、慶子内親王は「未上剋」で午後二時頃であり、共に昼間行われている。延長三年(九二五)二月二十四日には、醍醐第八皇子時明親王、第九皇子長明親王と、普子内親王の三人が清涼殿で元服と着裳を行った。二親王元服の後、「酉刻普子親王著裳也」と午後六時頃着裳が行われている。(75)元服の時刻は明記されておらず不明であるが、着裳以前であるから昼間行われていたことは確実である。午後六時になったのは、元服の後ゆえと思われる。

夕方から夜になるとはいえ、十世紀には、さほど遅い時間ではなかったようである。永祚元年(九八九)二月七日、右大臣為光女の着裳は、「亥時許り了」ており、(76)午後八時には始まっていたはずである。また、長保元年(九九九)二月九日の彰子着裳では、「申時許り諸卿来問し、右府(顕光)、内府(公季)著し給ふ」(77)と午後四時頃行われている。以後、「戌剋~亥剋」午後八~十時頃行われることが多いが、真夜中になることもある。寛弘二年(一〇〇五)三月二十七日、敦康親王の対面儀と修子内親王の着裳が同日に行われた。対面儀は「申剋」開始され、着裳は「亥剋」午後十時に始まっている。雨も降りだし、管弦は途中で中止になったが、終わって実資が退出したのは、「丑一点」真夜中の一時頃である。(78)当時者の子どもは眠かったに違いない。先述のように、禎子内親王が眠い目をこすりながら着裳に臨んだのは『栄花物語』に詳しく記されている。十世紀になると儀式が夜行われるようになったが、着裳もまた同じ過程をたどったようである。

さて、天延二年(九七四)十一月十一日、選子内親王が清涼殿で着裳を行ったが、腰結役は昭子女王、理髪は典侍大江皎子が行い、それぞれ正二位、従四位上に叙されている。(79)先述のように父村上天皇も母皇后藤原安子も没していた。天皇は同母兄円融天皇である。昭子女王は醍醐天皇皇子有明親王の娘で、関白太政大臣藤原兼通の妻となり朝光や円融天皇皇后媓子を産んでいる。前年媓子が皇后に冊立された際従三位に叙されている。兼通は安子の同母兄であり、当日も参加している。母方伯父の妻が腰結だった。

永祚元年（九八九）十月二十六日、藤原定子が東三条院南院で着裳を行ったが、父内大臣道隆ではなく、祖父摂政兼家が裳の腰を結んでいる。摂政兼家には、道隆から馬五疋が奉られている。[80]親族で父より上位の尊長がいる場合、尊長に依頼したものであろう。治安三年（一〇二三）四月一日の禎子内親王では、腰結は太皇太后彰子だった。父三条天皇没後であり、なおかつ外祖父道長は出家していたためでもあるが、母の姉、すなわち伯母であった。彰子は皇族と摂関家の両親族中でも、政治的に一番権勢力がある一族の尊長だった。長暦元年（一〇三七）十二月十三日、章子内親王の着裳では、関白頼通が腰結をしているが、[81]父後一条天皇も外祖父道長も没し、尊長である彰子は出家し上東門院になっていたゆえであろう。

父親が一族の尊長の場合は父親が腰結をつとめる。表4からうかがえるように、藤原娍子は父済時が、藤原威子や藤原尊子、藤原嬉子は父左大臣道長が、実資も自身が娘の裳の腰を結んでいた。

以上のように、成女の可視的標識としての裳の腰結役は、普通は一族の尊長あるいは「徳望のある高貴な人」[82]に依頼し、多くの親王公卿や親族等を招き饗宴を行った。このことから勘案して、着裳は、女子を親族のみならず貴族社会全般にお披露目する儀であり、権勢家の尊長の腰結は大人になる女子に権威と後見力を見せつけるものだったのである。その含意は当然良い「因縁」、すなわち結婚相手を捜すことに他ならない。さらに、父が主催するのは、子の認知としての意味も持っていたように思われる。女子として告知し、より政治権勢力のある婿を獲得する意図も含まれていたのである。

では、儀式に臨んで髪を調える理髪役と、その髪を結び笄を付ける結髻、すなわち髪上役はどの様な人物が行うのだろうか。『新儀式』では、結髻・理髪には尚侍か典侍、あるいは更衣が勤めることになっていた。慶子内親王と康子内親王の結髻、すなわち髪上げ役が尚侍藤原満子であったことは既に述べた。天延二年（九七四）十一月十一日の

選子内親王の着裳では、

着裳腰結昭子女王〈太政大臣妻〉、理髪典侍皎子朝臣、事おはりて送物を賜はしむ（『親信卿記』天延二年十一月十一日条）

とあり、理髪のみしか書かれていないが、選子内親王が三品、昭子女王が正二位、典侍大江皎子は従四位上に叙されており、この典侍が結髻役だったようである。

寛弘二年（一〇〇五）三月二十七日の修子内親王の着裳では、

女御尊子結髻〈本結せしむと云々〉（『小右記』寛弘二年三月二十七日条）

と、従三位一条天皇女御尊子が結髻、髪上げを行っている。尊子の父は道兼であり、修子内親王の母定子とは従姉である。こうしてみると『新儀式』の規定は、ほぼ踏襲されていることがうかがえる。

臣下娘でも、道長の娘達の結髻役はすべて典侍であり、済時娘娍子の場合も同様である。典侍は天皇の乳母が任じられることが多く母親代行的実権を行使しており、なおかつ内裏女房女官の統括役であるから、入内を予定している娘達の家にとっては、将来を見据えた政治性をもった人選である。内親王の着裳に准じ、王権内の最高実力女官を邸宅に迎えることにより、娘達の権威化を図ったのである。だからこそ、前述のように新調された金銀螺鈿の眩いばかりの着裳調度を殆ど結髻役典侍に下賜するのであり、その背景には政治的意図が揺曳している。道長娘威子の着裳でも、結髻役の一条院乳母典侍橘徳子には、(83)

典侍には女装束〈織物褂ならびに打ち□筥を加ふ〉絹二十疋、火取一具〈螺鈿〉、銀小筥一双薫香入り、菊枝に付す。髪上に袴絹三疋、件人二人なり（『御堂関白記』長和元年十月二十日条）

と相当な禄が与えられている。「髪上」は理髪の事と思われるが、禄の等差は大きい。禎子内親王着裳の髪上役の後一条天皇乳母典侍藤原豊子に贈られた調度類の豪華さは周知のところである。

御髪上の典侍の今宵の局、えもいはず、やがて一具しつらはせ給へる、物一つとりちらさず給はせつ。贈物には衣筥二つに、さまざまの装束二領づつ、さるべき物添へさせ給へり。今宵の御前のものども、やがて給はり給ふ。局には、屏風・几帳・二階・硯の筥・櫛の筥・火取・半挿・盥・畳まで、残りなく給はる。かかる事おのづからさきざきもあるなかに、「こたみの御事に、御髪上の内侍のすけの給はり給ふやうなる例はなくや」とぞ人々申しける（『栄花物語』巻第十九、御裳ぎ）

なお、『大鏡』には、母親妍子が新調した豪華な裳唐衣を、列席した女房に「お下がり」させることになったが、もらえなかった女房がショックで七日後に亡くなった話さえある。(84) 典侍の財力、権力がこうして蓄積され、天皇の乳母は中下級貴族女性たちの憧れの職掌となっていく。

では、髪を調える理髪役はいかがであろうか。慶子内親王の理髪役は、典蔵在原尚子であり、康子内親王の理髪は典侍滋野幸子であった。修子内親王の着裳は、髪上が女御で、理髪が典侍橘徳子であった。内親王の場合は理髪も女官であり典侍が勤めたのであろうか。ただし、理髪は髪上と比較すると禄は少ない。しかし、髪上げ、理髪ともに内裏の王権内女官が関与することこそ意義があったといえよう。

5　着裳の政治性

豪華な調度類に、親王公卿をはじめ女房や親族たちの列席者、盛大な儀式は、人々の耳目を集め、それゆえ権威化する。たかが女の成人式ではない政治的抗争や駆け引きが見え隠れする。最後に着裳の権力構造、政治性を瞥見しておきたい。

寛仁三年（一〇一九）二月二十八日、道長邸で尚侍嬉子の着裳が行われた。摂政頼通・七十六歳の左大臣顕光・右大臣公季・大納言道綱・同実資・権大納言斉信・同俊賢・同公任・中納言行成・同教通以下、『公卿補任』に載る全公卿が参列し賑やかな管弦付きの饗宴が繰り広げられた翌日、故三条天皇皇后宮で禔子内親王の着裳が行われた。道長邸の着裳饗宴は三日間継続する。実資は道長邸の第二日目には欠席した。しかし、禔子内親王着裳には列席する予定だが、先に一人行くのはまずい。養子資平に道長邸から公卿が移動する時を告げさせ、ほぼ同時刻に皇后宮に参入する。

晩景告げ送りて云はく、諸卿参集し、相引いて彼の宮に参るべしと者り。宰相来たるを相待ちて宮に参るべきなり。秉燭、宰相来たりて云はく、大殿饗饌有り、汁物を居う間来る所なり。時剋推移、北大路に前追う声有り（『小右記』寛仁三年二月二十九日条）

日記には批判を書くものの、周囲を見ながら自己の行動を規制する慎重居士の実資の面目躍如といったところであるが、権勢家の娘の着裳には全員参加するが、勢力のない内親王の着裳への参加は躊躇される貴族社会の政治世界がうかがえる。

着裳儀式参加者達の顔ぶれを見ると、主催者の父親の政治力のみならず、着裳者自身の政治的有用性が極めてはっきりと浮かび上がる。参加者の詳細な分析はそれ自身当該期の政治構造を象徴しており重要な研究課題であるが、紙数の都合もありここでは簡単に見るにとどめる。

まず摂関家関係を見ておきたい。摂政兼家が腰結をつとめた内大臣道隆娘定子の着裳には、多くの公卿が参列するが、左大臣源雅信や右大臣為光などはいない。(85) 左大臣道長娘彰子の着裳には、右大臣顕光、内大臣公季の参列がある。(86) 尚侍威子の着裳には、

上達部大臣二人の外、皆来らる（『御堂関白記』長和元年十月二十日条）

と、七十歳右大臣顕光と五十七歳内大臣公季以外の全員列席である。先に述べたように嬉子の着裳には公卿全員列席だった。いっぽう、次妻明子腹の娘隆(尊)子の着裳は母邸で開催されたが、親族や行成などの道長関係者のみであり、左右大臣大納言等の列席はない。(87)

右大臣実資娘千古の着裳では

今日客を招かず（『小右記』万寿元年十二月十三日条）

とあり、じじつ親族関係が主であり公卿クラスの列席はないから、列席者の顔ぶれは主催者の招客如何によるのであろう。しかし、中下級貴族達の参列者は多い。彼らにとっては右大臣家の儀式に参列することで関係を密にする意図が明らかである。いっぽう、道長の娘達の参列者からは、すでに他の側面から多くの指摘があるが、着裳儀式の規模からみても正妻腹と次妻腹の娘達の格差が明らかになる。母の立場による娘の有用性の権力構造である。元服の参列者との比較も興味深いが別の機会にしたい。

ところで、先の禔子内親王の着裳は、本来父三条天皇の在位中に熱望していたものだった。長和四年（一〇一五）十一月六日、実資に三条天皇の仰せが伝えられる。

又仰せて云はく、今年中に斎宮の著裳ならびに童親王元服・女親王著裳等のこと必ず有るべきなり、左大臣（道長）に仰せをはりぬと者り（『小右記』長和四年十一月六日条）

八日には、十二月十六日斎宮着裳、二十六日禔子内親王着裳・四宮御元服が安倍吉平によって勘申されている。ところが、十四日には着裳や元服の延引が伝えられ、十二月十六日には、正月に譲位が決まる。

宮達御元服・著裳等の事、相府（道長）に委附せしめ給ふ、斎宮の御著裳の事に至りては還上の後著せしめる許

りなりと者り。天気を見るに、神恩無きに依るか（『小右記』長和四年十二月十六日条）

病気が悪化して目が殆ど見えなくなった三条天皇を追いつめる道長と、それでも子ども達の元服・着裳を道長に確約させようとする三条天皇の抗争は熾烈である。この時は禔子内親王は十三歳、三条天皇はこの内親王を頼通に降嫁させるよう道長に諂っている最中だった。だからこそ一刻も早い着裳を希求したのであるが、妻隆姫の母や女房たち、ついには亡き父具平親王の霊まで加勢して、頼通は病気になり、結局禔子内親王降嫁が中止になったことはたいへん著名である。(88)道長自身乗り気でなかったのは、禔子内親王の着裳を進めようとしていないことからも推察されよう。

結局、翌年には父三条天皇は没し、着裳は十七歳の年やっと行われたのである。

一宮斎宮当子内親王の場合はもっと悲劇的である。三条天皇が即位した翌年、長和元年（一〇一二）十月二十五日、十一歳の当子内親王の着裳が議論された。

左大弁来たる。奏せしめて云はく、斎宮に立ち給ふべきの宮、未だ著裳し給はず、近来の間、大内に参り給ふべしと云々。而らば十一月上旬、内に於いて著裳し給ふ次で、男親王二所、同じく加冠し給ふがよろしきか、案内に随ひ早やかに申し行ふべしと者り。即ち還り来たりて云はく、御著裳尤も能き事也、十一月許に事催行せよ、と者り（『御堂関白記』長和元年十月二十五日条）

十一月に行うことが決まった。ところが閏十月七日と九日には次のように記されている。

七日。御前に参上す。斎宮に立ち給ふべき女一宮御著裳事を仰せらる。有るべき様を奏聞す。

九日。皇后宮ならびに内に参る。女一宮著裳の事、卜の後に有るべきか。かくの如きの間の事等、奇しく思ふこと無きにしも非ず（『御堂関白記』長和元年閏十月七日・九日条）

三条天皇は、着裳は斎宮卜定前と主張し、道長は卜定後とする議論が展開されていたようである。(89)斎宮卜定の同年十二月四日前には着裳は行われなかった。道長の意見が三条天皇を圧伏したのである。前述のように、長和四年十一月の段階でも斎宮の着裳は行われておらず、三条天皇譲位後に行うよう道長の意見が記されている。長和五年（一〇一六）正月、三条天皇は譲位し、八月七日には斎宮も退下し、九月三日には帰京している。十五歳であった。翌年寛仁元年（一〇一七）四月十日のことである。

或者相示して云はく、道雅中将先の斎宮に嫁するにより、中務親王（敦儀）迎え取りて、皇后宮に参ると云ふ。その乳母道雅に至ると云々（『御堂関白記』寛仁元年四月十日条）

父三条上皇の許可も得ず行われた道雅と前斎宮当子内親王との性愛関係は、とうぜん「密姦」であり、二人は引き裂かれる。五月には三条上皇は苦悩の内に没する。当子内親王も重病になり同年十一月三十日、出家する。

師通朝臣云はく。前斎宮病により尼となる。〈此の親王、故院御存生の時、三位中将道雅の為に密通さる。その後母后宮中より不出の間、今重病により出家す。故院道雅を勘当せしむ程崩じ給ふ〉（『小右記』寛仁元年十一月三十日条）

治安二年（一〇二二）九月十二日、二十一歳の当子内親王は失意の内に亡くなる。叙品されることもなく、着裳もなく、ほんの短い道雅との性愛も引き裂かれ、尼になり没した。(90) 女の着裳が、政治権力の中で翻弄される実態を如実に示していよう。成女式も身分や政治権力抗争の中で実行される歴史的文化的儀礼なのであった。

おわりに

平安中期の皇族や貴族女性たちの着裳をざっと大まかに見てきた。史料の提示に終わったとの感を拭えないが、これを出発点に、今後様々な視点から分析を行いたいと考えている。とりわけ、九世紀の加笄では、中国の生育儀式との比較検討が必要不可欠であるが、本章では全く行えなかった。今後の課題である。さらに、膨大な費用を必要とする着裳の経済的負担や構造、とりわけ内親王の着裳経費の分析や、近衛府官人達が参加して行う管弦のあり方等は公私の境界を明らかにし得る課題である。また、着裳への参加者の詳細な考察は当該期の政治構造を解明することができる史料である。さらに、院政期の着裳への変容も今後の課題にしておきたい。

注

（1）日本古典文学全集『竹取物語』（小学館、一九七二年）。
（2）中村義雄『王朝の風俗と文学』（塙書房、一九六二年）。それ以前の女性の成人式についての論文には、櫻井秀「平安朝女子の成年期―着裳風俗史考―」（『國学院雑誌』第三七巻第五号、一九三一年）、尾形裕康「女子成年礼の教育的考察」（『野間教育研究所紀要』一、一九四七年）等がある。
（3）平安時代の生活や文化を検討する場合や人生儀礼分析の場合など、必ずといっていいほど着裳は説明されている。しかし、専論は中村氏の著書以上のものは無い様に思われる。池田亀鑑『平安朝の生活と文学』（角川書店、一九六四年）、同『平安時代の文学と生活』（至文堂、一九六六年）。飯沼清子「誕生・産養・着裳」（山中裕編『源氏物語を読む』吉川弘文館、一九九三年）、山中裕・鈴木一雄編『平安時代の儀礼と歳事―平安時代の文学と生活』（至文堂、一九九四年）等参照。
（4）江馬務『国文故実風俗語集釈―容儀服飾篇』（共立社、一九三五年）、『江馬務著作集第四巻　装飾と化粧』（中央公論社、一九七六年）。中山太郎『万葉集の民俗学的研究』（校倉書房、一九六二年）。『日本民俗学大系4社会と民俗II』（平凡社、一九五九年）。『日本民俗学研究大系第四巻老少伝承』（國學院大學、一九八三年）。大藤ゆき『子どもの民俗学』（草土文化、一九八二年）。芳賀登『成人式と通過儀礼』（雄山閣出版、一九九一年）など。
（5）小林茂文『周縁の古代史―王権と性・子ども・境界』（有精堂、一九九四年）。
（6）小嶋菜温子「『源氏物語』の産養」（『源氏物語を〈読む〉』新・物語研究4、若草書房、一九九六年）、同「ゆらぎの〈家〉の光源氏」（『源氏物語3』翰林書房、一九九八年）、同「物語の儀式と〈非・準拠〉」（『古代中世文学論考』新典社、一九九八年）、同

「紅葉賀巻の光源氏と冷泉帝」（鈴木日出男編『ことばが拓く　古代文学史』笠間書院、一九九九年）、同「光源氏と明石姫君」（『国文学』六四〇、一九九九年）、同「産養をめぐる史劇」（『平安文学の想像力』論集平安文学第五号、二〇〇〇年）。

(7) 池田末利訳注『儀礼』（I、東海大学出版、一九七三年）。

(8) 中村喬『中国の年中行事』（平凡社選書、一九八八年）。

(9) 中村義雄前掲書注(2)。芳賀登前掲書注(4)など。

(10) 神道大系『江家次第』（渡辺直彦校注）目次より。

(11) 『群書類従』第六輯公事部、以下『新儀式』はすべて本書使用。

(12) 神道大系『西宮記』（校注者土田直鎮・所功）、以下本書使用。

(13) この点は、天皇と七歳になった親王内親王が内裏で初めて対面する対面儀でも同様である。Iの第一章。

(14) なお、歌集などでは人生儀礼が多く詠まれており、詞書きなどで着裳がわかる事例も多い。しかし年月日が特定される場合は少ないのでこの表では取り上げていない。加えて、筆者自身、平安時代の歌集すべてに目を通していないことをお断りしておきたい。また、当然ながら物語の着裳については本章では史料として必要な場合のみ言及しているにすぎない。この点も御了承いただきたい。

(15) 『日本紀略』康保二年八月二十七日条、内裏に於ける輔子内親王の着裳である。ちなみに、『御遊抄』三御元服事では、「著裳」と記されている。

(16) ちなみに、この日の儀式に関して、『親信卿記』同日条では、「著裳」と出てくる。

(17) 新田孝子氏は、この内親王を第一皇女勧子内親王とし、『貫之集』二十九～四十三番までの事書に「延喜十四年二月二十五日、女一宮の御屏風の料の歌、亭子院の仰せによりて奉る十五首」とあるのは、勧子内親王着裳料屏風を宇多上皇が調整させたことを示す、とされている（新田孝子『大和物語の婚姻と邸宅』風間書房、一九九八年）。

(18) 「童」は『三代御記逸文集成』では、「畫」となっているが、『大日本史料』は「童」とあり、「童」の方が適切ではないかと推察した。

(19) 拙稿「古代子ども論ノート」（『新史潮』二三号、一九八八年、後「古代子ども論覚書」と改題し拙著『家成立史の研究－祖先祭祀・女・子ども』校倉書房、一九九一年所収）。

(20)『小右記』治安三年四月一日条。
(21)中村義雄前掲書注(2)一四〇頁。
(22)靖子内親王薨伝(『大日本史料』第一編之九、天暦四年十月十三日条)、康子内親王薨伝(『大日本史料』第一編之十、天徳元年六月六日条)、韶子内親王薨伝(『大日本史料』第一編之十七、天元三年正月十八日条)。醍醐天皇皇女については、安田政彦『平安時代皇親の研究』(吉川弘文館、一九九八年)参照。
(23)中村義雄前掲書注(2)。
(24)この点に関しては、IIIの第二章参照。
(25)『権記』天徳四年十二月十七日条、修子内親王著袴。
(26)Iの第一章参照。
(27)『日本紀略』天慶元年八月二十七日条。
(28)『河海抄』所収「太后御記」、『大日本史料』第一編之六、承平三年八月二十七日条。
(29)藤木邦彦「藤原穏子とその時代」(『歴史と文化』VII、一九六四年、後同著『平安王朝の政治と制度』所収、吉川弘文館、一九九一年)。角田文衛「太皇太后藤原穏子」(『紫式部とその時代』角川書店、一九六六年、後同著『平安人物史』下所収、法蔵館、一九八五年)。拙稿「王権と国母－王朝国家の政治と性」(『民衆史研究』第五六号、一九九八年)。
(30)新田孝子前掲書注(17)二二頁。
(31)『西宮記』臨時五、任寮官。
(32)九世紀に関しては、拙著『家成立史の研究－祖先祭祀・女・子ども』(校倉書房、一九九一年)、十世紀に関しては中村義雄前掲書注(2)参照。
(33)この点から見ると、奈良時代までの女性の成人式は男性より早かったとし、女十三歳男十五歳の律令婚姻年齢の実態に近かったとする田中禎昭「日本古代における在地社会の『集団』と秩序」(『歴史学研究増刊号』六六七号、一九九四年)、小林茂文前掲書注(5)、角谷英子「日本古代社会における子どもについて」(『総合女性史研究』一六、一九九九年)各氏の説は再検討が必要と思われる。
(34)『公卿補任』天元四年、公季尻付。

(35)『小右記』天元五年二月二十五日条。
(36)『大日本史料』第二編之二、長徳元年正月十九日条。
(37)『栄花物語』巻第八、はつはな。
(38)『大日本史料』第二編之二十二、万寿二年十一月二十日条。
(39)『大日本史料』第二編之九、長和五年二月十九日条。
(40)杉崎重遠「媞子女王」(『国文学研究』一八、一九五八年)。
(41)『小右記』永祚元年十月二十六日条。なお、『小右記』には「内大臣女着裳所〈南院寝殿〉」とあるのみであるが、これは東三条殿南院と考えても間違いない。太田静六『寝殿造の研究』(吉川弘文館、一九八七年)、『平安時代史事典』東三条殿項など参照。
(42)『大日本史料』第二編之一、正暦元年正月五日条、正月二十五日条。
(43)中村義雄前掲書注(2)一二七〜一二九頁より。なお、三条天皇が皇太子の時同じく十一歳で行っており、一条天皇より早かった。即位していた天皇の元服年齢では一条天皇が一番早い。
(44)『大日本史料』第二編之三、長保元年二月九日条。
(45)『大日本史料』第二編之三、長保元年二月九日条。
(46)日本古典文学大系『栄花物語』岩波書店。以下本書使用。
(47)源師房が頼通の養子的存在だったことについては、坂本賞三『藤原頼通の時代』(平凡社選書、一九九一年)参照。
(48)ついでながら『竹取物語』の「髪上げなどとかくして」とは、この雑事定以後の準備を云うものと思われる。
(49)以上、『小右記』各日条。
(50)『大日本史料』第二編之二十一、万寿元年十二月十三日条に史料が網羅されている。なお千古の着裳費用や関連親族については服藤前掲書注(19)参照。
(51)『大日本史料』第二編之十七、治安元年十一月九日条、『大日本史料』第二編之二十、万寿二年八月二十九日条。
(52)『大日本史料』第二編之二十一、万寿二年三月二十五日条。
(53)『栄花物語』『和泉式部日記』。
(54)待賢門院璋子については、角田文衛『椒庭秘抄—待賢門院璋子の生涯』(朝日新聞社、一九七五年)参照。

(55)　中村義雄前掲著書注(2)一四一頁。
(56)　『小右記』治安三年六月二十三日条。
(57)　『西宮記』臨時九、内親王著裳。
(58)　『大日本史料』第一編之六、承平三年八月二十七日条。
(59)　『日本紀略』正暦三年三月三日条。
(60)　『日本紀略』安和二年正月五日条。
(61)　『大日本史料』第二編之三、長保元年二月九日条。
(62)　『台記別記』久安四年七月二十八日条。
(63)　『権記』長保五年二月二十日条。
(64)　母の立場による子どもの処遇差については梅村恵子「摂関家の正妻」(『日本古代の政治と文化』吉川弘文館、一九八七年)参照。
(65)　『大日本史料』第二編之七、寛弘七年十一月二十八日条、長和元年八月二十七日条。長和元年十一月十五日条。
(66)　『大日本史料』第二編之十一、寛仁元年四月二十六日条。
(67)　各人物の履歴については煩雑になるので史料提示を逐一行わない。槇野廣造編『平安人名事典―長保二年』(高科書店、一九九三年)、『平安時代史事典』(角川書店、一九九四年)を参照してほしい。
(68)　『大日本史料』第二編之十三、寛仁二年十一月五日条。
(69)　高橋秀樹「京の子ども、鎌倉の子ども」(『鎌倉』第七四号、一九九四年)。
(70)　『公卿補任』、IIの第一章。
(71)　『小右記』長和四年十二月二十六日条。
(72)　『大日本史料』第一編之四、延喜十三年十月十四日。須田春子『平安時代後宮及び女子の研究』(千代田書房、一九七七年)。
(73)　『西宮記』臨時九、内親王着裳。
(74)　『河海抄』十三、若菜上所収太后穏子日記。
(75)　『大日本史料』第一編之五、延長三年二月二十四日条。
(76)　『小右記』永祚元年二月七日条。なお『大日本史料』第二編之一、三七一頁、では「左大臣雅信ノ女」とするが、「左」は「右」

であり右大臣為光の女である。

(77)『御堂関白記』長保元年二月九日条。

(78)『小右記』寛弘二年三月二十七日条。

(79)『親信卿記』天延二年十一月十一日条。

(80)『小右記』永祚元年十月二十六日条。

(81)『行親記』長暦元年十二月十三日条。

(82)中村義雄前掲書注(2)一四二頁。

(83)なお『御堂関白記』長和元年十月二十日条では、典侍が「理髪」役で、「髪上」とは相違するような叙述になっているが、禄の違いから、典侍橘徳子が髪上役と考える。

(84)『大鏡』昔物語。

(85)『小右記』永祚元年十月二十六日条。

(86)『御堂関白記』長保二年二月九日条、ただし、参列者の詳細な記述はなく他にどのような列席者があったかは不明である。

(87)『権記』寛弘六年三月二十七日条。

(88)『栄花物語』巻第十二、たまのむらきく、『大日本史料』第二編之九、長和四年十二月十二条。

(89)山中裕編『御堂関白記全注釈』(長和元年、高科書店、一九八八年)参照。

(90)『大日本史料』第二編之十八、治安二年九月十二日条。当子内親王については、今井源衛『源氏物語の研究』(未来社、一九八一年)、関口力「藤原道雅の狂言」(『風俗』第一八巻二号、一九八〇年)、同「荒三位藤原道雅考」(『國學院大學大学紀要』一二、一九八四年)等参照。

第四章　家と生育儀礼

はじめに

平安中期のいわゆる王朝国家期における婚姻形態は、婚姻当初は「婿取り」すなわち妻方居住、もしくは妻方提供の家屋での同居を起点とすることが多く、一定期間後は夫婦と子どもから成る新処居住に移行する。(1)その際の住居提供者は誰か、という視点からすれば、妻方・夫方双方があり得ること、むしろ夫方が多いとの指摘もなされており、またその場合、夫方両親第宅の隣近所に居住する場合があることも、史料的に判明される点である。(2)しかし、同一屋敷内でどちらの親族と同居するのか、という視点で諸史料の分析を行うならば、当該期においては夫方両親との同居は、少なくとも貴族層で見るかぎり一般的には未成立であった。

ところが、一方では、同時期、父子の連鎖による家的一系的継承原理が、天皇家から上層貴族層にかけて成立しつつあったことは、天皇の祖先祭祀たる荷前儀式や墓地祭祀の分析から解明したところである。(3)王朝時代は、祖父―父―息子と続く一系的家筋が次第に太いパイプとして形成される途上であり、その意味で、子ども、とりわけ男子は、夫方親族にとって自己の家筋を継承させる重要な子孫になりつつあった。また、天皇の外戚による政治権力掌握の王朝時代には、その媒介としての役割を担う女子もまた、父系親族にとって大切な存在だった。しかし、婚姻居住形態が妻方を起点とし、妻方親族の生活空間で子どもが誕生し、その扶養のもとに成長するとき、夫方親族は同居しない子どもに、自己の親族としての社会的公認をどの様に行うのだろうか。

この点に関して『招婿婚の研究』を著した高群逸枝氏は、「子供の成育・監護者は、妻方両親すなわち外祖父母であり、祖父母は、孫に対して扶持・扶育の相互関係がまったく見られない」[(4)]としている。また、ウイリアム・マッカロー氏の「平安時代の婚姻制度」も同様に、「少なくとも元服・着裳の儀式が行われるまでは、祖父母と孫とは、しばしば非常に疎遠な間柄であり、子供の成長過程でのほとんど重要なできごとや儀礼に親しく関係したのは、母方の祖母たちであった」[(5)]とされている。たしかに日常生活においては、同居し母子の後見をする外祖父母との親密な関係が見られることは、紛れもない事実である。しかし、家の成立という歴史的背景から勘案するとき、子どもの成長過程においても祖父母の関与は次第に強固になりつつあるはずである。十、十一世紀に兄弟や従兄弟たちとの熾烈な競争に勝ち、家筋ラインを太くし得た「家」は、院政期にはそれぞれの階層に応じた「家格」を確立する。[(6)]実務官人として「家業」の世襲を確立した中級官人でも同様である。[(7)]この「家」の確立過程である当該期は、妻(母)方居住と妻(母)方親族に生活を扶養される子どもと、家筋確立のための父方親族一員としての子どもとの矛盾が鮮明になってくる時期ではなかろうか。それを解決する方法として貴族層においては、どのような方策が考え出されていたのか。本章では、子どもの社会的公認儀礼としての通過儀礼の具体的あり方の分析から、子どもに対する母の親族と父のそれとの関係を検討することとしたい。

なお、本章では紙数の都合で、当該期の子どもをめぐる生育儀礼全般を検討することはできないので、一事例のみを検討し、貴族層全体に関しては別の論稿に回したことをお断りしておきたい。貴族層の事例として本章で取り上げたのは、母(妻)方・父(夫)方双方の両親が健在であり、しかも経済的に孫の後見が可能であるという条件を満たしている、藤原道長の次男教通の居住形態と子どもの養育や通過儀礼を取り上げた。なぜなら、たとえば、一方の父親

（祖父）が死亡している場合他方が強く関与することや、上位貴族との婚姻の場合は身分的にも経済的にも上位貴族の方が強く関与する可能性が考えられ、階層差を考えなければならない場合などが、一般的にありうるからである。教通夫妻の婚姻居住を見たうえで、妻方親族と夫方親族の孫に対する関与のあり方を少しみてみることとしたい。(8)

一　藤原教通夫妻の居住形態

『小右記』の長和元年（一〇一二）四月二十七日条には

女装束一襲を、四条大納言の御許に送り奉る。先日より示送られる也。今夜聟営有りと云々。〈左三位中将教通。〉

とある。四条大納言とは、記主藤原実資の従兄弟権大納言従二位藤原公任であり、公任が十三歳の長女に、左大臣藤原道長正妻倫子腹二男で、当年十八歳になる教通を聟として迎えた記事である。翌日には、

今朝、四条大納言依り消息あり、資平太皇太后宮に詣向かふ。件の宮の西対に於て去夜婚礼を行ふ。女十三。後朝使右衛門佐輔公（『小右記』同年四月二八日条）

と、後朝使の儀式が執行されている。婚礼とその後の一連の婚姻儀礼は、四条宮の西対で行われた。この四条宮は、『拾芥抄』に「四条南・西洞院東、廉義公（頼忠）家、公任大納言の家、紫雲立つ所也」とあり、公任が父頼忠から伝領した邸宅であるが、当時は公任の姉で、円融天皇の皇后であり、太皇太后だった遵子の居所となっていた。そのため、四条宮の寝殿で華やかな「婿取り」儀式を挙行したかった公任の意に反して、西対で行わねばならなかったことは、『栄花物語』巻第十「ひかげのかづら」に、詳しく記すところである。

王朝貴族社会の婚姻儀礼は、同等な階層同士で、しかも道長と公任のように双方の父親が共に健在の場合、妻の父が主催し挙行されるものであることは、高群逸枝氏の詳細な検討以来、基本的に承認される歴史事実である。では、夫の父方は、まったく無関心だったのだろうか。新郎の父道長の日記『御堂関白記』の同日条には、次のようにある。

この夜、左三位中将（教通）、太皇太后宮大夫（公任）と因縁を為す。彼の宮の西の対に此の事ありと云々。供は五位八人、六位二人、随身等・雑色十人を之に遣はす。知章朝臣、此の外に車後に乗る

自身の息子の「因縁」、つまり婚姻儀礼に関し、「彼の宮の西の対に此の事ありと云々」と、いともそっけなく、「云々」と書くあたりなど、たしかに妻の父公任が、同門の長者たる実資に早くから儀式次第や設営・供者への禄などを問い合わせ、準備に奔走した状況と、大変対照的である。「婿取り」儀式が、妻方の父によって主催されることを、如実に示していよう。しかし、だからといって夫方がまったく無関心だったわけではない。婚礼初日の行列には、道長が自身の供者を用意している。しかも、道長の意向を実資に伝える役目を果たすことがしばしばあり、道長家の家人であったことがうかがえ、諸々の儀式次第を熟知している知章を同道させている(9)。新郎教通は、正三位であるから父とは別に独自な家政機関を設置し、多くの家政機関構成員がおり、形式的には独立していたのであるが、婿行列の人選に父道長が関与しており、家政機関職員も父のそれとに兼任人物たちが多い。新婚当初は妻方居住を一般的慣習とする当該期にあっては、妻方で婚礼儀式が挙行されたが、新郎の「婿行列」等に関しての用意や儀礼管理は、当然のことながら夫方の父が統括していたのである。

さて、この新婚夫婦が、長女出産まで四条宮に居住していたことは、史料があり確認できる。長女の出産場面は次のように描写されている。

左衛門督殿のうへ月ころたたにもあらすものせさせ給けるを、七八月にあたらせ給たりけれは、四条宮にてあし

かるへしとて、との人の三条に家もたるかもとにそ渡らせたまひける（『栄花物語』巻十二「たまのむらぎく」）
長和三年（一〇一四）八月十七日に長女生子が誕生するから、その時のことである。三条に家を持っている殿人とは、出産後四条宮に帰宅する際、「登任にさまざまの物被けさせ給ふ」（『栄花物語』巻十二）とあり、また教通室が没することになる後の出産にも、「例の三条に登任が家に渡らせ給ひにたれば」（『栄花物語』巻二十一）と三条第に渡っており、ゆえに藤原登任のことと判明する（後述）。出産のために三条に移る前は四条宮におり、そして出産後また帰宅したことが明らかになる。以上から、長女出産前後、教通夫妻は四条宮に居住していたことは確実である。

ところが、翌年の長和四年（一〇一五）四月十三日、教通第が焼亡する。

左衛門督教通家焼亡と者り。大納言公任同宿す。（中略）件の焼亡の処左大臣（道長）家〈東院東大路従り西辺。三条坊門従り南辺。〉昨日、故殿御日記、季御読経巻、大納言御消息により送り奉るなり。案内を問ふに、取り出さずと、はなはだ口惜し口惜し。また年中行事葉子二帖、韵抄二帖、同じく以て焼亡す。葉子等に至りては、敢えて惜まず、只故殿御記は嘆息嘆息。（中略）左衛門督去月八日、戌子、移徙、幾日も経ず焼亡す（『小右記』長和四年四月十三日条）

この記事から教通夫妻は、この一ヵ月前から、道長提供の家に移っていることがうかがえる。高群氏も主張されているように、妻方提供の家屋から新たな邸宅に移居する場合に、夫方提供が有り得るという好事例であり、また新婚当初は妻方居住を経ても、一定期間後そこを移動する実例でもある。しかし、ここで注目して強調しておきたいのは、同居親族についてである。この焼亡史料には、「大納言同宿」とあり、妻の父公任が宿泊していたことがうかがえる。この「同宿」は、普段は別居していたが、たまたま泊りに来ていただけとも解せよう。ところが、何も取り出す暇がなかった大火ゆえ、実資が前日に公任に貸した故殿実頼の御日記や季御読経巻も、以前に貸した年中行事なども焼けてしまった、という。大納言公任の日常的生活空間が、焼亡した教通第にあったことを推察させよう。さらに興味深いのが次の史料である。

太皇太后宮大夫家牒〔藤原公任〕　播磨国衙

欲被如旧立券所領字有年庄、兼労免司・寄人等臨時雑役状副田地坪付并司・寄人交名、

牒、件庄代々相伝之處也、而本公験等、去四月十三日左衛門督〔藤原教通〕三条家焼亡之次、紛失已了、仍如旧被立券、兼労免司・寄人等臨時雑役者、牒送如件、乞衙察状、欲立券、故牒

長和四年十月十五日　　知家事忌部

令　　書吏宮少属秦

〔別当脱ヵ〕前安芸守藤原朝臣　　知家事大和掾粟田

散位橘朝臣　　式部史生安倍

宮権大進橘朝臣　　左衛門府生河内

散位藤原朝臣　　左兵衛府生文

前石見守清科朝臣

宮権少進在原朝臣

左大史粟田

大学允三善

『朝野群載』(第七)所載の文書であるが、左衛門督教通三条家焼亡にさいし、公任の荘園公験も焼けてしまったので、再発行を申請したものである。公任家にとって大変重要な財産たる荘園文書も、教通第にあったことが明らかに

なる。このことから、夫方の父によって提供された家屋に移住しても、同居するのは妻方両親だったことが判明するのである。当該期は、夫方両親の近隣に住居を構えることや、配偶者をなくした夫の母と同居することなどがあったとしても、そして、夫方の提供する家屋に居住しても、基本的に同屋敷内に父系三世代同居は未成立だったことの有力な証左でもある一事例と言えよう。

その後、教通夫妻と子どもたちは、小二条殿へ移っている。治安三年（一〇二三）三月二十九日、教通室の妹で故太皇太后遵子の養女に成っていた女が、四条宮で没する。[10]その葬送を終えたあと、公任室の尼上が小二条殿に移っており、また教通室が産後に没したのち、教通が産室として借りていた三条第から小二条殿に帰宅していることからして、[11]この小二条第が教通夫妻の居住第だったことが窺える。教通と公任女夫妻の婚姻居住形態に関しては、妻の死亡によって終焉することとなる。

二　産　養

婚姻当初は妻方に居住し、また妻方との関係が密であること、しかし、夫の父もまったく無関心だったわけではなかったことを見た。さて、婚姻後、子どもの出産や生育儀礼に関して、夫妻の親族の関与如何、とりわけ夫方のそれを検討したい。出産も含めた子どもの成育の諸々の通過儀礼は、多くの親族や来賓を結集して饗宴が張られ、対社会的公認儀礼と位置付けられる重要な意義を持っていた。この祝宴の主催者、参列者は、子どもの社会的公認化に大きく作用したはずである。本当に、「祖父母は、孫に対して扶持・扶養の相互関係」がなく、「子どもの成長過程でのほとんど重要なできごとや儀礼に関係したのは、母方祖父母達」だったのか、具体的に検証することにする。

まず出産の場を検討しておきたい。前述のように、長和三年八月十七日、教通家人登任の三条第において、長女生子が生まれた。登任は、長和二年（一〇一三）正月十五日、蔵人に任じられる（『御堂関白記』『小右記』等同日条）が、二十日父師長が藤原実資のもとにやって来て、「蔵人登任初めて綾を着すべきに、左三位中将（教通）の蘇芳の下襲を用いるべきなり。すでに以て泥の如なり。一日許着すべき也。除目の間は鮮明な下襲を着さしむと欲するに、無頼殊に甚だし。万計施し難し」（『小右記』）とこぼしたので、実資はまだ一度も手を通したことのない下襲を与えている。教通のお下がりの下襲を着用する関係からみて、登任は教通家の「殿人」と見て良い。もっともこの期の家政機関職員たちは、前述のように父子独立家政機関を保持していても、職員は兼任であることが多く、道長と子どもたちとのそれも「道長家摂関家の家司」[12]と理解すべき、とされている。ゆえに、父方家人の家屋が出産の場になったと言えよう。それぞれの出産に際して、家人の家屋を使用する例は、枚挙に暇がなく、[13]矛盾しない。そしてより重要なことは、公任家にも前述の『朝野群載』所収文書から明確なように、「知家事」「書吏」などの役職をもつ家司のみならず、多くの家人などによって構成される家政機関があり家司などの職員がいたにもかかわらず、夫方家人の家屋での出産だったことである。出産という異世界から親族員としての新生児を迎える空間が、父方親族にかかわる空間だったことは、重要な点であり注目しておきたい。

さて、出産の場面は次の様に描写されている。

大殿（道長）よりも、宮（遵子）よりも喜びの御消息余りなるまで頻に聞えさせ給ふ（中略）。三日の夜は本家にせさせ給ふ。五日夜は大殿、七日夜は大宮（彰子）よりとぞ。中宮（妍子）・督の殿（威子）よりは児の御衣などぞありける（『栄花物語』第十二）

出産に際し、公任夫妻は、三条第に同道していたようである。当時貴族にとって、天皇の外戚となることで政権を獲得できる構造だったから、「この御一家は、はじめて女生れ給ふを必ず后がねといみじき事におぼしたれば」(『栄花物語』巻第三)と、第一子は女子が望まれた。長和五年二月二十三日、第二子が誕生するが今度も女子だったので、「ただし、男子に非ず、此の度はすこぶる冷侍す」(『小右記』)と実資の日記に記されている。この場合、冷たい態度をとったのが誰だったか、はっきりしない書きぶりであるが、第一子の教通親族の喜び様と比較すると、何とも対照的であろう。

この長女誕生は、祖父道長も大いに喜び、使者をひっきりなしに遣わしたとあるように、孫誕生に祖父母は無関心だったわけではないのである。この生子誕生に際しては、残念ながら『御堂関白記』が残っておらず、道長の対応の詳細は不明であるが、新生児誕生に際し、産養とは別に、絹等の祝の品というよりは費用の一部と解される物品を送ったようである。そのことが推察されるのは、教通の他の子どもたちの誕生時の行為である。長和五年(一〇一六)二月二十三日、次女真子が誕生した。翌二十四日、「左衛門督家に絹百疋を送る。明日神事有り、子細を問はず、又人を通はさず」(『御堂関白記』長和五年二月二十四日条)と、道長は出産に際し絹を送ったが、神事の前日故に穢れを忌み消息などは送らなかった、という。道長が出産に際し絹を送ったことは、寛仁二年(一〇一八)十二月二十四日、教通長男誕生に際しても、「絹百匹を送る」とある。他の子どもの出生に関しては、残念ながら史料が残存せず不明であるが、道長の日記が残っている時期での出生では、必ず絹の給付があることを勘案すると、道長は教通の子どもの出生に関し、常に絹等を送っていたと推測しても誤りは少ないように思われる。二事例とも出産当日に絹を送っており、長女生子の場合も送った可能性が高いであろう。そして、次に見るように道長は五夜の産養を主催している。産養は産婦の膳や祝宴の食料などであるから、絹とは相違している。出産当日に送る絹百匹は、諸々の費用と見るべきであろう。祖父母は孫の誕生に無関心だったわけではなく、費用の一部を分担していたのである。

さて、産養は、「一つには新生児にたいする形式的な饗応を意味し、一つには母子の邪気を祓い悪鬼を退散させ、健全に育つことを祈念する意味をもっていた」[14]とされているが、新生児を迎え、社会的に親族として承認し公表する儀式でもあると考えられ、祝宴が開催された。その祝宴の饗膳を用意する費用の提供者が誰であるのか、つまり誰によって主催されるのかが当時大きな関心ごとであり、その名が記されているのである。生子の産養では、まず三夜は「本家」、五夜は道長、七夜は彰子によって主催されている。『栄花物語』で「本家」の用語は、道長の妻倫子が彰子を出産したときの三夜の産養に見えるのみである。[15]この本家は、従来妻の里方のこと、と解釈されている。[16]この解釈がさほど矛盾しないと考えられるのは、道長の祖父藤原師輔の『九暦』天暦四年（九五〇）七月二十三日条に、師輔家で行われた外孫憲平親王立太子の詳細な記事に「本家」の語が頻出するが、その場合「本家」とは家司の職名や名前などから師輔家を指すことが確認できることである。とすると、ここでは本来は四条宮が「本家」であるはずだから、外祖父である妻の里方と考えても誤りないと思われる。ただしこの時期には、「本家」とは新生児の父教通のことを指し、妻の里方はむしろ補助にまわったのではないかとも推察される。というのは、寛弘四年（一〇〇七）正月に生まれた道長女子嬉子の産養の場合、三夜は父道長、五夜は母倫子の兄弟源道方（外祖父雅信は没）、七夜は姉彰子が主催者となっており、確認されるのはこのように外祖父が既に没している場合であるが、新生児の父が出産を主に統括し、最初の産養も主催することは多い。出産場所が教通の家人の第宅だったことからしても、主たる担い手は新生児の父になりつつあるのではないかと思われるのである。この点は他の貴族の事例を検討する機会に詳述したい。

ともあれ、五夜の行事は、夫の父、新生児にとっては祖父によって執り行われていることと、七夜も、夫の姉、すなわち父方の伯母によって主催されている点を重視したい。つまり、最初の夜の産養が妻方の関与によって営まれるにしても、その後は、夫方の親族によって主催されていることは重要な点である。社会的な新生児の公認儀礼で、主催者の名が物語に書きとどめられるほど明らかにされるのは、貴族社会のメンバーたちが誰しも知り記憶する状況にあったことをうかがわせよう。

ただし、饗膳設営の主催者が、祝宴に出席したわけではないことも、注目すべきである。前述のように長和五年二月次女が誕生した。その後同年六月二十七日、道長は「土御門に至り、左衛門督子児等初めて之を見る」（『御堂関白記』）と記している。次女出産の際の産養等については史料が残存しておらず不明であるが、他の事例からして道長主催の祝宴が何日目かに行われたと推察されるが、新生児には対面していないのである。しかも、ここには「子児等」とあり、「等」の文言からして、次女だけではなく、長女も含まれている可能性もある。[17]こう推測すると、孫への初対面は、初孫誕生後二年後という事になろう。いずれにしても、饗膳設営の主催者が、祝宴に直接参加するわけではないのである。

さて、教通の子どもたちのうち公任女腹には四男二女の子どもたちが明らかになるが、産養の主催者が判明するのは、前述の長女出産の場合だけである。しかし、実際にはその都度産養が行われていたと推察して誤りはないと思われる。寛仁二年（一〇一八）の長男信家誕生に際しては、十二月三十日に七夜の祝宴が、「親昵の上達部を招き」開催されている。祝宴参列者としては、教通の異腹兄弟の頼宗・能信（新生児には父方叔父）、道長の猶子経房（同父方叔父）、道長従兄弟実成・公信、教通の生母倫子の兄弟源道方（同父方大伯父）、教通従兄弟兼隆（父方）、公任女の従兄弟資房（母方）等が、『小右記』に記載される公卿層の人名である。『左経記』同日条には、「今夜左大将御七夜なり、よりて上達部、殿上人多く参入。饗等の事あり」とされているから、公卿層以外も多くの親族が参列していることが確実である。この祝宴の人物名は、公卿層のみの列挙ゆえ、父方が当代の政治勢力を形成している以上、必然的に父方が多くなることはもちろんであるが、父方親族の結集も普通であったことを確認しておきたい。さらに、信家七夜の主催者は不明であるが、祖父道長は、長女の場合と同様に列席していない事も注目される。教通よりも高位の道長は、孫の産養といえども出席しない慣習があったのである。

産養後の子どもの生育儀礼は、五十日・百日等多くあり、それぞれ当代随一の貴族家儀礼として営まれている。[18]そして、そのつど、父教通と同居親族の外祖父公任が設営し挙行されたと思われるが、祖父道長も関与している。教通の子どもたちで史料が残っているのは、寛仁三年（一〇一九）二月十二日から十三日に行われた、長男信家の五十日だけであるが、道長は「深更籠物五十捧を送」っている（『御堂関白記』寛仁三年二月十二日条）。教通から祝宴に招待された実資は、昏に「彼の殿の児の五十日」に参列する。出居には大納言公任がおり、接待している。参列者には、大納言実資（母方親族）、中納言経房（父方親族）、中宮権大夫能信（父方親族）、右兵衛督公信（父方親族）が書き留められ、摂政頼通随身・教通随身たちにも絹が与えられている（『小右記』同年二月十三日条）。主催者は父教通で、外祖父公任は補佐の立場であり、そして祖父からは祝い物がもたらされ、父方親族達の参列が多く見られたことが判明する。五十日や百日の場合も、産養の最初の三夜と同様、新生児と同居する父と外祖父の主催であり、祖父などの父方親族は祝物を送り、親しい父母両親族たちが祝宴に招待されたのである。

三　著袴～元服

次に、三―七歳前後で執り行われる袴を著ける儀式である著袴を取り上げたい。これも史料が比較的多く残存しているからである。

寛仁二年（一〇一八）十一月九日、長女生子と次女真子の著袴式が挙行された。公任は実資に、「左大将の女子一人五歳、一人三歳、産衣焼亡、注し置く書、同じく焼失、宿曜を勘じせしめんと欲するに術なし、若し暦を注し付すや」（『小右記』寛仁二年四月九日条）、と二女の出生日時と時間を問い合せている。当時、貴族層は新生児の出生日時を、産着に書き込み保存する習俗が存した著名な史料であるが、著袴の日時の設定などは、妻の父、すなわち同居していた外祖父が関与していた事が窺えよう。

この教通二女の著袴は、『御堂関白記』に、次の様に記されている。

八日、（中略）、東対に大将家従り人々来たりて装束せしむ。

九日、（中略）、此日左大将女子二人着袴。此の暁渡る。東対母屋に彼の家の帳を立つ（中略）。上達部来られる後、皆着座す。後に摂政（頼通）彼の対に行く（中略）。戌時（午後八時）著袴、大納言（公任）来りて、時に成る由相示す。即ち座を立ち西面簾従り入り、姉の袴の腰を結ぶ。又摂政入り来りて、弟の腰を結ぶ。而して着座す。その後数献、後東廊の西簀子敷に伶人を召し、数曲の後、上達部以下に被物、大将は馬二疋を引出し、摂政には手本を相加え、我には琴・和琴・笙笛等を送る。上達部等之を取る。我又馬三疋を以て皇太后大夫（道綱）・右大将（実資）・中宮大夫（斉信）等に引出す。此の間、皇太后宮（研子）より、亮定頼を以て装束一襲を給ふ。太皇太后宮（彰子）、大進敦親を以て装束二具を給ふ。中宮（威子）より、亮兼房を以て装束一具を給ふ（『御堂関白記』寛仁二年十一月九日条）

この史料で第一に注目すべき点は、祖父道長所有の上東門第東対で行われたことである。父教通も外祖父公任も二女もわざわざ道長第にやって来て儀式が挙行された点である。第二は、道長第で挙行されても、主催者は父教通であり、補佐として外祖父公任がいたことである。儀式の装束などは教通の家司たちがやって来て設営し、教通家の帳を立てていることや、袴の腰を結んだ祖父道長に主催者教通から引出物の馬が与えられたことなどから、主催者が父教通だったことが判明する。また、外祖父公任については、用意が整った時点で道長を呼んだ点などからやはり主催者側に位置していたことが推察される。ただし、祖父道長もまったく無関与だったわけではない。『小右記』には、「大殿（道長）小納言惟光に命ぜられて云はく、明日聊か経営有り、晩頭来るべしと者り」（同年十一月八日条）と、道長が実資に孫達の著袴への参列を促しているのである。実資は公任の親族であり、むしろ公任からの招待が予想されるにもかかわらず、である。第三は、袴の腰を結ぶ役が、祖父道長と父方伯父頼通であったことである。著袴の腰結役は大変重視され高貴な人があたった。もちろん教通の親族という立場を除外しても、左大臣と摂政という臣下世界では最高の人物達であるが、この二人の腰結役は、道長第での著袴が行われたことと連関していよう。

以上の諸点から、指摘したいのは、子どもの成長の一過程として重要な意義をもつ著袴は、父主催により父方親族をむしろ主体として挙行されたことである。産養と同じように、著袴も子どもの成長を社会に公表する重要な儀式であることは、この著袴の六日後、長女生子は後匣殿別当に補任されていることからもうかがえる。(19)当時貴族層の子どもたちは、「童殿上」などと称されるいわば見習い期間として朝廷に出仕する慣習があったが、この「童殿上」が許可されるようになるのは、著袴後であったようである。生子の後匣殿別当補任も、女子の場合の同様な例と思われる。しかも、この著袴には、「上達部・殿上人が多く参会され」たというから、貴族達に道長の孫であり、頼通の姪であり教通の子どもとしての身分的立場を社会的に認知させ公表する、重要な意義が付与されていたはずである。婚姻居住形態で見られたような、日常的な生活居住空間が妻方親族と密接不可分に関わっていたとしても、いやいたが故に、社会的公認儀礼としての通過儀礼は父方親族の可視的空間で挙行されることに重要な社会的政治的意義があったと考えてよい。

治安二年（一〇二二）十二月二十一日、教通長男信家が、五歳で著袴をする。

関白殿（頼通）に参る。今日申剋に若君著袴なり。よりて御装束一具を送らしめ給ふ。被物あり、〈白褂・袴白、大宮（彰子）・皇太后（妍子）皆御装束有り。〉事をはりて内府（教通）馬二疋・釼一腰をもって関白殿（頼通）に奉らる。関白殿また馬二疋をもって内府に奉らる。また内府より関白殿御前物を儲けらると云々。若君は実は内府殿の御子なり、而るに関白殿の養子となり、賀陽院殿において著袴せしめ給ふ（『左経記』同日条）

出席者などは不明であるが、教通兄頼通の養子になっていた信家には、頼通第である高陽院において著袴が行われている。この養子は政治的養子であって、実際に生活も含めた養子ではないようである。(20) この著袴は、著袴儀式終了後に教通が頼通に馬や釼を奉っていること、また頼通の前物を教通が用意していることなどからして、実父教通が主催者であり、頼通は腰結だったと思われる。

他の子どもたちの著袴についての詳細は、不明である。

次いで、元服と着裳儀礼をみたい。長元三年（一〇三〇）二月十一日、長男信家が元服する。

今日、内大臣（教通）一男藤原信家元服す。関白養子たるにより正五位下に叙す（『日本紀略』）

この「養子」は、政治的養子であり、ゆえに記事にも内大臣一男とまず実父の名が記されているのであろう。史料的には、この程度しか判明せず、元服儀式空間や主催者などはまったく不明であるが、養父関白頼通の家でなされた可能性がたかい。

長元五年（一〇三二）十一月二十六日、次男三男が同時に元服する。

今日内府二・三郎元服を加ふ。大納言頼宗・能信加冠、左（右カ）中将良頼・同府中将実基理髪、二郎信基従五位上に叙す。故入道（道長）相府の戸に依るなり。三郎信長従五位下に叙す、追って従五位上に叙すと云々（『小右記』）

次男信基十二歳、三男信長十一歳のことである。この場合も、元服の場所は不明であるが、元服者の父教通の異腹兄弟頼宗と能信が加冠役を務めている。もちろんこの時点では、元服者たちの外祖父公任も祖父道長も没した後であり、母方叔父たちは父方叔父達より官位がはるかに低く、しかも母も死亡しており、当然と言えば当然でもあるが、まったく父方親族の関与による元服儀礼だったことが確認される。成人としての元服儀礼においては、父方親族の関与が強かったことは、高群氏もマッカロー氏も指摘されており、その確認でもある。

結びにかえて

以上平安中期の子どもの生育儀礼の一事例として、考察対象に相応しいと考えられる教通の子どもたちの具体的事例を見た。紙数の都合で他の事例を検討することができなかったのであるが、教通の子どもたちの事例のみとの限定をつけた上で、確認できたことをまとめてみると以下のようになる。

まず第一に、婚姻儀式は、妻方の父が主催となり、「婿取り」儀礼が行われたこと。しかし、婿方の父も「婿行列」などの、婿方が設営しなければならない場面においては、関与したこと。第二に、婚姻当初は妻方両親と同居し、一定期間たつと移居するが、その際夫方提供の家屋に居住しても、夫の両親と同居してはおらず、妻方両親との同居だったこと。婚姻と居住形態については、高群氏の実証が確認できたのである。

第三に指摘されるのは、子どもの帰属の可視的象徴とも位置付けられ、多くの示唆を与えてくれる出産や生育儀礼では、夫方親族の関与が強かったことである。出産空間の設営や産婦の介添えなどには、妻方親族があたったが、出産の費用の一部や、新生児を社会的に公認する儀礼でもある産養には、祖父が主催者となり、五十日や百日の祝いには、品物を必ず送る。さらに、より重要なのは、公的出仕の前提となる著袴や元服などは、祖父や父方伯父などの邸宅空間が儀式の場とされたことである。

さて、以上のことを踏まえて十世紀末〜十一世紀の子どもたちの位置と親族を見ると、たしかに、高群氏やマッカロー氏が主張された様に、子どもたちの生育上の生活空間は、母方親族に置かれていた。このことは、たとえば父母の離婚では子どもは母方で養育され、また母が死亡すると父は母方第宅から離れ他の妻を求める場合が多く、その際子どもは母方親族で養育されることなどからうなずけるところである。しかし、子どもの「氏」名が父方のそれを付与されるように、子どもはあくまでも父系氏集団やその下位に形成されている一門・一家などの一員であった。さらに、家筋成立途上の当該期では、「家」の子どもとしての位置が重要になりつつあった。ゆえに、子どもの身分的位置を社会的に公表する生育儀礼では、より意識的に父方の儀礼空間で、親族の結集を図り、挙行されたのである。そして、国家的枠組みが、天皇家をトップとする各家の序列秩序による「家」連合の権門体制として再編されると、家格にもとづく「家」継承を安定的に維持するために、子どもたち、とりわけ男子は「家」の子として重視されるゆえ、婚姻当初から妻方居住が立ち切られるようになり、次第に当初からの新処居住に移行し、出産当初から夫方親族の関与が強くなっていくようになるのであろう。しかし、この歩みは漸進的に行われたのである。

現在の平安時代の家族史研究の課題は、婚姻形態をどのように規定するかという議論よりも、比較的豊富に残存する貴族層の日記などの記録類を丹念に検討し、実際の史料から跡づけられる妻方居住を経た新処居住へ、そして平安末には当初からの新処居住へと推移する婚姻居住形態変化の背景にある歴史的社会的要因を、さまざまな視点から実証的確実に分析することにあるのではなかろうか。その際、「中世的家」の概念や規定を議論する事と同時に、具体的実証的な時間軸を明確にした変遷の分析がまず必要ではなかろうか。本章は、子どもの生育儀礼からその課題に迫ったものであるが、今後、多くの視点で検討したい課題である。

注

（1）基本的な論稿は、高群逸枝『招婿婚の研究』（理論社、一九五三年）。高群を批判的に継承しつつ、婚姻居住を明確に位置付けたのは、関口裕子「日本古代の婚姻形態の特質について」（お茶の水女子大学『女性文化資料館報』三、一九八三年）、同「日本の婚姻」（『東アジアにおける日本古代史講座』一〇、一九八四年）、同「古代家族と婚姻形態」（『講座日本歴史二』古代二、東京大学出版会、一九八四年）。拙稿「純婿取婚をめぐって」（『歴史評論』四五五、一九八八年）参照。

（2）鷲見等曜『前近代日本家族の構造』（至文堂、一九八三年）。夫方提供の居住が多いことについては、栗原弘「平安初期〜中期枇杷第に於ける居住形態について」（『文化史学』四四、一九八八年）。なお家屋提供者についての高群批判としては、同「高群逸枝の純婿取婚構想の思想的背景について」（『歴史評論』四六七号、一九八九年）、同「高群逸枝の家族婚姻学説について」（『古代文化』四〇―七、一九八八年）参照。

（3）拙著『家成立史の研究―祖先祭祀・女・子ども―』（校倉書房、一九九一年）。

（4）高群逸枝前掲書注（1）五六四頁。

（5）ウイリアム・マッカロー「平安時代の婚姻制度」（同志社大学人文科学研究所『社会科学』二四、栗原弘訳、一九七八年、一〇一頁）。

（6）橋本義彦『平安貴族』（平凡社、一九八六年）。玉井力「「院政」支配と貴族官人層」（『日本の社会史三　権威と支配』岩波書店、一九八七年）。

（7）曾我良成「官務家成立の歴史的背景」（『史学雑誌』九二―三、一九八三年）。

（8）本章の教通の婚姻形態については、拙著『平安朝の母と子―貴族と庶民の家族生活史―』（中公新書、一九九一年）に叙述したが、比較家族史学会での本報告の方が先であった。活字になるのは本章の方が遅れたが、拙著は一般向きに易しく叙述したものであり、性格が相違するゆえの重複をご寛恕願いたい。

（9）佐藤堅一「封建的主従制の源流に関する一試論―摂関家家司―」（安田元久編『初期封建制の研究』吉川弘文館、一九六四年）では道長家家司とされていないが、『小右記』などから確かめられる。

(10)『小右記』治安三年五月十六日七十七法事条、『栄花物語』巻十六、もとのしづく等。
(11)『栄花物語』巻二十一、後くゐの大将。
(12) 佐藤堅一前掲論文注(9)。
(13) 黒板伸夫「「藤原行成家」の家政と生活基盤」(山中裕編『摂関時代と古記録』吉川弘文館、一九九一年）にも、家人の家で出産が行われた具体例が上げられている。
(14) 中村義雄『王朝の風俗と文学』(塙書房、一九六二年)。平安時代の産養については、平間充子「平安時代の出産儀礼に関する一考察」(『お茶の水史学』三四、一九九〇年）が詳しい。桜井秀『日本風俗史』(雄山閣、一九二九年)。
(15)『栄花物語』巻三、さまざまのよろこび。
(16) 松村博司『栄花物語全注釈』(三、角川書店、一九七二年)、二五七頁。
(17) マッカロー前掲論文注(5)一〇二頁では、それまで会っていなかったとされている。
(18) 注(14)参照。
(19)『大日本史料』寛仁二年十一月十五日条に詳しい。
(20) この期の養子については、高橋秀樹「平安貴族社会における養子について」(『風俗』二八―四、一九八九年）参照。ただし、中世以前の養子を「子どものための養子」と位置付けるのには疑問である。「家」の養子以前を検討するなら同じ親族や血縁の論理での考察が必要であろう（服藤前掲書注(8)参照)。

あとがき

本書は、主にここ十年近くの間に発表した子どもに関わる論文を集めたものである。子ども史研究をはじめたのは、やはり高校・大学からの問題関心が根底にあったからのように思う。最初の大学である横浜国立大学教育学部では、久木幸男先生の教育史ゼミで卒業論文を書いた。卒業後、小学校教師になって教壇に立ったが、学生時代に仲間たちと勉強した高群逸枝著『女性の歴史』を学び直したいと思い学士入学をした。その後、大学院の修士課程、博士課程と女性史や家族史研究をすすめてきた。

高校生の時には、漢字ばかりが羅列されている日本史はあまり好きではなかったのに、日本女性史研究を目指した理由のひとつは、大学時代に高群逸枝氏の著作集に出会ったことであるが、もうひとつの理由は、北園高校時代に部落問題研究会という小さな同好会に入っていたことである。その時の顧問が網野善彦先生であった。当時は、「北朝鮮」へ帰還する在日朝鮮人や小松川事件等の問題があり、部落のみならず在日朝鮮人・韓国人等の差別の問題を網野先生や仲間たちと議論し、調べ、講演会を聞きに行き、文化祭で発表していた。女性史を研究するようになってからも、男女差別の歴史とともに、子どもへの親権行使や子どもの社会的従属過程を調べたいと考えるようになったのは、北園高校時代の網野先生と横浜国立大学時代の久木先生から受けた問題関心の延長線上にあると思う。

本書に収録した論文作成過程では、いくつかの研究会や学会・仲間たちのお世話になった。第一は、比較家族史学会である。設立当初から、江守五夫先生のご推薦で幹事に就任し、細々とした事務方のお手伝いをさせていただいている。法学・歴史学・民俗学・文化人類学・宗教学・文学等々、様々な分野の研究者が集って比較家族史を研究する学会では、他の分野の方々から多くの分析視点や方法、柔軟な思考を学んだ。永原慶二先生が会長をされていたこともあり、歴史学分野からの報告も多く、報告の機会を何度もいただいた。Iの第一章とIIIの第四章の二編の論文は、比較家族史学会の研究大会で報告し、その後発表したものである。

第二は、木村茂光氏を代表とする十世紀研究会とその後の物語研究会である。すでに二十年以上にもなる月一回程度の研究会は、私を今に育ててくれた。Iの第二章は、その二冊目の論文集に収録したものである。本書収録の論文は、ほとんどこの研究会で報告し、批判や助言を受け、修正し完成させたものである。研究会終了後の飲み会が、私のストレス発散の場所であり、時に応じて縦横に広がる話題や社会批判等が、研究の視野を広げてくれた気がする。IIの第三章は、その会の若手の仲間たちと編んだ書籍に収録した論文である。

第三は、国文学の仲間たちである。十年ほど前、藤井貞和先生より『岩波講座日本文学史』第二巻への執筆の依頼をいただいた。その顔合わせで初めて出会った小嶋菜温子氏と意気投合し、何冊かの書籍を出すことができ、また国文学研究者とのおつきあいもできた。IIIの第二章、第三章は、それに発表した論文である。国文学研究者とは、研究方法も課題もずいぶん違っており、相当議論をたたかわせたが、歴史学研究者とは違った雰囲気を持っており、これも楽しく面白い愉快な仲間たちである。

第四は、前近代女性史研究会である。四人の呼びかけ人の一人として創立に携わったこの会の二十周年記念論文集に収録したのが、IIの第二章の論文である。最初の論文集とともに、本書のいくつかの論文を、その作成過程で報告させていただき、多くの示唆を得ることができた。

最後は、IIの第一章とIIIの第一章であるが、これは慶応大学や早稲田大学・明治大学・東京都立大学等で非常勤講師をさせていただいた時の講義を論文にまとめたものである。十五年以上非常勤講師生活を送っていた私にとって、古代史の専門科目の講義は、新しい論文作成にとって絶好の場所であり、時間であった。難しい史料を次々に配布し、前回の説明を否定したり修正したり、行きつ戻りつする講義に、辛抱強くつき合ってくださった学生たちや、非常勤講師の機会を与えてくださった方々に心から感謝したい。

これらの研究会や仲間のお陰で、本書を出すことができたと思っている。心から御礼申し上げたい。

しかしながら、本当に慚愧に耐えないのは、拙い本書を二人の先生にお読みいただけないことである。北園高校部落問題研究会の顧問網野善彦先生は、本年二月二十七日、七十六歳でお亡くなりになった。高校卒業後、ご連絡を取らないまま日本史研究者の末席に連なるようになってから再会した時、先生は驚き喜んでくださった。神奈川大学のシンポジウム等にお誘いいただいたり、学会でお目に掛かったりした際、先生の女性史を批判しても笑って居られただけであった。ご存命ならば本書にはどの様なご感想をいただけたであろうか。

久木幸男先生も、本年二月五日、八十歳で他界された。昨年の年賀状に本書の計画を記したところ、楽しみにしている旨御返事をいただいていた。ご病気で入院していることも、本年一月に届いた奥様の代筆の年賀状を受け取って知り、ほどなくご逝去の報を受け取った。最初に子ども史をはじめた時、厚顔にも先生に先行研究をお聞きしたところ、葉書に小さな字でびっしりと論文名や研究すべき課題等を書いてくださった。それは今日に至るまで、研究を進めるにあたっての大切な指針となっている。また、どの論文も先生にお送りすると、必ずご意見を書いたお葉書を頂いた。学生時代は社会の方に目が向きまったく勉強しなかった不肖の学生が、こんな形で教育史研究に関わっているのを、どこか楽しげに見てくださっていた。この拙著を一番読んでいただきたかったのは久木先生であった。何としても残念である。

お二人の先生のご冥福をお祈りするとともに、頂いた学恩に少しでも報いることができるよう、今後とも地道に研究をすすめたいと思っている。

出版にあたっては、吉川弘文館の上野純一氏と阿部幸子氏にひとかたならぬお世話になった。また校正には、平安研究会の若い仲間たちのご助力を得た。あわせて謝意を申し上げたい。

二〇〇四年四月

服藤早苗

初出一覧

序論　平安朝子ども史研究と課題（書き下ろし）

Ⅰ　家と子ども―王権と童―

第一章―「平安朝の父子対面儀と子どもの認知―王権内における父子秩序の成立と変容―」（黒柳晴夫他編『父親と家族』早稲田大学出版部、一九九八年）。

第二章―「王権の父母子秩序の成立―朝覲・朝拝を中心に―」（十世紀研究会編『中世成立期の政治文化』東京堂出版、一九九九年）。

Ⅱ　殿上の童たち―童殿上と童舞―

第一章―「童殿上の成立と変容―王権と家と子ども―」（『史学』第六六巻第四号・第六七巻第一号、一九九七年）。

第二章―「童殿上の成立と命名―王権と童―」（前近代女性史研究会編『家・社会・女性―古代から中世へ』吉川弘文館、一九九七年）。

第三章―「舞う童たちの登場―王権と童―」（服藤早苗編『王朝の権力と表象』森話社、一九九八年）。

Ⅲ　生育儀礼―誕生から成人まで―

第一章―「産養と王権―誕生儀礼と皇位継承―」（『埼玉学園大学紀要』人間学部篇第三号、二〇〇三年）を大幅増補改稿。

第二章―「平安王朝社会の着袴」（服藤早苗・小嶋菜温子編『生育儀礼の歴史と文化』森話社、二〇〇三年）。

第三章―「平安王朝社会の成女式―加笄から着裳へ―」（紫式部学会編『源氏物語の背景　研究と資料』武蔵野書院、二〇〇一年）。

第四章―「通過儀礼から見た子どもの帰属―平安中期を中心にして―」（田中真砂子他編『縁組と女性―家と家のはざまで』早稲田大学出版部、一九九四年）を改題。

著者略歴
一九四七年　愛媛県に生まれる
一九七一年　横浜国立大学教育学部卒業
一九七七年　東京教育大学文学部卒業
一九八〇年　お茶の水女子大学大学院人文科学研究科修士課程修了
一九八六年　東京都立大学大学院人文科学研究科博士課程単位取得退学
現在　埼玉学園大学名誉教授、文学博士
〔主要著書〕
家成立史の研究　平安朝の母と子　平安朝女性のライフサイクル　平安朝の女と男　平安朝に老いを学ぶ

平安王朝の子どもたち
王権と家・童

二〇〇四年(平成十六)六月二十日　第一刷発行
二〇一六年(平成二十八)五月十日　第二刷発行

著者　服《ふく》藤《とう》早《さ》苗《なえ》

発行者　吉川道郎

発行所　株式会社 吉川弘文館
郵便番号一一三—〇〇三三
東京都文京区本郷七丁目二番八号
電話〇三—三八一三—九一五一〈代〉
振替口座〇〇一〇〇—五—二四四番
http://www.yoshikawa-k.co.jp/

印刷＝藤原印刷株式会社
製本＝株式会社ブックアート
装幀＝清水良洋

ISBN978-4-642-02431-0

索　引

I　人名索引

実名・僧名の漢字はすべて漢音（慣習音）でよみ，第一字の漢字の音と画数によりアイウエオ順に配列した．その他の通称などについては，通行の読み方により並べてある．

あ　行

か　行

さ　行

た　行

な　行

は　行

ま　行

や　行

ら　行

II 事　　項

あ　行

か　行

さ　行

た　行

な　行

は　行

ま　行

や・ら行

わ　行